みるよむ
生涯発達

バリアフリー時代の課題と援助

心理学

塚野 州一 編著

北大路書房

はしがき

　人は生まれ，それぞれの夢を生きて，その生涯を終える。その過程の心理的法則とメカニズムを解明するのが，生涯発達心理学である。

　近年，全世界的に高齢者数が増加するにともない，子どもから大人への発達過程を主として扱ってきた従来の発達心理学に大きな変化が生じてきた。1980年代ごろから，受精した瞬間から老いて亡くなるまでの人の生涯にわたる発達過程を扱う生涯発達心理学への変容が始まった。その方向は，学問的な発展であると同時に，人類の共通の願いとも一致すると思われる。

　また高齢社会，生涯学習社会は，大学などの教育組織や教育カリキュラムにその対応を求めている。全国の国立大学では教員養成課程の入学定員を半分に削減し，教員養成を目的としないいわゆる新課程を設置した。そこでの新しいあり方のひとつとして，生涯学習の指導者養成の課程が創設されている。その授業科目として，名称はさまざまだが，生涯発達を扱う心理学が開設されてきているのが近年の状況である。

　筆者たちはそれぞれ大学などで教鞭をとっているが，上記の要請にかなう生涯発達心理学の適当なテキストは少ないと考えていた。そんな思いの折り，はからずも北大路書房から出版の話が持ち込まれた。生涯を豊かに生き抜くためにというメッセージをこめたもので，生涯発達に関心をもつ人たちに広く受け入れられ学習意欲をそそるようなものをと考え，構成と内容を検討し，それぞれの執筆者の協力を得てできあがったのが本書である。

　本書の特色は，第1に，人の生涯発達全体を人々とのかかわりの発展の視点からみようとしたことにある。第2は，青年期以降の記述を充実させたことである。中年・高齢期などにかかわる発達課題を扱った章およびクオリティ・オブ・ライフのための具体的方向を探った終章は，従来の発達心理学のテキストに欠落していた部分を補ったもので，類書にみられないユニークな個所である。第3は，全体を通して，臨床援助の視点を盛りこんだことである。こうした思いがどれだけ成功したかは，読者の方々の今後の評価に待つほかはない。

　終わりに，企画から刊行までさまざまな援助とアドバイスをいただいた北大路書房の田中美由紀さんほかの方々に心から御礼申し上げる。

　　2000年6月　　　　　　　　　　　　　　　　　　　　　　　　編　者

目　次

序　生涯発達心理学の考え方 …… 1

第1章　世界とのかかわり　さまざまな能力・関係性のはじまり …… 7
第1節　新生児・乳児の知覚・運動能力の発達　8
　1　乳児の知覚　8／2　運動の発達：反射から随意運動へ　10／3　知覚の発達と運動機能の発達　11／4　人間関係のはじまり　12
第2節　知覚から認識へ　14
　1　物語としての意味理解と信号としての意味理解　14／2　信号の発生過程　19
第3節　認識の障害　26
コラム　ことばの遅れがある子どもにことばを育てる　29

第2章　人々とのつながりを求めて　すすむ個性化と社会化 …… 31
第1節　親と子のきずなと基本的生活行動の発達　32
　1　人とのきずなの基盤としての愛着　32／2　愛着の発達　33／3　自立へ向けた手段としての基本的生活行動の獲得　34／4　基本的生活行動を支える運動機能　35／5　運動機能と精神発達との関連　36／6　近年の子どもにおける生活行動の発達の特徴　37
第2節　言語の発達　38
　1　初期のコミュニケーション　38／2　音声によるコミュニケーションの発達　39／3　育児語のはたらき　40／4　身振りからことばへ　41／5　初語の誕生と語彙の増加　42／6　単語から文章へ　43
第3節　情動の発達　44
　1　情動とは何か　44／2　情動のとらえ方　45／3　情動の喚起をめぐる理論　46／4　情動の発達　47／5　人とのかかわりと情動の発達　48／6　意欲と劣等感　49
第4節　遊びと人間関係の発達　50
　1　遊びとは何か　50／2　あやし遊び：楽しさの追求と父子関係　51／3　親子関係から仲間関係へ　52／4　仲間との遊びの発達　53／5　遊びの内容と社会性　54／6　仲間との遊びを発展させる：社会的スキルについて　55
コラム　育児放棄・虐待の発達臨床　56

第3章　学び考える　知的能力の獲得と発達……　57

第1節　思考の発達　58
1　思考の発達段階　58／2　感覚運動期の思考　59／3　前操作期の思考　60／4　具体的操作期・形式的操作期の思考　61

第2節　知的能力の発達　62
1　知的能力を支える脳のしくみ　62／2　脳の発達　63／3　記憶能力の発達　64／4　概念の学習　65／5　知的発達と環境要因　66／6　結晶性知能と流動性知能　67

第3節　学力と学習環境　68
1　学習への動機づけ　68／2　学習を促進する環境　69／3　遊びと自己学習力　70／4　動機づけと原因帰属　71／5　学習の転移・般化　72／6　観察による学習　73

第4節　学習障害　74
1　学業不振と学習障害　74／2　学習障害とは　75／3　学習障害の種類　76／4　LD児の発達的変化　77／5　LDの診断と指導　78／6　LD児およびその周辺児と学級崩壊現象　79

コラム　学習における発達臨床　80

第4章　人々の中で　自己の発見と他者との関係……　81

第1節　情動と意志の発達　83
1　赤ちゃんは無能か？　有能か？　83／2　情動とは何か？　身体場の2つのサイクル　84／3　乳児の生活における情動の役割　85／4　愛着の形成　86／5　「つもり（意志）」の発生　87／6　社会的参照の発達　88

第2節　自他の理解と自律　89
1　自己鏡像認知の成立　89／2　名前の理解からみた自己認識　90／3　他者の視点の理解　91／4　他者の心の理解　92／5　ことばの自己調整機能　93／6　自己規範の発達　94

第3節　仲間づくり　95
1　友だち関係の成立と発展　95／2　児童期の友だち関係の発達的変化　96／3　ギャング集団の形成あるいは現代におけるその形成条件の崩壊　97／4　青年期の友だち関係の発達的変化　98／5　学級という集団　99／6　学級崩壊　100

第4節　孤立　101
1　いじめ　101／2　不登校　102／3　青年期の孤独感の構造　103／4　青年期の孤独感の類型　104／5　中年期の孤独　105／6　老年期の孤独　106

コラム　鏡像認知成立のメカニズム　107

第5章　自分をつくる　人格と自己意識の形成……　109

第1節　人格の発達と形成　110
　1　人格と社会性　110／2　個性化　111／3　人格形成の展開と自立　113／4　中年期から高齢期へ　115
第2節　自己意識の発達　116
　1　自己へのめざめ　116／2　自己の対象化　117／3　生涯にわたる自己比較の変化　118
第3節　人格形成における問題　122
　1　適応障害　122／2　近年の問題行動　124／3　適応障害の克服　126
コラム　自己とカウンセリング　127

第6章　人との結びつき　家族の形成と展開……　129

第1節　配偶者の選択と結婚　130
　1　定位家族と生殖家族　130／2　配偶者の選択　131／3　結婚の意義　132／4　結婚により拡大する人間関係　135
第2節　親になること・親であること　136
　1　親になれない親　136／2　幼児虐待　137／3　親であり続けること　138
第3節　養育意識と育児態度　139
　1　今，子どもを取りまく環境　139／2　子どもを育てる環境　140／3　しつけ　142／4　養育態度　143
第4節　家事の共同と分担　145
　1　運命共同体，家庭生活を支え合う　145／2　家事に積極的になれない？　日本人男性　146／3　人生を豊かにする家事，育児　148／4　育児の社会的支援　149
第5節　家族関係から生じる諸問題　150
　1　続けていく人間関係　150／2　離婚，再婚　151／3　親離れ，子離れ　154／4　親世代とのかかわり　155／5　新しい家族の人間関係　157
コラム　幸せに結婚生活をつづけるためには？　160

第7章　働く　職業選択から生活の充実・向上へ……　161

第1節　職業生活の開始　162
　1　働くことの意味　162／2　現代の青年の働く意識　163／3　アイデンティティの確立と職業選択　165／4　青年たちの職業選択に及ぼす親の考え方の影響

167
第2節　職業との適応　168
　1　職業アイデンティティ　168／2　職業への適応　170／3　職場の人間関係　170
第3節　職場不適応とメンタルヘルス　174
　1　ストレスと職場不適応　174／2　過剰適応　176／3　心身症とアルコール依存症　177／4　ストレスへの対応　178
第4節　高齢期の労働と生きがい　180
　1　定年と高齢労働者　180／2　余暇ということ　182／3　自己実現としての高齢者の労働　183／4　生涯現役として　184
コラム　手軽にできる情動のセルフコントロールの例　186

第8章　人々とのかかわり　地域での人間関係……　187

第1節　子どもから大人へ，そして高齢者へ　188
　1　子どもから大人へ，そして高齢者へ　188／2　「老い」の問題　190／3　「老化」の問題　191
第2節　高齢者と地域　194
　1　高齢者の生活　194／2　高齢者像　195／3　高齢者と子ども：祖父母としての役割　196／4　地域のなかで生きる人々　197／5　生きがいをもって生きる―①　198／6　生きがいをもって生きる―②　199
第3節　地域での支援システム　200
　1　病的な老化　200／2　ソーシャル・サポート　202／3　ターミナルケア　204
コラム　介護の問題　206

第9章　かけがえのない生涯　真のバリアフリーをめざして……　207

第1節　共生社会のQOL　208
　1　少子高齢社会の到来　208／2　障害をもつということ：障害状態の発現　209／3　自立生活理念とノーマライゼーション　210／4　インフォームド・コンセント　211／5　利用者主体の援助　212／6　QOLを高める社会の実現をめざして　213
第2節　生活するパワーを増す：エンパワーメント　214
　1　個性に応じたコミュニケーション　214／2　自己選択・自己決定　215／3　個人の生活時間・生活空間　216／4　サービス消費者への転換　217／5　余暇を含めたライフスタイルの確立　218／6　自己権利の主張・擁護　219
第3節　バリアフリー環境の構築　220

1　バリアフリーなまちづくり　220／2　街のサイン計画　221／3　情報バリアフリー　222／4　ユニバーサル・デザイン　223／5　自立生活支援ツール　224／6　セルフマネージメント・ツール　225

第4節　利用者中心のグループ活動のすすめ　226

    1　お互いをよく知ろう　226／2　話し合って意見をまとめよう　227／3　調べて，計画を立てよう　228／4　試して，練習しよう　229／5　約束して，チャレンジしよう　230／6　記録して，発表しよう　231

    コラム　現在もっているさまざまな活動能力を社会的に認められるものへ　232

引用文献……　233

参考図書……　246

索　　引……　250

イラスト／田中ひろこ
　　　　　　松下　崇子

序　　生涯発達心理学の考え方

1　はじめに

　日本の心理学の発展に影響を及ぼした社会的イベントとして，次の2つがあげられると思う。そのひとつは心理学が大学の教職科目にされたことである。

　第二次大戦後の昭和29年，教員養成カリキュラムの検討が行われ，教育職員免許法が制定された。その施行規則のなかに，教員養成に必須の教職科目として教育心理学・児童心理学・青年心理学が指定された。また，国家公務員上級職を含む各種公務員制度(少年院，少年鑑別所，家庭裁判所等)でも心理学は必須の取得科目となった。さらに幼児教育，障害児教育でも心理学は重要視されるようになった。かくして日本の大学において，心理学は一般教育，専門教育におけるひとつの柱として位置づけられ，それに対応した教育体制の基礎が築かれ，心理学の受講者が次つぎとふえていったのである。つまり，心理学が教員養成，各種公務員，幼児・障害児教育関係の必須科目として認定されたことにより，全国の大学などでは心理学の教育組織が整備され，カリキュラム編成がなされ，心理学教育が実践されていったのであった。このことが，今日の心理学の発展，普及の土台となったことは疑い得ないところであろう。

　しかし，ここで扱われた心理学教育の内容は，主として子どもから大人への発達過程を扱うものであった。それは社会のそれぞれの分野でおもに要請されたことが，子どもの発達過程とその展開の方向についての理解であったことによる。心理学の課題を，子どもがどのようにして大人になるかを考えることとみて，その発達過程の理解と考察を目的としたことが，結局は子どもから大人への発達過程のみが扱われるという弱点を生んだように思えるのである。

　心理学は，人の全生涯を対象とする以上，当然，中年期や高齢期をもその対象とすべきであった。しかし，子どもから大人への発達過程についての援助が重んじられてその位置が定まり，大人以降の発達過程がなおざりにされていったのではなかったのだろうか。

　さてふたつめは，近年，世界的規模で高齢者が増加するに伴い，その人たちの発達過程とその対応についての知見と技法が求められるようになってきたこ

とである。そうした状況を受けて，発達心理学に近年大きな変化が始まっている。1980年代から，それまで子どもから大人への発達過程を扱ってきた発達心理学は，受精した瞬間から老いて亡くなるまでの人の生涯にわたる発達過程全体を扱うものに変容を余儀なくされている。

　生涯発達心理学は，わが国では1990年代の初め，外国の研究や理論を紹介することから始まったが，最近はわが国の研究者自身の手による概論書，教科書が刊行されはじめている。生涯発達心理学のねらいは，「人間の一生涯を見通しながら発達を考えること」の提案にある。人の生涯は，生まれてからではなく，卵子が精子と卵管の中で出会い，それを取り込んで受精した瞬間がスタートであり，そのゴールは成人ではなく，その後の中年期・高齢期を経て亡くなる時点なのである。生涯発達心理学はその対象範囲として，これまでの発達心理学では欠落していた領域を含むことになるのである。

　また生涯発達心理学では，心身の発達だけではなく，人の生涯にかかわる全生活を包括して検討されなくてはならない。したがって，心身の発達や生活，社会に関係する諸分野の学問である福祉学，社会学，医学，障害心理学，老人心理学，産業心理学などの知見が必要とされるのである。

2　生涯発達心理学の考え方

　われわれは生涯にそれぞれの夢を追って生きる。夢をいだき追い求め，成就あるいは挫折を体験する。これをいく度となくくり返し，終着を迎える。

　発達というと，一般には，成長し，獲得していく光の面だけを考えがちだが，そこには成長するにつれて喪失したり停滞したりする側面もある。つまり，獲得と喪失といういわば光と影の両面を包含するのである。

　従来の発達心理学は，誕生から成人までを扱い，発達のゴールは大人であるという暗黙の了解をしていたきらいがある。発達心理学は，こうした人生の生成，発展のいわば光の面のみを扱ってきたのである。

　これに対して，生涯発達心理学は成人期以降，中年期，高齢期の喪失，衰退の比重が多くなる過程つまりその影の側面を十分に視野に入れるのである。

　発達のゴールはけっして成人ではない。生命つきるときがそれなのである。その生命つきるときまでの人の生涯を光と影の両面を統合して科学的にみよ

う，これが生涯発達心理学だとわれわれは考えている。

3 本書の視点

人は胎児期から乳幼児期，児童期，青年期，中・高年期と時間的に発達段階を経過してその生涯を終える。

人は人々の中で生まれ育ち，人々とともに生き，人々に看取られながらその一生を終える。人の生涯発達は他者とのかかわりによってすすむのである。

本書では，発達の過程と，その過程における他者とのかかわりという2つの視点を置いている。他者とのかかわりは，誕生，母子，家族，学校，職場，新たな家族，地域社会というように場面が発展する。

かかわりはさらに進んで，援助という形をとる。援助は多様な形で行われるが，個別的，臨床的な援助が欠かせないし，それにはする側とされる側とがある。

人の生涯発達の時間的な推移の過程を縦軸とすると，それぞれの発達段階での人々のとのつながり，社会的関係は横軸と考えられる。いわば，発達過程とそれぞれの発達段階での他者との関係というように，個人の生涯発達という縦軸と他者との関係という横軸との関係になぞらえられる。他者との関係のひとつの形が援助であり，個別的な援助の形態が臨床的な援助ということになろう。

なお本書ではこの臨床という意味は，制度や組織などを含めており，従来の臨床よりは広い意味でとらえている。

4 本書の特徴

本書は次のような特徴をもつ。

まず第1に，スタンダード で明快で簡潔な記述を心がけたことである。教科書は講義に際して使用され，講義者の存在が前提である。筆者は25年余り大学の講義を担当し，その間多くの教科書を使って授業を行ってきた。教科書は講義の素材である。あまり詳細な記述は講義者の話す内容の多くをしばりかねない。とくに，客観的事実ではなく，理論的な立場とか見解，考え方などが詳細に述べられると，講義者は非常に話ができにくくなることがある。教科書のあり方として，スタンダードな内容を明快に，しかも簡潔に記述すべきであると

筆者は考えている。本書ではこの行き方を指向した。

　第2は，本書では，子どもから大人までの発達ではなく，人の生涯にわたる発達過程をみようとした。乳幼児期から始まり，青年期以降，中年・高齢期までの発達過程をたどり，最終章では，生涯発達におけるクオリティ・オブ・ライフの具体的方向をさぐる構成とした。このように青年期以降を扱った，第6章「人との結びつき」から第9章「かけがえのない生涯」などの中年期，高齢期などにかかわる章は，とくに類書にみられない章であろう。もちろん，中高年期の第6章以降の検討と記述を展開させるためには，その前の発達段階を扱った各章の検討と記述も精選される必要があり，第1章から第5章までもその期待にこたえた内容になっている。

　第3には，第2の意図を生かすために，人の生涯に関心をもち，研究を続けている，多分野の研究者を執筆者に迎えたことである。乳幼児心理学，児童・青年心理学，中年・高齢心理学，家庭管理学，障害児心理学などを扱う研究および実践に従事している人々に加わっていただき，その力を十分に発揮してもらった。

　第4は，教科書には資料の用意と記述の平易さと明快さが必要であろう。本書では，その点を配慮し，解説部分は簡潔にし，図表とイラストを多用して一目で理解できるように努めた。これによって視覚的に理解できる教科書であることをねらっている。

　こうした特徴を備えた本書読者の対象としては，発達心理学，臨床心理学，教育学，福祉学，看護学などを専門・および教養科目で学ぶ大学生，短大生など，さらには，教育学，心理学，福祉・看護の分野の実践的分野で活躍している方々を想定している。

5　本書の構成・内容

　本書では生涯にわたる発達の各時期とそこでの課題を，章に分け記述した。大学などの1つの授業は一般に15回で成り立っている。おおむねその期間で全体の章が概観できるようにとの配慮から，全体を9つの章にしぼりこんだ。

　まず章ごとに，はじめに各章のねらいが明示されている。これによって読者は，それぞれのニーズににもとづいて取り扱い方が判断できる。本文は，ごら

んのように，図表あるいはイラストを1ページに1〜2点ずつ載せるようにし，文章による説明は簡潔にした。講義をする際は，ここでそれぞれの持論を展開していただきたい。もちろん本文の批判もおおいに結構である。さらに臨床援助の視点のコラムをもうけ，できるだけそれぞれの章の目的にそった臨床的具体的な例をあげ，本文の理解を深めることができるようにした。

本文欄外には，キーワード解説をして，主要な概念の整理と説明をした。

またさらに勉強しようという人々のために，巻末に短い解説つきで参考図書をあげ，参考に供した。

本書の内容は以下のとおりである。

第1章「世界とのかかわり」では，誕生直後の子どもが，さまざまな自分の感覚器官をフルに利用して，周囲の世界とのかかわりを始めるようすを述べた。さらに，子どもが周囲の世界をどのように認識し，世界に入っていくのか。障害を受けている子どもの認識のしかたと，そのかかわり方をみている。

第2章「人々とのつながりを求めて」は，人の発達は他の人々との関係のもちかたと深まりでもあるという視点から，親子のきずなの形成過程とそのきずなをベースにした基本的生活行動の獲得過程を述べた。その子どもの生活行動は，運動，言語，情動などの諸機能の発達に支えられるが，同時に行動がそれらの諸機能を発達させる関係をみている。

第3章「学び考える」では，知的能力の発達を扱っている。子どもが身体を動かして外界のさまざまな事物を探索し，神経系の成熟を基盤にして，知識を獲得しながら，論理的思考力を形成していく過程を述べている。

第4章「人々の中で」は，自己の他者との関係の発展を扱っている。人は誕生のときから他者の中で生き，亡くなっていく。他者との関係の中で個性が生まれる。仲間づくりと孤立を扱った個所では，学級崩壊，中年期の孤独などの現在社会における関心事も検討されている。

第5章「自分をつくる」は，心理的な自己をどのように発展させ，人格をどのように形成していくかをみていく。わたしたちを取り巻く環境を認知し行動しはたらきかける。そのなかで自分の見方や判断力をもち，価値観を形成していく過程と人格がそれを中核にして形成されていく過程をみている。

第6章「人との結びつき」では，家族の形成と展開を論じている。家族の一

員として生まれた人が生涯にわたってさまざまな出会いをし，そこにくり広げられる人間関係と，そこで生じるさまざまな課題の実際を検討した。

　第7章「働く」は，青年期の職業選択から，職場と家庭の生活の充実・向上をはかる中年期を経て，定年退職後の高齢期で働くまでの過程で生じる諸問題を考えた。

　第8章「人々とのかかわり」では，高齢期の人々の生活の現状と「老いる」とはどのような人生上の意味をもつのかを考える。そして高齢者の人々へのかかわり方や，人生の終末を迎えるにあたっての課題を考えている。

　第9章「かけがえのない生涯」では共生社会のクオリティ・オブ・ライフを考えた。人はみな亡くなる前には，健康ではない生活を強いられるし，人生の途中で障害をうけることがあったり，それが生まれつきの場合もある。それぞれの条件のなかで，それぞれがかけがえのない人生を送ろうとする。そのときの考え方と具体的な方策を検討する。

　このような各章を読み進むなかで，読者が，生涯にわたる自己理解および他者理解を深めていくプロセスについて整理され，さらに発達上の諸課題解決の視点などを見直され，人生の設計を再構築する手がかりを得られるようにと願っている。

　こうした構想と内容で執筆された本書であるが，その出来ばえについては，読者のご批判をまつしかない。どうか率直なご意見をお寄せいただきたい。

　本書の出版まで，内容の企画，執筆者への依頼，原稿執筆，校正とさまざまな段階で，いくつかの課題に遭遇した。なんとか出版までこぎつけることができたのは，執筆者の方々のご努力とご協力のたまものである。心から感謝申し上げる。各章ごとに執筆者の個性や特性が随所で表れていて，それが本書を楽しくもユニークなものに仕上げてくれたと思っている。

第1章
世界とのかかわり
さまざまな能力・関係性のはじまり

　母親の胎内から生まれ出た瞬間，子どもは静かな暗闇の世界から光輝く世界へ放り出される。生まれてすぐの赤ちゃんは，ねがえりもできず，視力も不安定で，話すこともできず，ただ泣くだけ，の無力な状態にみえる。しかし赤ちゃんはさまざまな感覚器官をフルに利用し，まわりの情報を取り入れて急速に世界とかかわりはじめる。赤ちゃんはどのようにまわりを認識し，人間社会の一員となっていくのだろうか。また感覚器官が障害をうけているとき，赤ちゃんはどのように世界を認識し，かかわろうとするのか。
　この章ではおもに新生児期から乳児期にかけての発達について述べる。

第1章　世界とのかかわり

第1節　新生児・乳児の知覚・運動能力の発達

1　乳児の知覚

　赤ちゃんは生後まもなくからかなりの能力をもっており，まわりの世界を認識していることが確かめられている。

（1）視覚

　新生児はほとんど目が見えていないというのが長年の定説であったが，0.03程度の視力はあるらしい。20～30cmの距離であれば焦点をあわせることができるので，この注視行動を用いた**選好注視法**という方法で，新生児のころから形や色彩を区別していることがわかっている。**ファンツ**（Fantz, 1961）によると，単純なパターンより複雑なパターン，平面より立体，無色より有色，たんなる図形よりは人の顔のような図形をより長く注視するという（図1-1）。

　では図形のどの部分を見ているのだろうか？　視線の軌跡を追跡してみると（**視覚的走査**），三角形の図形を見せたとき，生後1か月では角のひとつを集中的に見るが，2か月になると全体を見るようになり図形全体の特徴を認識しは

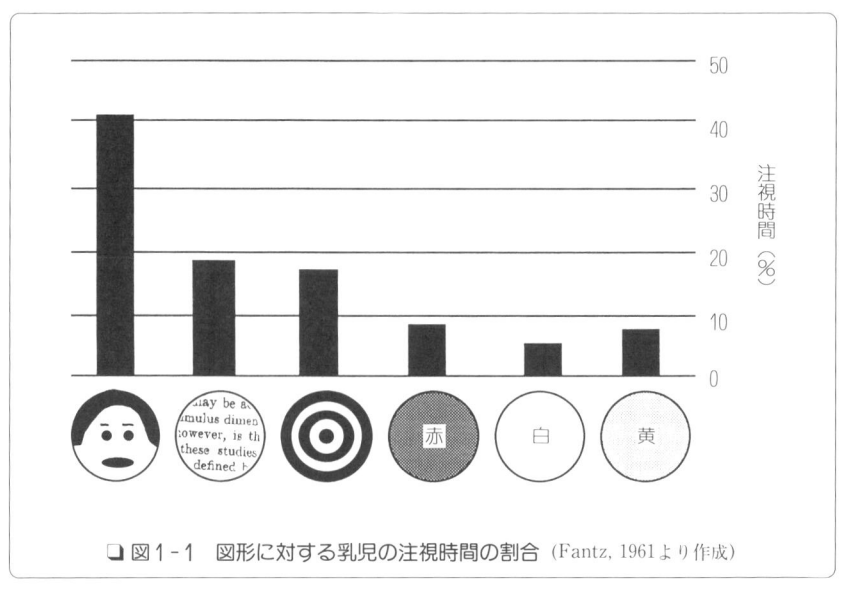

□ 図1-1　図形に対する乳児の注視時間の割合（Fantz, 1961より作成）

じめるという (Salapatek, 1975)。また，視力は1歳で0.4程度，3〜5歳でほぼ成人なみに達するという（下條，1983）。

また乳児はいつごろから奥行きを認識するのだろうか。**ギブソン**とウォーク (Gibson & Walk, 1960) は，視覚的断崖という装置を用いて生後5〜6か月の乳児がすでに「深さ」の判別ができることを明らかにした（図1-2）。その後，生後2か月ごろにはすでに奥行き知覚があることも証明されている (Campos, et al., 1970)。

(2) 聴覚

新生児でも音の聞き分けができる。音源のほうへ顔を向けることができるし (Wertheimer, 1961)，男性の声より周波数の高い女性の声に，より反応する。

相手の語りかけることばのリズムにひきこまれて身体の一部が同調して動く現象を**エントレインメント**というが，新生児でもエントレインメント現象がみられる (Condon & Sander, 1974)。赤ちゃんが母親の語りかけに反応して手足を動かし，その動きに対してまた母親が話しかけるのである。しかし雑音や合成された音では同調せず，人の話しかけに対してのみ同調するという（小林，1983 b）。これは，新生児の音の聞き分けを示す事実であり，聴覚を介したコミュニケーションのはじまりともいえるだろう（図1-6参照）。

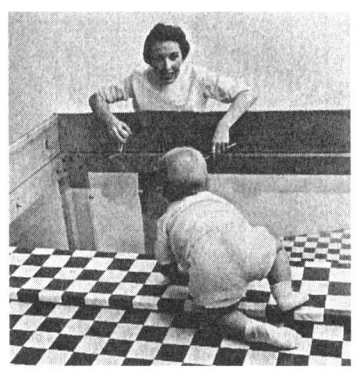

乳児を台上にのせて，母親に呼びかけてもらう。ガラスをのせてあるので視覚的に奥行き（深さ）のちがいがあり，乳児は浅い側にも深い側にも移動できる。浅い側からの呼びかけには這っていくが，深い側をわたって母親のほうへ行こうとはしない。

❏ **図1-2 視覚的断崖の実験装置** (Gibson & Walk, 1960)

2 運動の発達：反射から随意運動へ

運動機能の発達は，中枢神経系の発達に依存すると考えられている。新生児では**下位中枢**（脊髄・延髄・橋）までしか発達していないため，この時期の運動はほとんど反射（**原始反射**）であるといわれる。たとえば，吸啜反射は口のなかに乳首や指が入ると無意識のうちに吸う動作をする反射だが，生後2〜3か月ごろに消失し，吸いたいときに吸うという**随意運動**としての吸啜が可能となる。吸啜という動作は赤ちゃんが生きていくために必要な「哺乳」のための反射ともいえ，原始反射は生存上不可欠の反射であるとも考えられている。

原始反射は**上位中枢**（中脳・大脳皮質）が発達してくると抑制がかけられ消失すると考えられている。かわって出現するのが**姿勢反射**であり，これは一生存在する。たとえば立ち直り反応はそのひとつであるが，子どもの身体を左右に傾けると，本来の姿勢にもどろうとする。この反射の存在により，赤ちゃんは安定したハイハイやおすわり，歩行が可能となるのである。

この原始反射を中心とした発達論は，多くの人に認められた概念であるが，近年新生児で，反射とはちがう**自発運動**に関する研究がすすんできており，従来の発達論が新たな方向へ展開しつつある（Prechtl, 1988／Towen, 1984）。

反射中枢		0　　3　　6　　9　　12　月齢
		頸定　ねがえり　ハイハイ　歩行
脊髄	把握反射 陽性支持反応 自動歩行 吸啜反射	
脊髄〜橋	Moro反射 非対称性緊張性頸反射	
中脳	立ち直り反射 Landau反射 Parashute反射	
大脳皮質	傾斜反応 飛び直り反応	

中枢神経系機能は脊髄→橋→中脳→大脳皮質の順で成熟がすすみ，原始反射から姿勢反射へと変化する。

図1-3　反射の出現・消失と運動発達の関連

■**基本的運動反射**　外部からの刺激に対する意識されない瞬間的な運動で，神経系の発達にしたがって原始反射から姿勢反射へと変化する。
■**原始反射**　神経系が未熟な新生児期〜乳児早期にみられる反射で，反射中枢は脊髄・橋・延髄などの下位中枢にある。上位中枢の発達により，抑制され減弱・消失する反射。

3 知覚の発達と運動機能の発達

　運動機能の発達と知覚の発達は別々のものと考えがちだが，両者の発達は相互に作用しあって子どもの世界をひろげていく。たとえば，乳児が目の前にあるおもちゃを手をのばしてつかむのは生後5か月すぎである。物をつかむには両手を組み合わせて近づけたり遠ざけたりして自分の手を確認するハンドリガードが始まり，手の把握反射が消失して指が開き，選択的に物をつかむという随意運動としての「把握」の確立が必要である。そしておもちゃを認識する「視覚」の発達，おもちゃまでの距離という「空間認識」の発達も必要である。これらの運動と感覚の発達が相互に支え合うことで「目の前のおもちゃを手をのばしてつかむ」という行動が可能となる。さらにたいせつなのは，おもちゃをつかんでみたいという心理的欲求である。

　手を動かすことで，おもちゃを振って音を出し，その音を聞いて楽しむことを知り，四肢の筋肉・関節の随意運動が発達して，さらに遠方にあるおもちゃをとりたくなってハイハイが可能になるというように，両者はかかわり合いながら機能を成熟させていく。

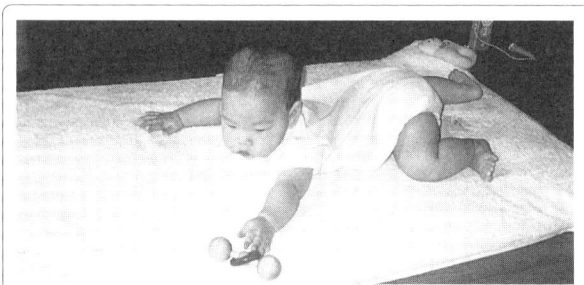
❏ 図1-4　おもちゃをしっかりと見つめ，手をのばして取ろうとする（生後5か月5日）

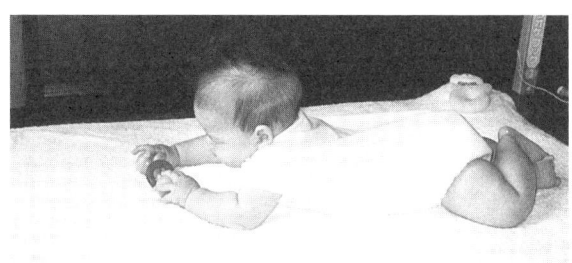
❏ 図1-5　つかんだおもちゃを自分のほうへひきよせ，その感触を確認する

■胎児期　　受精後10週ごろから出生までをいう。身体器官が形成され機能が成熟していく時期である。超音波機器等の導入により，胎児のようすが明らかにされつつある。

● 4　人間関係のはじまり

　子どもが最初にかかわりをもつのは母親であろう。母と子のかかわりは，すでに子宮内に子どもがいるときから始まっており，妊娠後半には母親は胎動を感じるし，母親の心理状態によって胎児の動きや胎児心拍数が変動することが知られている。そして誕生とともに，ひとりの人間として母親との関係を確立していく。

　新生児の視覚や聴覚がかなり発達していることは述べたが，これらの感覚を通じて母と子は情報（情緒といってもよい）のやりとりをし，心のきずなをつくっていく（**Maternal-Infant Bonding**）。出産直後に母性を形成する感受期があり，母から子，子から母へのさまざまな行動がお互いを補足し合い，結びつけるという（Klaus & Kennell, 1976, 1982，図1-6）。

　たとえば母親の針金製模型と布製模型を使った子ザルの実験で，布製模型のほうに，より長時間接触することや，恐怖刺激を受けたときには布製模型にしがみつくことが確かめられている（Harlow & Mears, 1979）。サルの結果を赤ちゃんにそのままあてはめることはできないが，柔らかな肌の触れ合う感覚（ス

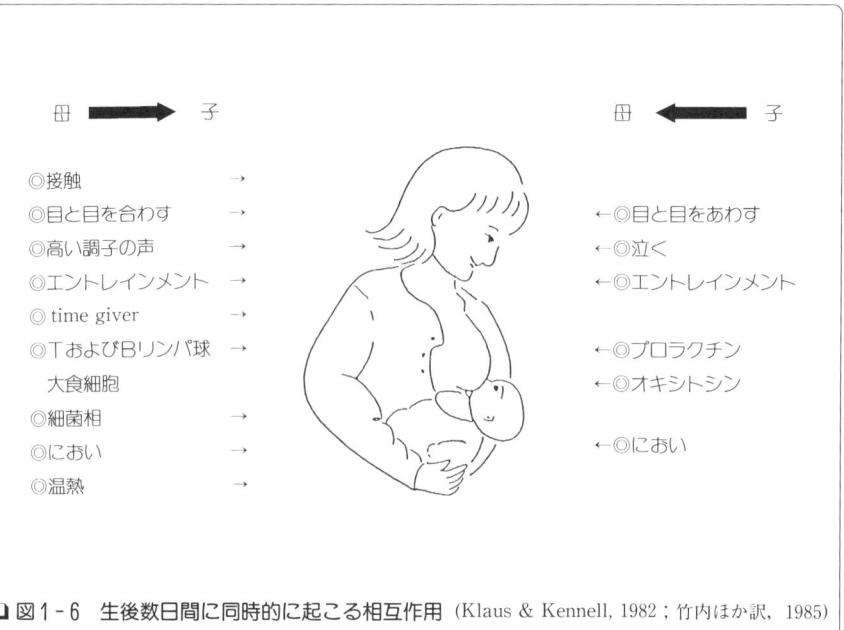

❏ 図1-6　生後数日間に同時的に起こる相互作用（Klaus & Kennell, 1982；竹内ほか訳，1985）

■乳児期　　生後2か月から1歳または1歳6か月ごろまでをいう。この間に子どもは独歩を獲得し，簡単な言語によるコミュニケーションが可能になる。

キンシップ）が子どもにとってたいせつであることを示唆している。

「目と目を合わせる」という行動で、目はそのきらめきや視線、大きく見開いたり細めたりすることで心の状態を伝え合うことができる。また新生児でも、大人が口の開閉や舌を出すしぐさをすると模倣し（Meltzoff & Moore, 1977）、大人の示す喜怒哀楽の表情を模倣する（Field et al., 1982）。模倣は視覚を介した情報のやりとりといえるだろう。

小林（1983 a）は、**母子相互作用**は母親―乳児間の行動的・感覚的・心理学的相互作用で、母から子、子から母への合図行動とそれに対応する反応行動から成り立っており、**母子結合**（母と子のきずな）を形成するとしている（図1‐7）。

抱く・飲ませる・話しかけるなどの母子間でごく自然にいとなまれる行動が相互作用となって母子関係が成立するわけだが、この初期の**母子関係**の形成が基盤となって、子どもの自立をうながし、将来の多様な人間関係を円滑にしていくことになる。

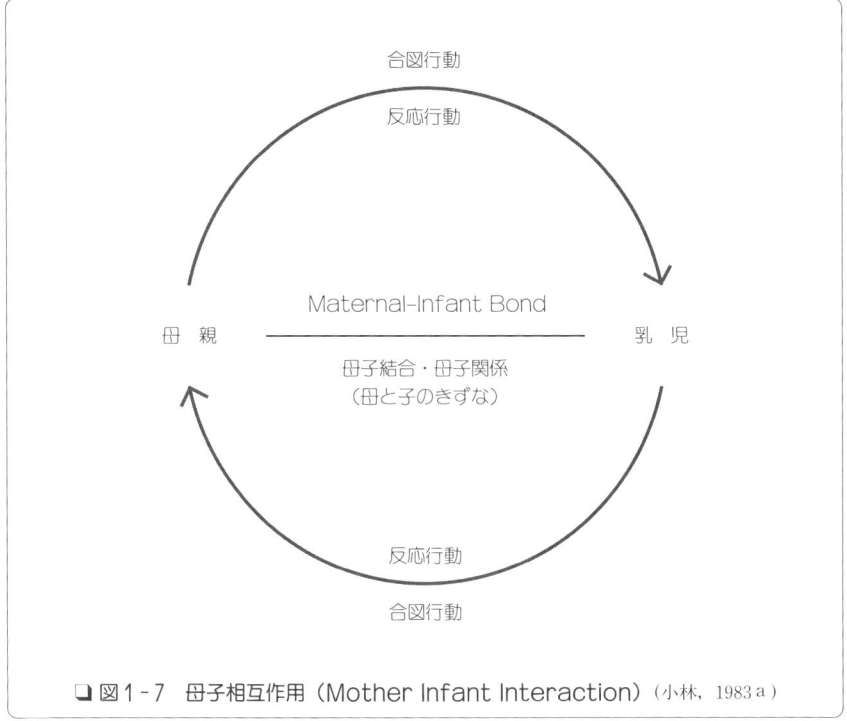

❏ 図1-7　母子相互作用（Mother Infant Interaction）(小林, 1983 a)

第2節　知覚から認識へ

1　物語としての意味理解と信号としての意味理解

　乳幼児はどのように認識を形成していくのだろうか。そのときの認識とはいったいどのようなことがらをさすのであろうか。こういった問いへの返答をさがすのが，この節の目的である。乳幼児が外界を認識している場面を想像してみよう。たとえば，乳幼児が外界を見るとき，写真を写すような形で外界を覚えていく，あるいは，音を聴くときにテープレコーダで録音するように覚えていくのだろうか。そんなことをしていたら膨大な記憶容量を必要としてしまい，あっというまに容量オーバーということになりかねない。乳幼児はもっと効率のよい処理のしかたをしているはずである。

　図1-8を見てみよう。何が描いてあるのだろうか。おそらく，ほとんどの人からは，「透明の箱」や「立方体」といった返答を引き出せるにちがいない。しかし，描き手は，図1-9のような図柄のデッサンのつもりで描いたのかもしれない。われわれは，見た物をあるがままに知覚するのではなく，ひとつのまとまりある物として知覚し，ときには命名もし，認識していくのであろう。生活経験のなかで箱のようなまとまりとして見る見方を強固にした人ならば，描き手が，図1-9はキャンデーをデザインした図柄であるといってもやっぱり箱に見えてしまうはずである。おそらく乳幼児もわれわれと同様に，ある意味のま

❏図1-8　　　　　　　　　　　❏図1-9

第2節 知覚から認識へ

とまりが見いだせるように外界を分割し，意味づけながら納得していくのであろう。ここでは，外界の事物や他者，あるいは，自己を意味づけ，記号化し納得していく過程を認識ととらえることにしよう。

筆者ら（小西ら，1997）は，乳児が色の弁別ができるようになる過程を実験的に検討したとき，おもしろいことに気づかされた。実験は，こんな具合に行われた（図1-10）。生後6か月ぐらいの赤ちゃんに赤と青のコップを提示する。そして，それまで赤ちゃんが遊んでいたおもちゃをどちらかのコップに入れて見せ，一瞬視野を遮断して，2つのコップを同時に赤ちゃんの手の届く所に示す。そうすると，赤ちゃんは赤ないしは青の区別をし，おもちゃを取ろうとするにちがいない。そして，遮断する時間を長くしていくならば，なんらかの形で記号化して（たとえば，6か月の赤ちゃんならばまだ音声言語での話ができないので，視線の動きや筋肉の緊張などで）記憶するにちがいない。結果は図1-11のようになった。赤ちゃんは生後8か月ごろになると，おもちゃをいった

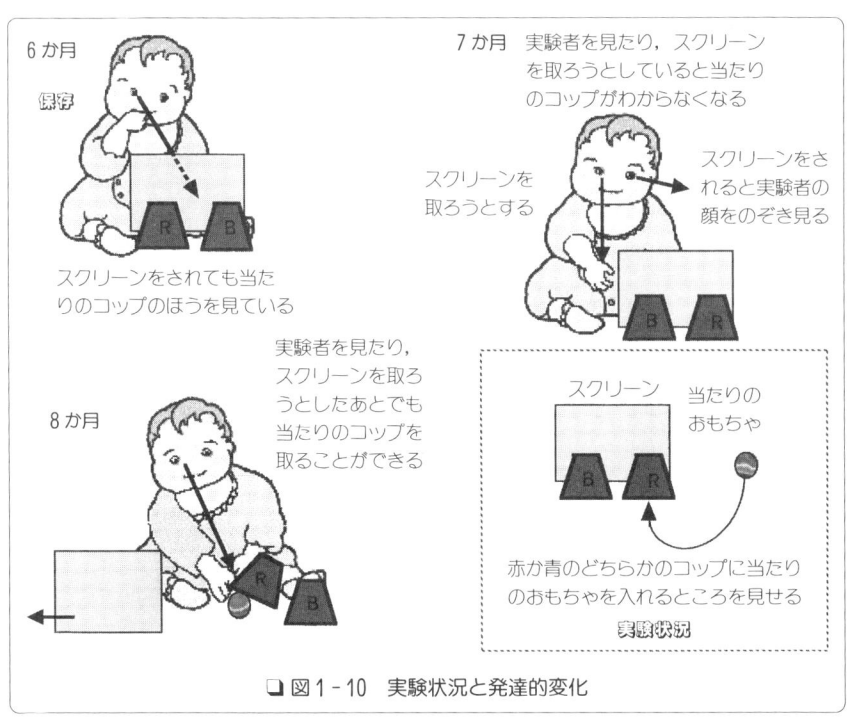

❏ 図1-10　実験状況と発達的変化

第1章 世界とのかかわり

ん遮断されても色を覚えていて、正しいほうを選べるようになっていく。また、生後12か月をすぎると、3秒間遮断しても50％以上の確率で正解するようになった。

　興味深かったのはそれぞれの赤ちゃんの月々の変化を縦断的にながめてみたときである。6～7か月の赤ちゃんでは、おもちゃの入ったコップの色を覚えて取ることはできないが、遮断しているスクリーン（のうしろにあるであろうコップ）を見続けており、対象についての保存ができることがわかった。ところが、7か月児のなかには、スクリーンで遮断されたとたんに、前にいる実験者のほうをのぞきこんだり、スクリーンを取ろうとすることがみられるようになった。赤ちゃんの言い分はおそらくこうであろう。「おもちゃを取ってもいいよと言いながら、なぜ、じゃまするの？」「じゃまな物（スクリーン）は取っちゃうよ」。たしかに赤ちゃんにすれば不可解な事態である。おもちゃを取るようにうながされながら、取ろうと思っていると遮断されてしまうのだから。ただし、残念なことにこの時期の赤ちゃんは、実験者をのぞきこんだり、スクリー

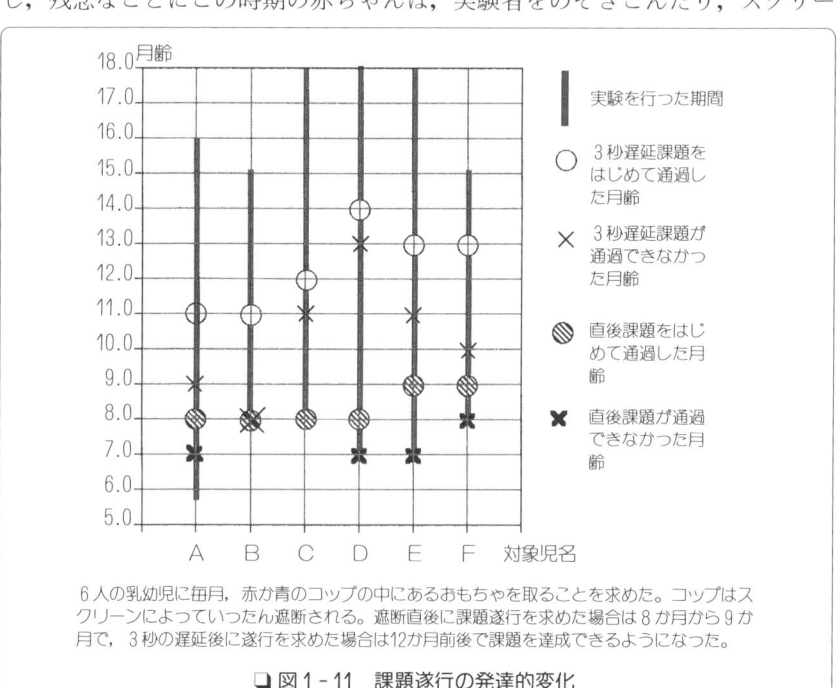

6人の乳幼児に毎月、赤か青のコップの中にあるおもちゃを取ることを求めた。コップはスクリーンによっていったん遮断される。遮断直後に課題遂行を求めた場合は8か月から9か月で、3秒の遅延後に遂行を求めた場合は12か月前後で課題を達成できるようになった。

❑図1-11　課題遂行の発達的変化

ンを取ろうとしているうちに，おもちゃがどちらに入っているのか忘れてしまうようである。遮断されたらしばらく待って，そのあとでおもちゃを取ればよいと状況判断ができ，さらにおもちゃを取れるようになるのには，8か月をすぎるころまで待たねばならなかった。

ところで，7か月ごろの赤ちゃんは，取るようにうながされていながら遮断されるという実験状況の矛盾に気づきとまどっていた。つまり，置かれている状況の意味を理解していたから混乱したのであり，遮断されてもしばらく待って取ればよいというように，状況の意味を新しく理解しなおすのには，それから1か月ほどかかったことになる。実験者が驚いたのは，赤(もしくは青)がおもちゃの印であるという記号としての意味理解と同時に，そのことが生じている状況的意味の理解の2つの意味理解を乳児が行っていたという事実である。

岡本（1999）によると，記号や言語が表す対象や内容についての意味と，行為や存在の文脈に込められている心的内容についての意味の2つがあり，心理学では両者は区別が自覚されずに使われていることが多いという。筆者らの実

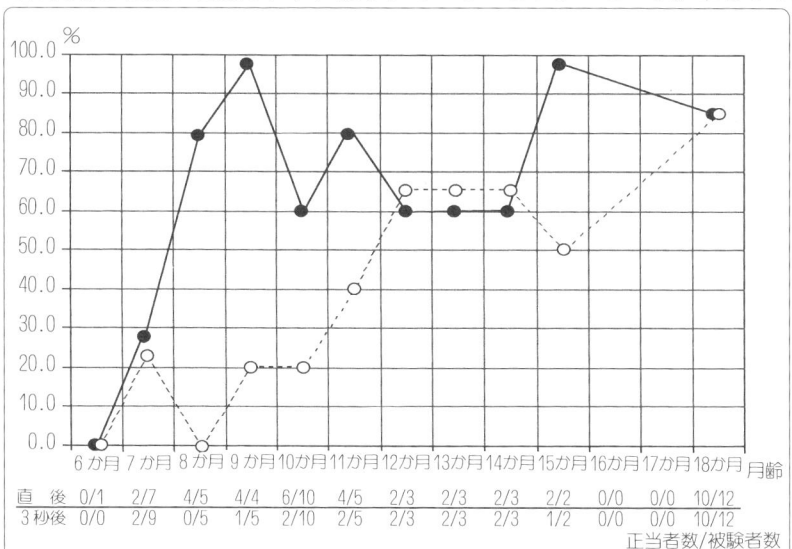

各月齢の乳幼児に赤か青のコップの中にある当たりを取るように求めた課題を実施した。正解のコップを左右どちらにおいても4回続けて正解した人数比率を図示した。課題はスクリーンを直後にはずした直後課題と，3秒遅延したあとにはずす遅延課題からなる。

❏ 図1-12　課題の通過率

験では，少なくとも生後7か月ごろには，この2つの意味が区別されて機能することがわかった。ところで，ここでは状況に埋め込まれた意味を「**物語的な意味**」，記号が示す対象や内容の意味を「**信号としての意味**」とよぶことにしよう。物語としての意味について補足する。われわれは，みずからが経験したことを時間的な流れのなかでまとめあげ，ある筋道だてて，あるいは，枠組みをあてて理解しようとする。そのような理解のしかたをするときには，必ず物語のどこかに自身との関係が位置づけられ，自身の思いが込められた物語として理解している。「実験者が，おもちゃをぼくにくれようとしている」「お母さんがお茶碗を壊した」「痛いの痛いの飛んでいけ」など，乳幼児のどの語りも自分の思いがかかわっており，目的や方法や結果の説明を因果的な関係にまとめて理解しようとしているものである。

このように乳幼児はみずからとの関係のなかで，世界を分割し意味づけをしなおしている。さらに意味づけるのは外界ばかりではない。みずからの存在そのものについても物語っていく。幼児はものまねの天才である。幼児はみずからが属する社会に共有される意味のなかに身を置き，他者の行為をなぞり，さまざまなことがらをまねし，そのふりをしながら，いつのまにか以前からそう

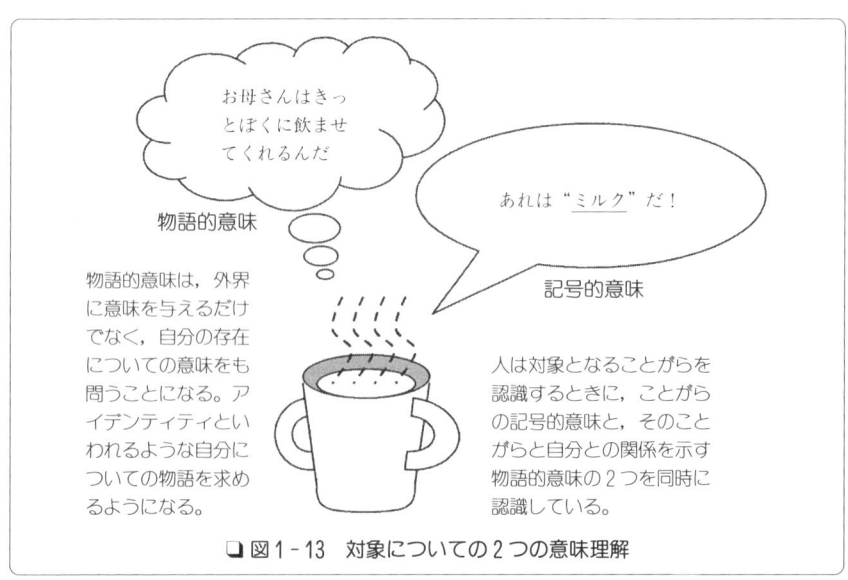

❏図1-13　対象についての2つの意味理解

であったかのようにふるまっていくのである。家族や社会のなかで、男の子は男の子になり、末っ子は末っ子になっていくわけである。幼児は、自分を含め世界を物語りながら整合性をつくりあげ、成長とともにたえず新たに世界を構成しなおしていくのである。

一方、こういった物語的な理解のほかに、特定の対象について記号を与え、特定の意味のまとまりとして理解していく過程がある。次に、この信号としての意味理解の発展をながめてみよう。

2　信号の発生過程

幼児が対象となることがらを認識するときに、そのことがらに対応する記号に置換すると整理しやすくなることはよく知られていることである。このとき、指示対象にあたることがらとそれをさし示す記号との関係に注目してみよう。図1-14は、ハサミと記号との関係を取りあげたものである。ハサミを示す記号としては、音声のような音であったり、文字のような線の痕跡であったり、点字のような点の集まりであったり、さまざまな素材を利用することができる。

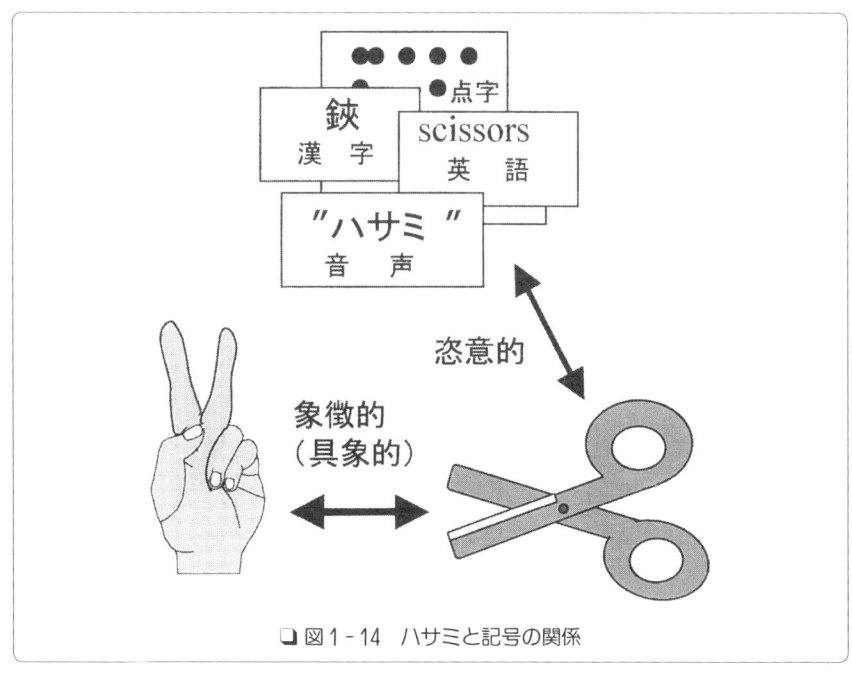

❏ 図1-14　ハサミと記号の関係

また，ハサミと記号の関係は，恣意的である。ハサミを見て"ハサミ"とよばなければならない理由はない。その社会に属する者が，特定のよび方を共有できればそれでよいのである。当然，英語圏では"scissors"ということになる。ところが，ハサミがほしいときに，指でチョキをつくり，チョキチョキと動かせば，多くの人がハサミがほしいとわかってくれる。ということは，つまり指のチョキも記号ということになる。ただし，音声言語のように任意に決定されているのではなく，非常に関連の強い有縁的な記号ということになる。指で形づくられた型や動きは，ハサミのそれと似ているとだれもが感じることであろう。さらに，紙を前にして，切りたそうなしぐさをしていれば，それだけでもハサミがほしいということが他者に理解され，ハサミを手渡されるかもしれない。そのときはしぐさ全体が記号ということになる。当然のことながら乳幼児の認識のしかたは，必ずしも音声言語のような恣意的な記号によってのみなされるのではない。むしろ，ことばのような明確な記号特性をもたない記号らしきものによって，乳幼児の多くの認識活動が支えられているように思われる。そこでここでは，以上述べてきた他者になんらかの形で受発信行動を引き起こしてしまうような記号的なはたらきをするもののすべてを信号とよび，その構成原則を梅津（1976）にならって図1-15のように整理してみることにしよう。

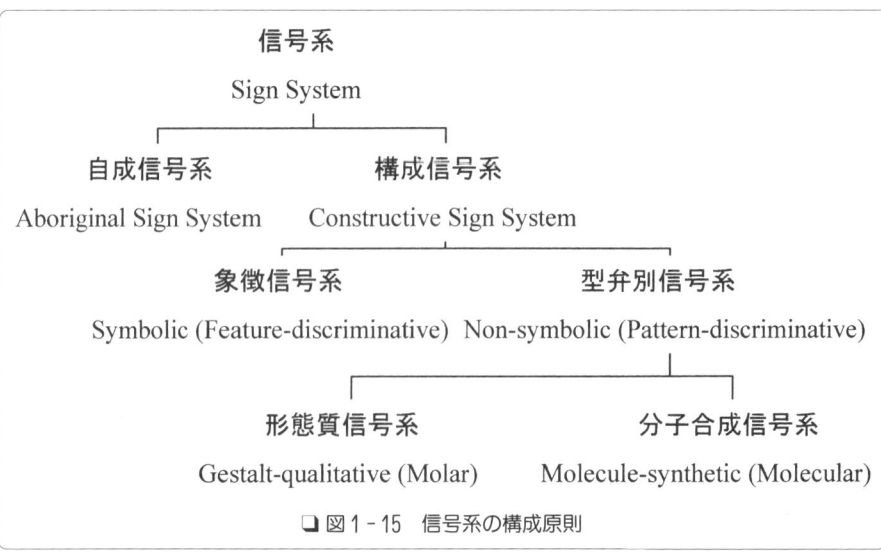

❏ 図1-15　信号系の構成原則

まず，信号系は発信者によって無意図的に発せられ，また，受信者によって無意識のうちに受信される自成信号系と，発信者が意図的に構成し，受信者の解読プロセスを必要とする構成信号系に分けることができる。自成信号系には新生児が乳首を見つけ出すような生得的に獲得されている信号もあれば，**古典的条件づけ**や**道具的条件づけ**（オペラント条件づけ）によって反射的に対応関係が成立している信号もあろう（図1-16）。一方，構成信号系は，ことばのようにヒトが意図的につくり出した信号系である。指示対象にあたることがらをなんらかの信号素材を用いて構成しなおしたものである。この使用によって，ヒトは現前の刺激の直接的な統制を離れることができ，自由度のある対処行動をとれるようになる。

この構成信号系は，さらに，指示対象にあたることがらと有縁的な関係にある象徴信号系と，まったく任意に決定されている型弁別信号系に分類される。身振りや写真やオノマトペ（擬声語・擬態語）などは，象徴信号系に属するのであろう。音声言語，文字，各種標識やマークなどは，型弁別信号系である。

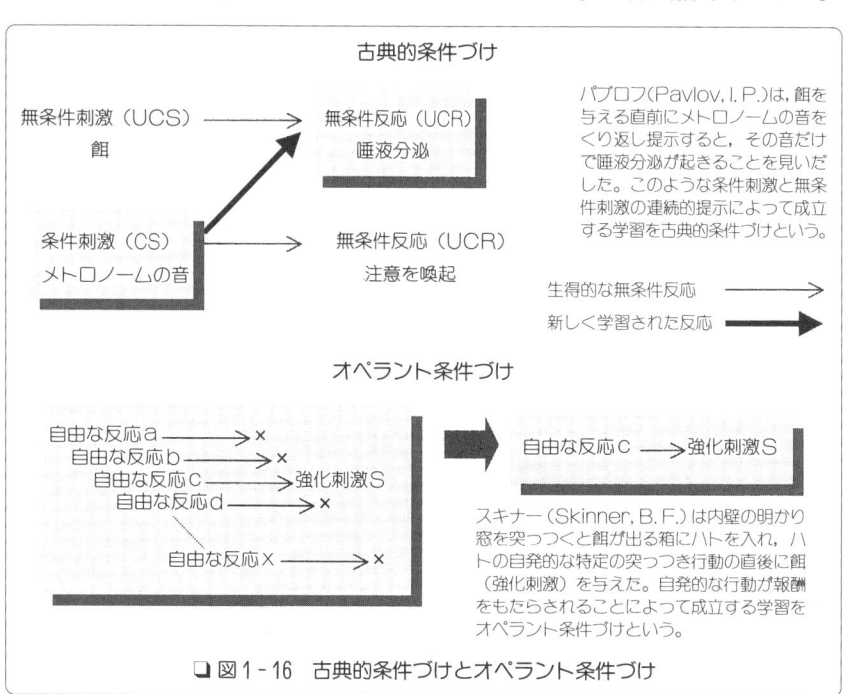

❏ 図1-16　古典的条件づけとオペラント条件づけ

型弁別信号系は，さらに形態質信号系と分子合成信号系に分類できる。形態質信号系は，チンパンジーのサラ（プレマック，A. J. ＆プレマック，D., 1972）が獲得した言語のように信号の色や形などの全体的特徴によって表される信号である（図 1-17）。一方，分子合成信号は，アルファベットやひらがなのような有限個の要素を組み合わせて構成する信号であり，通常われわれが言語と考えているような信号である。

　さて，こういった信号の使用を通して，乳幼児が認識を深めていくようすをみてみよう。まずは音声の利用から。赤ちゃんが一番先に発するのは「泣き声」や「笑い声」などといった自成信号である。本人の意識の有無にかかわらず，このような信号は他者に伝わり，外界の変化を生み出すことができる。みずからの動きによって外界に変化をもたらすことができるか否かは，世界を自分にとって意味のあるまとまりとして分割化することの始まりである。

　つづいて，乳幼児が 1 歳近くなると"ブーブー""ワンワン""ウマウマ"な

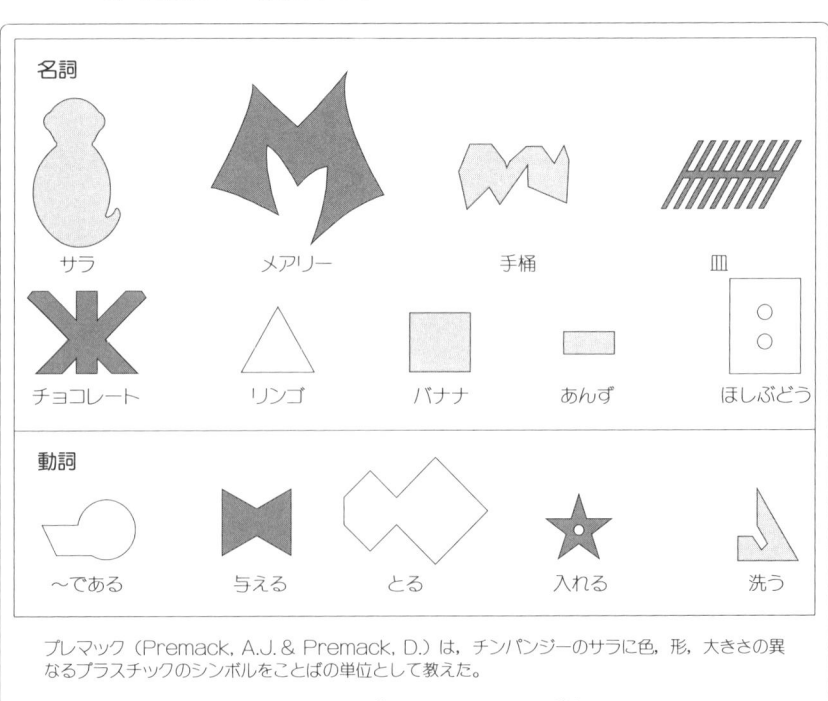

プレマック（Premack, A.J. & Premack, D.）は，チンパンジーのサラに色，形，大きさの異なるプラスチックのシンボルをことばの単位として教えた。

❏ 図 1-17　プラスチックのシンボル

どといった幼児語の使用がみられるようになる。これは象徴信号であろう。また，音声の象徴信号に先立って，指さしや，さまざまな身振りのような象徴信号の使用もみられるようになる。このあと，幼児は二語文や三語文を使用できるようになっていくが，この形成過程では，たとえば，指さしをしながら"チョウダイ"をし，指さしのような象徴信号と音声言語が2つ合わさって二語文をなすような使用のしかたがみられる場合もある。

さらに，幼児は3歳ごろになると，助詞を含んだ文章を話せるようになり，すっかり音声言語を獲得したような印象を受ける。ところが，しりとり遊びをしてみると，音節に分解できないことがわかる。つまり，3歳児は，単語を構成する音の全体の形態を認識しているのであって，音節によって分けられた要素を組み合わせて言語を構成しているわけではない(表1-1)。この時期の幼児は音声言語ではあるが形態質信号としての使用をしているのであって，音の要素を組み合わせて言語（分子合成信号）を構成できるようになるのは，4～5歳になってからである。

同じようなことが，文字利用にもみられる。文字も要素を組み合わせて使用する分子合成信号である。こういった文字の使用に先立って，「自分の名前ならば一文字ずつはわからないが全体として区別できる」「お店のマークがわかる」などといった形態質信号としての文字使用がみられている。逆にいうと，こういった形態質信号としての使用ができていない幼児に，「あいうえお」の文字書き練習をさせるのは，非常な無理を子どもに強いていることになる。文字学習の始まりを見きわめるには，しりとり遊びのような音節分解ができるか否かがめやすになるだろう。さらに形態質信号としての文字使用に先立って，絵や写真といった象徴信号が理解できるようになっていなければならないだろう。

○表1-1　母親と3歳児の会話

（親）	「しりとり遊びをしようか」
（親）	「リンゴの最後の音は何？」
（幼児）	「？」
（親）	「あのね，"リンゴ"の最後は"ゴ"でしょ」
（親）	「だから，次は"ゴ"・"ゴリラ"。わかった？」
（幼児）	「わかった」
（幼児）	「"リンゴ"でしょ」
（幼児）	「つぎは"バナナ"でしょ。"ミカン"でしょ…」

こうやってみてくると，音声であれ文字であれ，まずは自成信号としての使用がみられ，そのなかに象徴信号としての使用が現れる。そして，象徴信号としての使用に形態質信号が含まれてきて，さらに，分子合成信号としての使用がみられるようになる。外界を分割し意味づける信号の発達は，おおよそこの順に沿ってみられている。そして，音声や線の痕跡といった信号素材のちがいはあっても，ほぼ同一の構造をもった信号が並列して利用できるようになるようである（ただし，1つや2つの信号の利用であるならば，上述した獲得のプロセスを経るわけではない。ピンポンができるハトのように，シェイピングをすればハトにでも1，2の文字単語の弁別はできるようにすることができる）。

 ヒトが外界を理解していくときに，なんらかの信号に置き換えて認識していることを述べてきたが，ヒトの行う多くの行動に梅津（1976）の信号の構成原則と近似した同一構造を見てとることができる。松木（1996）は乳幼児の道具操作の発達を調べてきた。子どもは，まず初めに自己の手などの身体を道具として使用する（自成的道具操作）段階から始まる。次に，手の延長として道具を使用するようすがみられる。たとえば，棒で必要な物を引き寄せるときには，

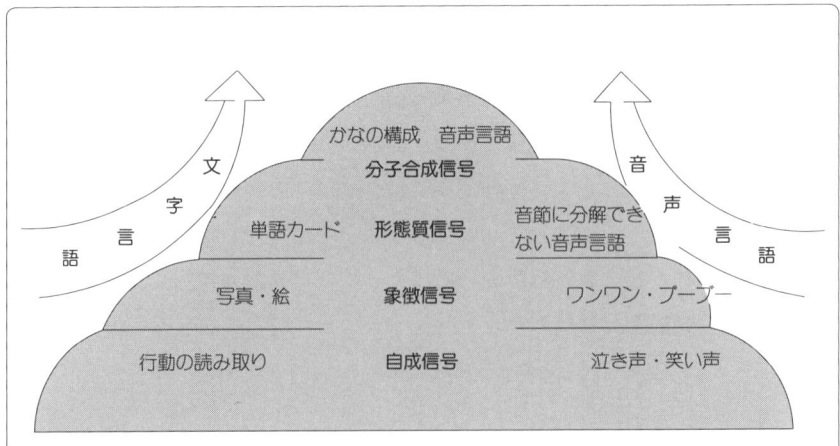

❏ 図1-18　信号系の形成と利用

棒に含まれる長さという属性が、手の長さを補うものとして機能するわけであり、有縁的であり象徴的道具操作である。一方、電気のスイッチをつけるというような場合、スイッチをつける動作と電気がつくこととの関係は恣意的に決定でき、形態質的道具操作ということになろう。パソコンのキーをたたいて操作する場合は、分子合成的道具操作である。このように人の行う道具使用や操作には、信号の構成原則と類似した構造があり、やはり、同じような成立過程を経て道具の操作を拡大していくようである（図1-19）。

上述の同一構造は、貨幣、服、遊びなど多くのことがらに読み取ることができる。ヒトは外界を理解するとき、言語を含めきわめて近似した原則をあてはめて外界を分割し、意味づけ、認識しているようである。そもそもヒト自体が、DNAの4つのアミノ酸を要素とする分子合成的存在である。そう考えるとヒトの認識のあり方が、生物の進化や生物を支配する構造ともつながって（池田、1997）興味深い。

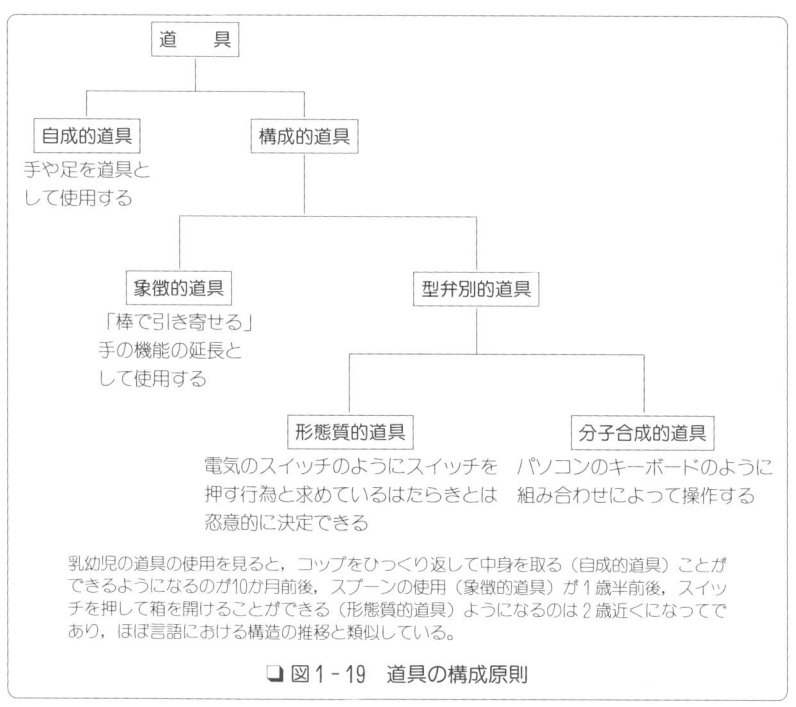

❏ 図1-19　道具の構成原則

第3節 認識の障害

　外界の事物を意味づけ信号化し納得していく過程を認識ととらえてきたが、なんらかの障害を受けた乳幼児の場合、健常児と異なった認識のしかたをするのであろうか。ここでは、通常の発達とは一見異なった成長を示した乳幼児を取りあげ、認識と障害の関係についてながめてみることにしよう。

　障害をもった乳幼児が健常児よりも発達が遅れやすいことは、しばしばみられることである（図1-20）。たとえば、視覚障害をもった子どもの場合、たんに視覚の障害にとどまらず、視覚によって外界を意味づけできないために外界にはたらきかけること（運動発達）にも遅れが生じる。さらに、知的障害がともなう場合は、その遅れが顕著になる。ここで取りあげた乳幼児は、染色体異

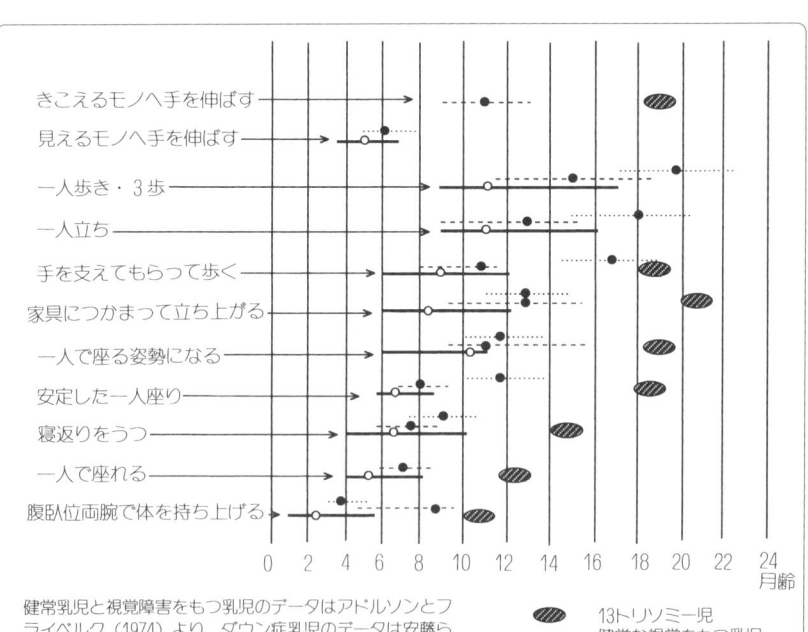

❏図1-20　健常乳児・視覚障害をもつ乳児・ダウン症乳児および13トリソミーの運動発達比較

第3節 認識の障害

常のひとつである 13 トリソミー症候群である。この障害は，1 歳以後の生存率がきわめて低く（約 6％），重度の知的障害をともなう。本児の場合，さらに視覚障害をともなっている。本児の運動発達をみると，発達が遅れているだけでなく一見健常児とは異なる発達が展開している（図 1-21）。たとえば，10 か月時にいったん座位ができるようになったかにみえたが，その後座位姿勢はみられず，19 か月になって突然座位をするようになった。また，ハイハイが 23 か月

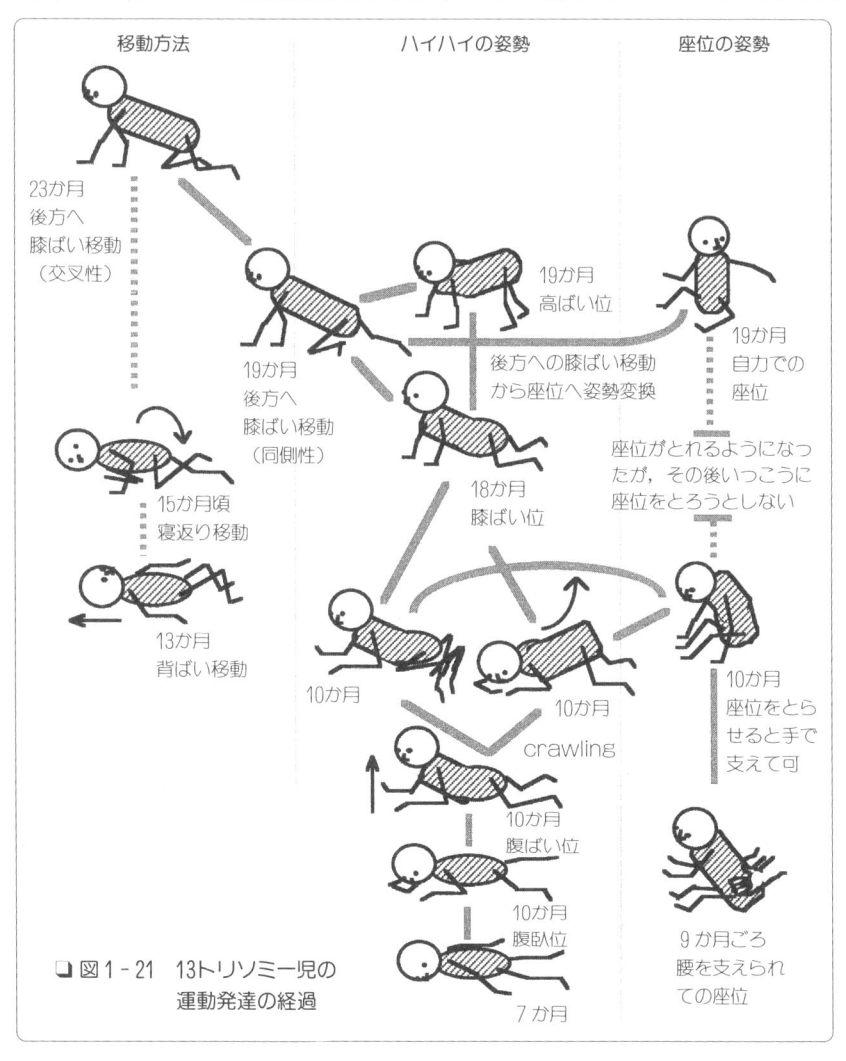

図 1-21 13 トリソミー児の運動発達の経過

ごろからできるようになったが，ハイハイの前進はみられず，常に後方への膝ばい移動である。前進がみられるようになったのは4歳すぎになってからである。健常な乳児にとって座位の姿勢は，外界をながめるのに便利な姿勢である。それまでの横たわって見ていた外界とは異なる世界が広がる。ところが，運動機能のひとつとして座位姿勢をとるまではくり返し座位をとろうとしていた本児だが，いったんとれてしまうと，視覚の広がりがあるでもなく，むしろ安全な側臥位で過ごすようになってしまった。再度，座位をとるのは，ハイハイができるようになって，その休憩姿勢としてであった。また，そのハイハイも前進することはなかった。健常乳児が前進のハイハイをするのは，前方が見えるからである。視覚障害がある本児にとって，膝から足先にかけてはセンサーであり，センサーを伸ばした後方への移動のほうが理にかなっている。健常とは異なるこのような発達も，視覚障害と重ねあわせて考えると納得のいくものである。

　身体器官の成熟が，それを用いての信号化による認識を深め，その認識が運動発達の発現型を規定していく。このような身体と認識との相互連関のなかに障害が介入すると，それぞれの障害に特有の相互連関がうまれる。たとえば，重度の肢体不自由と知的障害をあわせもつ重度・重複障害児の場合，視覚障害がないにもかかわらず，建物の奥行きや階段の存在を理解できない子どもがいる。彼らはだっこされ，あるいは，バギー車に乗せられ何度も建物や階段を見る機会があったはずである。しかし，こういったことがらを認識するためには，受動的に動かされる経験ではなく，みずからの足や手で確かめてみること（自成信号による信号化）が必要であったのであろう。彼らが認識するためには，彼らのわずかな視線の動きに合わせて，援助者が彼らの手や足となって，ゆっくりと何度も探索しなければならなかった（小嵐ら，1996）。障害をもつということは，その障害ゆえに2次的な認識障害をも引き起こしやすいことでもある。そのとどこおりを理解しつつ，どの信号次元での信号化をうながすことが必要なのかを見きわめることがたいせつである。

コラム　ことばの遅れがある子どもにことばを育てる

　ことばの遅れのある子どもに接すると「これは"バ""ナ""ナ"」「言ってごらん」「そうしたら、あげるよ」「"バ""ナ""ナ"」などと言わせたくなるものである。しかし、子どもからは絞り出すような音声が聴かれるときもあるが、えてして口をかたく閉じて下を向かれてしまうことになる。

　ところで、われわれは何を求めて話をするのであろう。当然、ことばで要求を伝達するため、あるいは、ことばで思考するため、ことばで心を調整するためなどといったことが思いつく。そして、自分の要求や想いを人に伝えられるようになることを願って、少々無理をしてでも音声を出させようとしてしまうわけである。

　しかし、ことばで最もたいせつな機能は、そばにいても安心できることや、自分は相手を受け入れ、相手も自分を受け入れていることを確かめることではないか。ひとことでいうならば共感ということ。だからこそ、赤ちゃんの会話はこのことから始まる。赤ちゃんがことばで要求を伝えるようになる1歳前後よりもはるか前、生後2～3か月の赤ちゃんは、お母さんと表情のやりとりをとおして、共感の会話を始める。お母さんが赤ちゃんをのぞきこむと、赤ちゃんが笑みをうかべる。「お母さんのことがわかるの？」と話しかけると、また笑みを返してよこす。こんな母子のやりとりを見たことがあるのではないか。おそらく赤ちゃんは母親のことばを何も理解してはいない。理解はできないが、やりとりのなかで赤ちゃんが孤立無援の存在ではないこと、外界に信頼をよせることができること、共感し合う関係をもてることを知ることができるのだろう。

　ひるがえってわれわれの会話をみると、一日じゅう、たくさんの会話をしているが、言っても言わなくてもよいことばかり話している。プロ野球でどこが勝とうが負けようが、芸能人が離婚しようと再婚しようと、どうでもいいことである。一見、このようなむだ話をしながら、互いの信頼関係を確かめているわけである。

　だとするならば、ことばの遅れている子どもと会話をするときにも、まずは共感の会話から始めるべきではないか。無理強いをして声を出させることよりも、「そばにいてもいいよね」「いっしょにしようか」というようなやりとりを成立させるべきである。やりとりをしながら、子どものしぐさにことばを添えていく。かかわり手が、子どものしぐさをことばにし、そのことばを受けてかかわり手がまた話をする。子どものしぐさをはさんで（しぐさを待って）、かかわり手の一人芝居のような会話から始めればよいのである。音声にこだわるよりも、伝えたい想いがあふれるような関係づくりからことばが育つのであろう。

第2章
人々とのつながりを求めて
すすむ個性化と社会化

　人間の生涯をとおしての基本的な発達は，他の人々とつながりをもち，関係を深めることによって展開する。また，それは社会化という発達の方向である。乳幼児期でも，他の人々と関係をもち交流を深めるなかで発達は進むが，その発達の基本方向は個性の確立である。

　他の人々と関係を結ぶためには，言語，情動などの機能が発生し，発達することが必要であり，それらの諸機能は日常生活における生活行動を形成する。

　この章では，この発達のとげ方であり，方向でもある，他の人々との関係のもち方の発展のプロセスをたどる。

　まず，親と子のきずなの形成がなされ，そのうえで基本的な生活行動が獲得されていく。それは，運動，言語，情動などの諸機能の発達によるし，また生活行動がそれら諸機能を発達させる。

第1節　親と子のきずなと基本的生活行動の発達

　親や周囲の大人たちとの間に対人関係が築かれ，子どもはそれを基盤にしながら親や周囲の大人たちの援助によって，基本的生活行動を獲得していく。

1　人とのきずなの基盤としての愛着

　愛着とは，ボウルビー（Bowlby）によると子どもが特定の人との近接を求めまたそれを維持しようとする傾向，あるいはその結果確立される情緒的きずなそのものをいい，それは人間の発達全体の基盤となるという。ボウルビーは「人はだれかと密着して身の安全を確保し安心感を得る」ことが発達に欠かせない要因であるという。

　子どもは絶えず自分の周囲に人が存在していることを確かめているが，この人に対して注意を向ける行動を**定位行動**とよぶ。また子どもは他者を呼び寄せるためにさまざまな信号を発信している。子どもの姿や形，泣き笑いなどの表現にみられる特徴は，大人にはかわいらしくみえる。そのことが，子どもに対して保護したり世話をしたい気にさせるのである。子どもは，自分からは他者に近づけないが，他者を自分に引き寄せる手だてを備えているといえるのである。さらに身体的能力と認知能力が発達するにつれて，みずから抱きつく，しがみつくなどの能動的な**接触行動**もみられるようになる。

○ 表2-1　ボウルビーによる愛着行動のカテゴリー（矢野・落合，1990）

愛着行動のカテゴリー	行動例
発信行動 (signalling behavior)	泣き，微笑，発声
定位行動 (orienting behavior)	注視，後追い，接近
能動的身体接触行動 (active physical contact behavior)	よじ登り，抱きつき，しがみつき

■**愛着**　ボウルビーによれば子どもが特定の人との近接を求めまたそれを維持しようとする傾向，あるいはその結果確立される情動的きずなそのものをいい，それは人間の発達全体の基盤となるという。

● 2　愛着の発達

　子どもは，物理的な近接関係を確立・維持して安心感をもつが，このような特定の対象に対する愛着を基礎に，子どもは人間関係を結んでいく。これは子どもだけではなく，人間は大人を含め，だれしも，特定の他者との間に緊密な信頼関係を築き，それをとおして自分は安全だという安心感を深めていく。

　子どもにおける微笑や泣き，しがみつきや後追いなどの**愛着行動**は，特定の対象との間に**相互信頼**を築く。年齢が上がるにつれて，実際に近接していなくても特定の対象について安定したイメージや信頼感をもち続けるようになる。このように愛着の発達とは，行動レベルの近接から表象レベルの近接へと移行していく過程である。

　ただその愛着のありようは，個人によって異なる。子どもは養育者の養育のしかたに応じて，近接欲求を満たす方法をみずから選択していく。つまり**養育環境**によって子どもは**愛着スタイル**を調整するのである。

　エインズワース（Ainsworth et al., 1978）は，親子を実験室に導き入れ，子どもを見知らぬ人と対面させ，親子を分離させたりして，そこに生じる愛着行動を観察する実験をし，それはストレンジ・シチュエーション法といわれる。

　その結果，彼女はAタイプ（回避型）21％，Bタイプ（安定型）67％，Cタイプ（アンビバレント型）12％であることを見いだした。近年，マインとソロモン（Main & Solomon, 1996）はさらにDタイプ（無秩序型）を提唱している。日本ではアンビバレント型が多めで，回避型が少ないことが知られている。各愛着タイプの特徴は，以下のようになる。

・Aタイプ（回避型）の子ども　　親を避けようとする行動がある。親が抱こうとしても子どもから抱きつくことはない。親とはかかわりなく行動することが多い。
・Bタイプ（安定型）の子ども　　実験場面全体で親や実験者に対して肯定的な感情や態度を示すことが多い。親を安全基地として探索行動を積極的に行うことができる。
・Cタイプ（アンビバレント型）の子ども　　実験場面全体で行動は安定せず，用心深い態度がみられる。親を安全基地として安心して探索行動をすることができない。親から離れないことが多い。
・Dタイプ（無秩序型）の子ども　　個々の行動はバラバラで，何をしようとする行動かという方向性が定まっていない。とくに心的外傷を負った母親の子ども，抑うつ傾向の高い母親の子ども，また虐待されている子どもに多いという指摘がある。また，将来，解離性の障害や反社会性の人格障害などを示す子どもが相対的に多いという報告もある。

　❏ 図2-1　ストレンジ・シチュエーション法（無藤ほか，1999, p. 41-48を要約）

3 自立へ向けた手段としての基本的生活行動の獲得

人間の成長発達の過程には自立をめざすという基本的なひとつの課題がある。**自立**は，**社会化**と**個性化**が進むことであり，また両者の相互作用が展開することでもある。

基本的生活行動は，日常生活に欠くことのできない社会的なルールに従った形式である。なかでも食事，排せつ，睡眠，着脱衣，清潔など日常生活の基本的活動をとくに**基本的生活習慣**という。それらを身につけることは乳幼児期の**発達課題**と考えられている。この獲得によって子どもの生活は，社会性を帯び，それまで大人に依存してきたものから自立的なものに変わっていくのである。子どものこの行動を獲得する過程は個々の子どもごとに異なる。行動の獲得プロセスと獲得のしかたのちがいは個性化の過程でもある。

基本的生活行動を獲得する過程は，言語や情動の発生および発達，また幼児期の主要な活動である遊びなどをうながし，またそれらの諸発達は生活行動の獲得過程に影響する。

それは子どもが社会に一方的に同化していく過程ではない。子どもみずからが社会にはたらきかけていく。子どもの基本的生活行動の獲得は社会化の発達であるとともに，個性化の発達でもある。

❏ 図2-2　基本的生活習慣を身につけて自立をめざす

■**基本的生活習慣**　食事，排せつ，睡眠，着脱衣，清潔など日常生活の基本的活動をいう。それらを身につけることは，乳幼児期の発達課題と考えられている。

4 基本的生活行動を支える運動機能

　どんな生活行動にも身体の動きが伴う。したがって，行動の獲得には**運動機能**の発達の裏づけが必要である。幼児期・児童期における運動機能の発達は，ことば，認知，情動，遊びなどのそれぞれの発達と密接な関係にある。とくに幼児期の運動機能の発達はこの時期のあらゆる精神発達に大きくかかわっている。

　運動発達は連続的で，一定の順序に従って進む。全身的な大まかな運動から身体各部の微細運動へ，硬いぎこちない運動から柔軟な運動への変化という一定の方向性をもって展開する。また，身体運動は大脳を中心とする中枢神経系のはたらきと密接な関係にあり，中枢神経系の遅れは運動発達の遅れとなって現れる。たとえば，歩行の始期は精神発達の状態を把握するための手がかりを与えてくれる。

　運動機能には，身体の大筋群がはたらく動作である全身的なものと，身体各部の小筋群がはたらく動作である微細なものとがある。前者は，歩く，走る，飛ぶ，投げる，ぶら下がる，ものを持ち上げるなどである。後者ははしを使う，字を書く，ボタンをかけるなどの目と手の**協応動作**などである。

❏ 図2-3　スプーンを使う食事からはしを使う食事に

■**運動機能**　　幼児期・児童期における運動機能の発達は，ことば，認知，情動，遊びなどのそれぞれの発達と密接な関係にある。とくに幼児期では，運動機能の発達はあらゆる精神発達に大きくかかわり，たいせつな役割を果たしているのである。

●5　運動機能と精神発達との関連

　運動発達には身体的成長と生理的成熟が前提となる。また子どもは大人や他の子どもとかかわるなかで身体をはたらかせることによって運動機能を発達させていく。

　しかし，運動機能はそれのみで発達するのではない。子どもの運動には**コントロール機能**が欠かせない。コントロール機能とは身体の調整力，各種の協応動作や複合動作などをいう。このコントロール機能の獲得には，状況場面の理解および判断力，身体動作要素間の関係認知，それらをひとつの身体運動にまとめあげる能力，模倣や観察学習能力，言語による行動調整能力などの発達がかかわっている。つまり，運動機能の発達は，関係認知，学習能力などの精神発達と関係をもちながら進展するのである。

　幼児期や児童期の子どもたちは，しばしば身体の運動によって自分の意思を表現する。この関係にみられるように，運動機能の水準が上がると，自己表現が的確にできるようになる。運動機能の発達は，心理的安定感をもたらし，**自己概念**を安定化する。

　この時期の子どもの心と身体の対応関係はとくに強いといえる。

○ 表2-2　子どもの恐れと不安にともなわれる反応
(Barrios & Hartman, 1988；高野，1995)

運動反応	生理学的反応	主観的反応
回避	心拍	心痛
不必要な手，腕，脚の動き	基礎皮膚反応	化け物についての想念
震え声	掌の発汗	傷つけられるという想念
泣く	皮膚電気反応	化け物についての想像
足をひきずる	筋緊張	野獣についての想像
金切り声をだす	皮膚温	危険についての想念
爪かみ	呼吸	自己卑下
指しゃぶり	動悸	自己批判
固い姿勢	息をつめる	不適切感
目を閉じる	吐き気	無力感
目を合わせない	血圧	身体を傷つける想像
歯をくいしばる	頭痛	身体を傷つけるという想念
吃声	胃炎	
身体的接近	胃痛	
指関節が白くなる	頻尿	
唇が震える	排便	
	嘔吐	

6 近年の子どもにおける生活行動の発達の特徴

　食事の自立は手先の運動機能の発達に伴って確立される。排せつの訓練は，小便では膀胱の括約筋，大便では肛門の括約筋を子どもが自分の意思でコントロールできるようになることが必要条件である。子どもは，睡眠，食事，排せつ，着脱衣，清潔などの習慣を獲得することによって**自立性**を獲得する。これによって，まわりの人に頼らずに自分で生活できるようになり，**独立性**を獲得し，社会化が進展していく。

　児童期では，学校への入学など生活の場がますます拡大し，社会生活能力が形成されていく。家庭や学校の生活をとおして，児童期の子どもは，社会がもつ文化や価値を受け入れ，社会の規範やルールを守って，行動できるようになる。また，友だちや教師との交流によって人間関係を結び深める方法を身につけていく。

　しかし，近年親が生活習慣を身につけさせる配慮が足りないという指摘がある。1999年の尾木直樹によるアンケート調査によると，「親はわが子の授乳や食生活にむとんちゃく」「子どもが朝食ぬき，パジャマのままで登園する」「子どもがいすに足を乗せて食事をする」「親も子どももおはようのあいさつをしない」「しらけて遊びに参加しない子どもが4歳くらいからいる」などの結果が報告されている（読売新聞1999年2月11日付）。

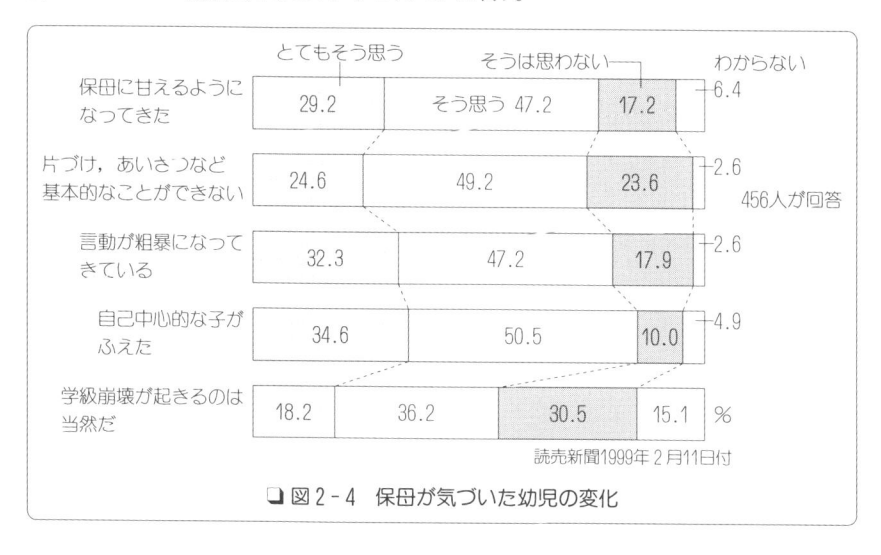

項目	とてもそう思う	そう思う	そうは思わない	わからない
保母に甘えるようになってきた	29.2	47.2	17.2	6.4
片づけ，あいさつなど基本的なことができない	24.6	49.2	23.6	2.6
言動が粗暴になってきている	32.3	47.2	17.9	2.6
自己中心的な子がふえた	34.6	50.5	10.0	4.9
学級崩壊が起きるのは当然だ	18.2	36.2	30.5	15.1

456人が回答　％
読売新聞1999年2月11日付

❏ 図2-4　保母が気づいた幼児の変化

第2節　言語の発達

1　初期のコミュニケーション

　人が言語を話せるようになるのはおおむね生後1年前後である。しかしそれまでの間に周囲の大人との間でことばによらないコミュニケーションが行われている。この前言語的な**コミュニケーション能力**が十分に培われていないと言語発達に遅れが生じやすい。

　最初のコミュニケーションは**エントレインメント**（あるいは**相互同調性**）とよばれる現象である。新生児を抱いて大人が話しかけると、赤ちゃんはことばに合わせて頭や手、指などを動かす。それを見て大人は、子どもの動きに合わせたことばかけをするようになる。こうしてふたりのやりとりがあたかも会話をしているようにリズムが同期してくる現象をエントレインメントとよぶ。**バウアー**（Bower, 1975）は、こうした同調性こそが人のコミュニケーション能力の原点であると述べている。このリズムがうまく合わないと、子どもは不きげんになったり疲れたような表情をすることがある。

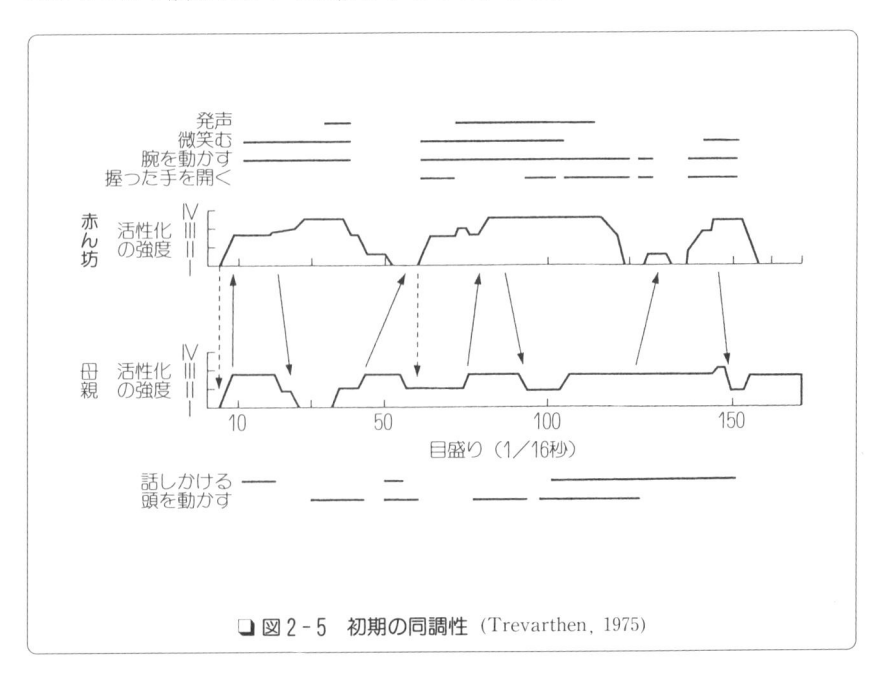

□ 図2-5　初期の同調性（Trevarthen, 1975）

2　音声によるコミュニケーションの発達

　乳児は自分の発声に相手からの応答がない場合には何度も発声をくり返すが、相手が応答してくれたときにはしばらく静かになる。また大人の**ことばかけ**に合わせてさまざまな声で反応する。このように、ことばの獲得以前に音声によるコミュニケーションが発達してくる。やがてさまざまな声を出して遊ぶようになり、7か月ごろには同じ発声をくり返す**喃語**が始まる。たとえば「ババ…」「ダーダー」といった同じ音素を反復する規準的な喃語から、「バーブー」のように異なった音を組み合わせる非重複性の喃語に変化する。

　この時期の子どもは、周囲の大人の口調によってなんとなく意味を理解するようになる。たとえば「～してはダメ！」という発話を聞くと、その雰囲気から"禁止"という意味を読みとることができる。やがて発せられる喃語にも抑揚がついてくる。非重複性の喃語期には、子どもは自分の意思を表現する際に特定の抑揚（メロディー）を用いるようになる。**正高**（1993）は、相手の注意を喚起したり欲求を訴える発声と抵抗する発声、呼びかけの発声では明らかに抑揚のパターンが異なっていることを報告している。

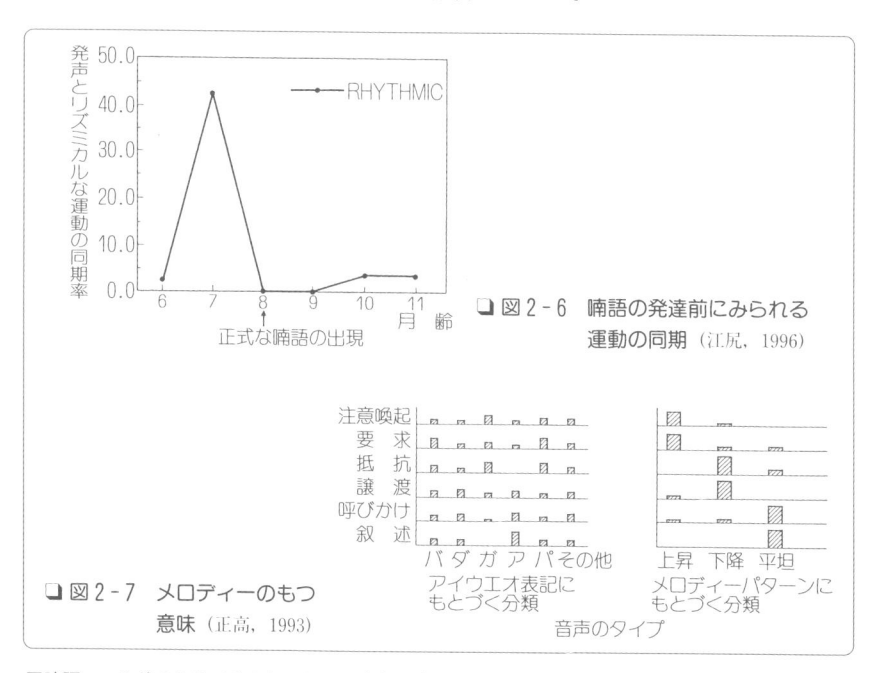

❏ 図2-6　喃語の発達前にみられる運動の同期（江尻, 1996）

❏ 図2-7　メロディーのもつ意味（正高, 1993）

■**喃語**　生後7か月ごろからみられる発声活動で「ババ…」などの同じ音をくり返したり、「アグゥー」のような複雑な音素を発する。

第2章 人々とのつながりを求めて

● 3　育児語のはたらき

　育児語とは以前は母親語(motherese)とよばれていたが，母親でなくともこのようなことばかけをするので，現在は**育児語**または**養育語**という。小さな子どもにことばかけをするときに，大人は地声でなくよりかん高い声（あるいは裏声に近い発声）で，音節を短く区切って，より強調された抑揚で話すことが多い（志村・斉藤，1994）。こうした子どもに対する独特のことばかけを育児語という。すると地声でふつうに話していたときよりも，子どもはより大人の話しかけに反応してくる（正高，1993）。正高（1995）は女性が育児語を使って絵本を読み聞かせた場合には，そうでない場合よりも絵本への注視時間や読み聞かせ中の感情表出が高まることを示した。また男性が読み聞かせた場合には，育児語を使わない場合と差がみられなかったが，お化けや怪獣の絵本にかぎっては女性が読んだ場合よりもはるかに反応が高い（こわがった）ことが示された。このように，かん高い抑揚の聞いた話しかけは，言語の意味よりも感情的な側面の伝達機能が高まるのである。したがって育児語を用いることは，子どもとのコミュニケーションをスムーズにするために有効であるといえよう。

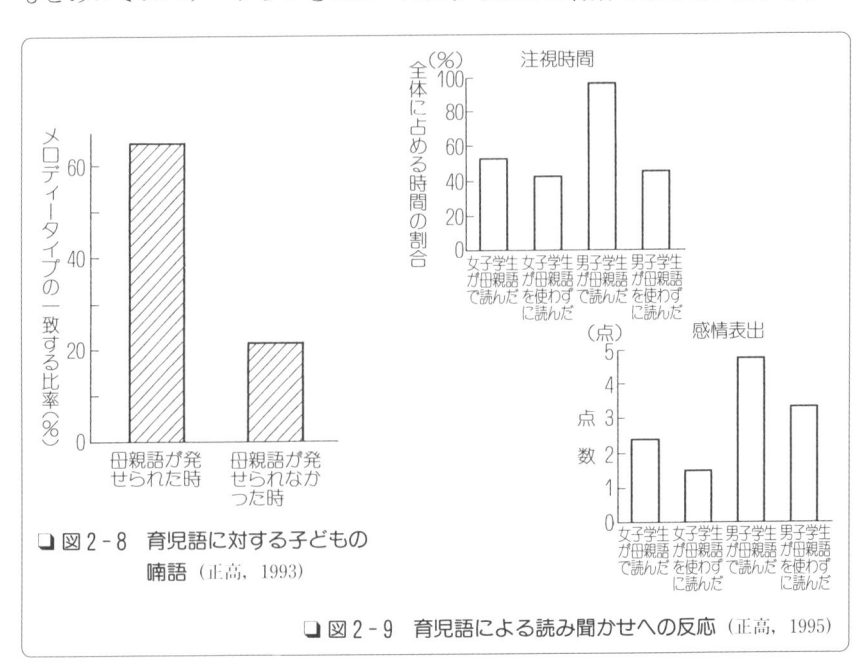

❏ 図2-8　育児語に対する子どもの喃語（正高，1993）

❏ 図2-9　育児語による読み聞かせへの反応（正高，1995）

■**ことばの使用**　およそ生後10〜13か月の間に初めての単語（初語）がみられる。単語を要求表現として使う（一語文）ことからことばの使用が始まる。

4　身振りからことばへ

　言語コミュニケーションが生まれるための前提条件として，**指さし**の出現がある。指さしは自分が興味のある対象を確認するために行うものと，相手の注意を喚起したり要求を伝えるものがある。相手に向けた指さしは，自分と相手と対象物との関係（三項関係）が理解できなければ成立しない。つまり，自分が対象物を指さしたときに，相手が自分の指を見て，その先に指し示された対象物を見ることによって初めて要求が伝わるからである。こうして，自分とは独立した意思を持った存在である他者に対して**身振り**で要求を伝える経験があって，音声言語で伝える一語文が発声するのである。

　麻生（1992）は子どもの身振り言語について，9〜10か月ごろの乳児が大人からの「ちょうだい」の要求に物を渡したり，「あれがほしい」という指さしによって**コミュニケーション**を図って，大人に共感を求めるような発声をするようになったという。つまり，指さし＋音声で要求を伝えたり，相手の注意を喚起するようになったのである。

〔木の葉を指したとき〕
木に向かって片手をのばす。
「アー」という発声は1回のみで，木の葉の繁みをしきりに眺めている。
接近したり，木の葉をつかんだりという，欲求充足的な行動をしなくてもよい。

〔つつじの花が欲しかったとき〕
しきりに体をのり出し，両手をのばし，大声でくりかえし発声しながら花をつかもうとする。
母にすぐそばまで連れて行ってもらい，花をちぎって手につかんだり，口に入れてあそぶと満足する。ゆう声を上げているのに母が花の方に接近しないと，イライラしたような発声をくりかえし，最後には泣き出す。

（両方ともゆうの生後9か月24日の行動を図示したものである）

□ 図 2-10　身振りによる表現（やまだ，1987）

■コミュニケーション　言語によって意思や感情を伝達することと，言語以外の要素によるコミュニケーション（非言語コミュニケーション）がある。

5 初語の誕生と語彙の増加

同じ対象物を常に同じ音声で表現するようになったときに、これを単語という。初めて聞かれた単語（初語）の多くは「ママ」「マンマ」などの身近な人物や食べ物であることが多い。そして、おなかがすいたときに「マンマ」という声を発したとすれば、これは「マンマがほしい」といった言語による要求表現である。こうした発話を一語文という。

荻野・小林 (1999) は、遊び場面での 13 か月児の母子間のやりとりを観察し、発語の内容を事物の名称、指示語、擬音・擬態語、動作語に分類した。その結果、母親が最もよくことばかけをしているのは動作語で、次に事物の名称であるのに対して、子どもは擬音・擬態語をよく発することが示された。これが 20 か月になると事物名称が急増していることがわかる。これに対して、母親が最もよく話しかけていた**動作語**はまだ十分には獲得されていない。

事物名称に動作語や形容語が組み合わされると二語文・三語文へと発展していく。したがって、2 歳ごろになってある程度の動作語が獲得されて初めて文章で話すことができるようになる。

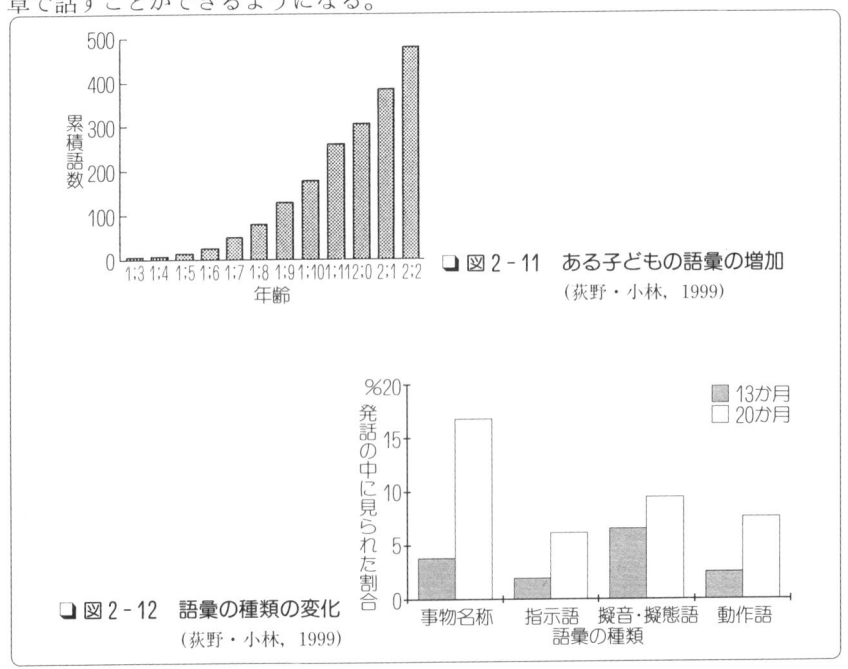

❏ 図 2-11 ある子どもの語彙の増加
（荻野・小林，1999）

❏ 図 2-12 語彙の種類の変化
（荻野・小林，1999）

6 単語から文章へ

　単語を組み合わせて文章を作ることを**統語**という。近年の研究では，子どもは自分なりに工夫して文章をつくりあげることがわかってきた。横山（1990）は所有を表す格助詞「ノ」の誤用について報告している。格助詞「ノ」は「ボクノ　ブーブ」のように使用される。しかしKとRのふたりの幼児は1歳の終わりごろから2歳にかけて「オオキイノ　サカナ」「ヘンナノ　ウタ」など，形容詞や形容動詞に「ノ」をつけた連体修飾の発話をした。しかし2歳後半になると「マールイノ　カオヨ」といってからすぐに「マールイ　カオヨ」と自発的に言い直すようになった。このように「ボクノ～」といった助詞の使用方法を学んだあとに，それをちがう単語に応用して自分なりに文章化を試みている。やがて周囲で交わされる会話の中から「オオキイノ～」という表現不適切であることに気づき，自分で修正するようになった。つまり子どもは周囲の会話のなかから自分なりの文法規則を導き出し，さらにそれを修正しながら会話するのである。これを**チョムスキー**（Chomsky, 1957）は生成文法とよんだ。言語の習得過程で，子どもは受動的に学ぶだけでなく主体的に言語にかかわっていくのである。

○ 表2-3　母親のことばかけのしかた（内田，1989）

Aタイプ：承認をあたえるのは発話の意味内容に対してである。
(1) Adam（子ども）：Draw a boot paper. 　　Adamの母親：That's right. Draw a boot on the paper. (2) Eve（子ども）：Mama isn't boy, he a girl. 　　Eveの母親：That's right. (3) Sarah（子ども）：Her curl my hair. 　　Sarahの母親：Um hmm.
Bタイプ：承認をあたえない場合は内容的に不的確な場合である。
(4) Adam（子ども）：And Walt Disney comes on Tuesday. 　　Adamの母親：No, he does not. (5) Eve（子ども）：What the guy idea. 　　Eveの母親：No, that's not right. Wise idea. (6) Sarah（子ども）：There's the animal farmhouse. 　　Sarahの母親：No, that's a lighthouse.
Cタイプ：文法の訓練をする場合もあるが，訓練の効果はない。
(7) 子ども：Nobody don't like me. 　　母親：No, say nobody likes me. 　　子ども：Nobody don't like me. 　　（同じやり取りが8回くり返される） 　　母親：No, now listen carefully ; say "nobody likes me." 　　子ども：Oh! Nobody don't likes me.

第3節　情動の発達

　情動の発達とは，たんに感情を抑制できるようになることではなく，怒りや喜びを必要な場面で表現でき，不必要な場面で制止できることである。つまり，情動が社会的な文脈のなかで，適切に表現できるようになることをいうのである。

1　情動とは何か

　情動は，とくに怒り，恐れ，悲しみ，喜びのような感情で，一時的に生じる強い心理－生理的過程であり，内分泌腺や内臓諸器官の活動などの生理的変化を伴う。「情緒」ともいわれるが，最近は「情動」が多く用いられる。近年それはたんなる感情ではなく，個人にとって重要な文脈において，その個人と，内的・外的環境との関係を確立する，あるいは崩壊させる過程としてみられるようになってきた。情動は①人とのかかわりにおける自己表現に関与するいわゆる感情の側面，②行動を起こし認識を深める欲求の動因としてのいわゆる気分の側面，③興味・意欲の価値を増減している，情操・価値観の側面を包括したものと考えられる。

　情動は，個人が，他者や環境との交渉のなかで，自己の目標との関係，他者からの表情・声・言語・行動などのシグナル，快・不快，生態学的要因（家族関係のあり方など）に規定されながら，内的に感じ行動として表現していく過程の総称とみることができる（宮本，1991）。

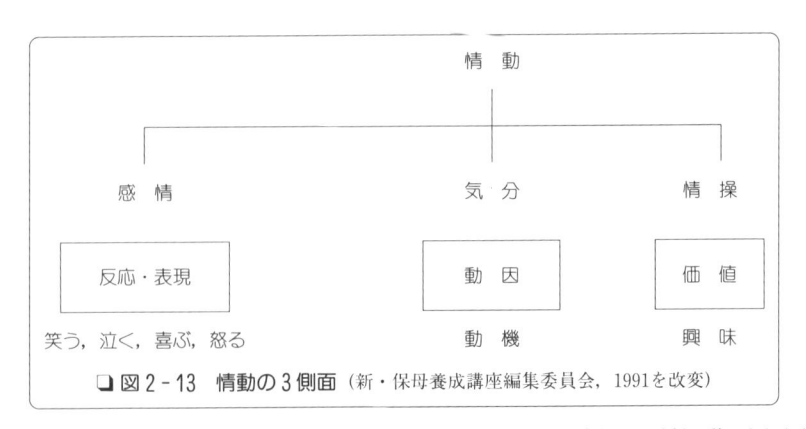

```
                    情　動
          ┌───────────┼───────────┐
        感　情       気　分       情　操
      ┌──────┐   ┌──────┐   ┌──────┐
      │反応・表現│   │ 動　因 │   │ 価　値 │
      └──────┘   └──────┘   └──────┘
    笑う，泣く，喜ぶ，怒る    動　機        興　味
```

❏図2-13　**情動の3側面**（新・保母養成講座編集委員会，1991を改変）

■**情動**　喜び，悲しみ，驚き，恐れ，怒りなどに代表されるように，主観が強く揺り動かされた状態で，内分泌腺や内臓諸器官の活動変化などの生理的変化を伴う。キャンポスらは情動を「その個人にとって重要な関係とみなされることがらとの関係において，その個人と，内的・外的環境との関係を確立し，維持し，あるいは崩壊する過程」と定義している。

第3節　情動の発達

2　情動のとらえ方

　ピアジェ（Piaget）は，情動を環境との関係で生じる過程とはみていない。知性は精神の構造を形成し，情意は精神のエネルギーの源泉であって，この2つは異なった役割をもちながら相互にはたらきかけつつ発展する2大機能だとしている。加齢に応じて，精神の構造的側面が発展し，それに応じるエネルギー的側面も発達すると考えた。そうでないと相互のはたらきかけはできなくなる。テレビ・ゲームの好きな子どもは，テレビ・ゲームをすることが多くなる（エネルギー的側面）。その結果ゲームソフトの理解が深まる（構造的側面）。父親が子どもにその解説をすれば，子どものゲーム理解は進む（構造的側面）。そうするとさらにゲームに寄せる期待は増加する（エネルギー的側面）。

　アーノルド（Arnord）は，子どもの内部に直観的に評価する過程があって，はじめて情動が成立すると考えた。彼は情動的経験を，知覚－評価－情動－表出－行為という一連の連鎖によって説明した。状況を知覚したあとに，従来の見方とは異なり，状況を判断する評価が入り，そして情動が生じるのである。いやな場面と知覚しても，そこに自分の好きなおもちゃがあって遊べると評価すると，その場面に接近するという。

❏図2-14　イヌがいても友だちのところへ行く

3 情動の喚起をめぐる理論

(1) 情動と生理的側面

緊張すると身体が硬くなるなどの情動と身体的・生理的側面との関係については，内臓や筋の反応の結果として情動が喚起されるとする**ジェームス・ランゲの末梢起源説**と，感覚刺激が視床を通過し大脳皮質に伝達されて情動が喚起されるという**キャノン・バードの中枢起源説**がある。ジェームス・ランゲ説は動物実験により反証され，それにキャノン・バード説が代わった。キャノンたちは，視床が情動を触発することを明らかにし，視床，とくに視床下部が情動喚起の役割をもつが，大脳皮質は情動を抑制するはたらきをもつことを指摘した。

(2) 条件づけによる情動の喚起

ワトソン(Watson)は，ある刺激に対する情動反応を，そのような情動反応を示さない他の対象や場面にも喚起させる条件づけを試みた。**ジョーンズ**(Johns)はウサギをこわがる子どもに，好きなおやつを与えながらウサギを近づけ恐怖を消去させることに成功した。

(3) 認知的学習による情動の喚起

ヘッブ(Hebb)は，チンパンジーを使った実験によって見慣れたものと見慣れないものとのへだたりが大きいと恐怖心となるが，それがわずかなへだたりであれば，むしろ探索欲求や好奇心を呼び起こすと考えた。

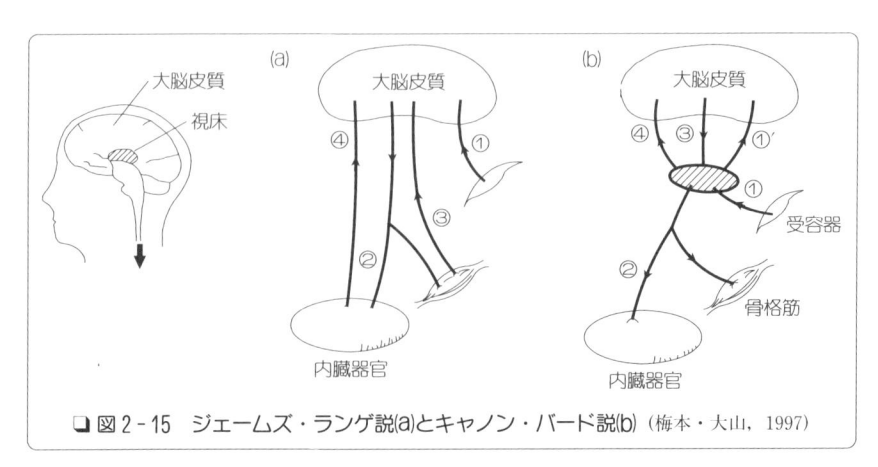

❏ 図 2-15　ジェームズ・ランゲ説(a)とキャノン・バード説(b)　(梅本・大山, 1997)

■**中枢起源説**　感覚刺激が視床を通過し大脳皮質に伝達されて情動が喚起されるというキャノン・バードの理論。ジェームス・ランゲ説が反証され，それに代わって有力視された。キャノンたちは，視床が情動を触発することを明らかにし，視床，とくに視床下部が情動喚起の役割をもつが，大脳皮質は情動を抑制するはたらきをもつことを指摘した。

4　情動の発達

　子どもは認知的な発達とともに，情動を喚起する刺激の特性について，より詳細な情報をもつようになる。そのために，状況判断がより適切になり，情動反応はあるもの（見知らぬもの，状況，他者，騒音など）に対しては減少するが，ほかのもの（想像上のもの，暗闇，動物など）に対しては逆に増加する。

　子どもが同じ刺激を受け取っても，そのときの子どもの期待と場面の状況によって，刺激の意味は異なってくる。母親がお面をかぶったときにそれをゲームとみなせば笑うが，おどされているとみなすと泣き出す。その刺激をどう経験しているかが意味をもつのであり，受け取った子どもの情報処理のしかたによってちがった情動が生じる。

　このように，情動の発達的変容は，子どもの認知発達とともに社会的文化的要因および社会的訓練や学習に左右される。子どもは，親の養育態度，社会の価値基準からどのようなときにどのような情動反応を表現すべきかについて学習していく。このときの学習は意図的組織的にではなく，無意図的偶発的に行われる。

❏ 図 2−16　同じ刺激でも受け取り方が異なるとちがった情動を起こす

5 人とのかかわりと情動の発達

　情動は人とのかかわりをとおして発達する。子どもは泣くことによって人を求め，自己の理解を求める。子どもは自分の情動に対する大人の応答のしかたから，**自己の効力感**や優位性を確かめているのである。ときには，子どもは自分の情動をあらわにすることで自分の内面を他人に示す。それによって相手の理解を得られれば，相互の理解が深まる。このとき相手の理解を得るためには，情動が他者からも理解できるような一定のルールに沿ったものでなければならない。つまり，人との相互理解を深めるために情動が用いられることで，情動は社会化されるのである。

　このように，情動は人とのかかわりの際に自己を表現することに関与する側面がある。これにかかわって，前述した尾木直樹の調査では，保育園の保育者から，次のような現代の子どもの情動による行動が指摘されている（表2-4）。「部屋に入ったとたん，目の前の子どもをいきなりたたく子がいる」「少し自分が拒否されたことでショックを受け，泣きわめいたり，ものに当たったり，パニックになる」などである。その背景には，子どもに「朝お菓子をもって食べながら登園してくる」「保育者を独占し，ひざに座り甘える子が多い」などの行動を生起させている親の姿勢「しつけや生活面での面倒なことは避けて通る。友だち感覚でいて，都合のいいときだけ親になる」などがあるとみられる。

○ 表2-4　子どもの変化・親の変化

子どもの変化
●朝●　お菓子を持って食べながら登園してくる（バナナ，おにぎり，パン）。●おはようのあいさつをしても，親もしないため，子どももしない。●部屋に入ってきたとたん，目の前の子をいきなりたたく子が2，3人いる。
●お昼●　そしゃくの苦手な子がいる。白身魚，リンゴやミカンのみこめない。●保育園の給食の量がこなせない。乳児の量にへらす。●食事中，片足をいすに乗せる，ひじをつく，前を向いていられない。
●遊び●　しらけて遊びに参加しない子が4歳ぐらいからいる。●「疲れた－」「もうやめる」とすぐいう。●静かな雰囲気に耐えられないのか，シーンとするとわざと奇声を発する子がいる。●できないことはやらない。プライドが高く，負けをおそれ，やらずにすまそうとする。●みんなでやることを苦にしている子がいる（鬼ごっこ，ごっこ遊びなど）。●少し自分が拒否されたことでショックを受け，泣きわめいたり物にあたったり，パニックになってしまう。
●「こーか」「こーか」と確認しなければ不安な子がいる。保育者を独占し，ひざに座り甘える子が多い。●「うるせー」「バーカ」「おまえ」「てめえー」「くそばば」という。●声をかけられると固まってしまう子もいれば，知らんぷりの子もいる。

親の変化
●簡単な連絡事項などでも，細かく伝えないとうまく伝わらないことが多い。
●子のことではなく，自分が担任と話したいという願望が強い（友だちのように）。
●しつけや生活面で面倒なことは避けて通る。
●ゆっくり子とかかわることが少なく，遊ぶというと大型の観光（海外旅行など）が多い。
●父親は仕事中心の親と育児参加に積極的な親の両極。
●子をしかれないおとうさんがふえた。
●親ではなく，友だち感覚？　都合のいいときだけ父になる。母も同様。

（朝日新聞1999年2月11日付）

6　意欲と劣等感

　前に述べたように，情動は，個人にとってたいせつなことがらとの関係において，その個人と，内的・外的環境との関係を確立し，あるいは崩壊させる過程としてとらえられている。情動は個人が他者や環境に対するかかわり方を決める心理的なキーワードである。この意味で悲しみ，喜びなどの背後にある持続的な感情も情動とみてよいのかもしれない。

　意欲と劣等感は，われわれのそれぞれの人生に，重要な役割を果たしている。
　劣等感は人に自信をなくさせ，やる気を失わせるが，逆に人を奮起させ，行動に駆り立てる場合もある。**劣等感**に対する代表的な反応に次の3つがある。① 劣等感をもつことでひかえめで内省的になり，同時にそれをはねのけようと目的を設定して努力するタイプである。② 劣等感をもつことで憂鬱になるタイプである。自分の能力，将来を過度に悲観的にみてしまう。さらに進んで，劣等感のために体調までくずし，さまざまな身体の症状に転換させてしまう。③ 劣等感を行動として外的に表現するタイプである。自分の劣等感，弱点などを隠すために，他人の悪口を言う，意地悪をするなどのいろいろな攻撃的行動をする。この場合，劣等感は意識されていない。

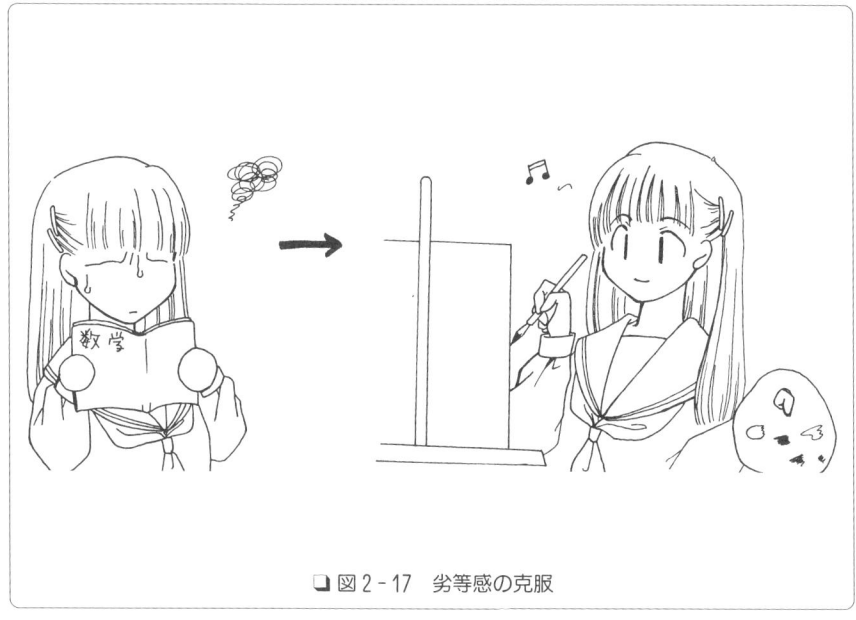

❏図2-17　劣等感の克服

■**劣等感**　　他人との比較にもよるが，自分の要求水準に照らして自分がそこまで到達していないと思い込んでしまうことからも起きてくる。周囲からみると多くの点ですぐれた特性をもっている人が，しばしば強い劣等感をもつことがある。劣等感は実際の劣等性に気づくことではなく，自分の価値についての疑い，不安であり，自分自身の無力感または不安感である。

第4節　遊びと人間関係の発達

💗 1　遊びとは何か

　小林（2000）は**遊び**に関するさまざまな研究を展望して，①哲学や文化人類学的な研究（Heuzinga, 1938 ; Caillois, 1958），②比較行動学的研究（小山，1989），③発達の促進論（Leontiev, 1944），④ストレス解消という立場の研究（小山，1992），⑤知的好奇心や内発的動機づけからの研究（波多野・稲垣，1981）などを紹介している。これらを総合すると，遊びは次の3つの観点から定義できる。

　まず第1に，遊びとは知的好奇心によって開始される探索活動であり，その活動のなかで人は新しい刺激を求めたり，達成感・満足感を追求しようとする。第2に，遊びのなかで人は楽しい感情を感じたり，不快な感情を解消することができる。逆に何もしないでじっとしていることは強いストレッサーになる。第3に遊びは人間の運動発達，認知発達，社会－情動的発達のうえに成立するものである。また遊びを豊富に経験することによってこれら諸能力の発達が促進される。

○ 表2-5　**遊びが生まれる条件**（岩立，1997）

遊びとなる条件	内容の説明
内的な欲求による行動	親の気持ちなど外からの理由で起こる行動は遊びとはいえない。その行動がしたいからという，内からの欲求に駆り立てられる行動が遊びである。
自由に選ばれた行動	幼稚園や保育園で先生から与えられる遊びは本当の遊びとはいえない。子どもがみずから選んだものが遊びになる。
楽しいものである	自転車に乗って遊ぶ子は，乗ることが楽しいから乗るといえる。結果として自転車乗りが上達するとしても，それが目的とはいえない。
仮想の要素がある	遊びで戦いごっこをする子は，戦う"ふり"をするので，本当に傷つけあうけんかとは区別する必要がある。
のめり込むものである	身体的なものにしろ，心理的なものにしろ，子どもは遊びにのめり込む傾向がある。遊んでいるとき，子どもは無我夢中になるのが普通である。

■**遊び**　自発的で自分の楽しみのために行う活動を一般に遊びとよぶ。遊ぶことによって集中力が高まったりストレスが解消されたりする。

2 あやし遊び：楽しさの追求と父子関係

　乳幼児期には，大人があやすことから遊びが始まることが多い。ニューソンとニューソン（Newson & Newson, 1979）は，赤ちゃんにとって最もよいおもちゃは人間の大人であると述べている。大人は子どもの動きや表情に合わせてさまざまな反応をする。これは適度に新奇な刺激であり，さらに自分の活動によって周囲からの反応が返ってくるという意味では，自己原因性の感覚（波多野・稲垣，1981）にもつながる。したがって子どもは大人のあやし遊びを非常に喜ぶ。

　とくに父親のあやし遊びは，母親のあやしよりも動きが大きかったり刺激が強いために好まれる。母親に対する愛着は安心の基地として機能するが，父親に対する愛着はむしろ楽しさの感覚を追求するといった機能がある。実際に父親は身体を使った遊びをすることが多い（小林，1998）。また土谷ら（1996）は，子どもと同じレベルで遊んだりその場に合わせてさまざまな遊び方を工夫できる柔軟性の高い父親をもつと，子どもの発達によい影響を及ぼすことを報告している。

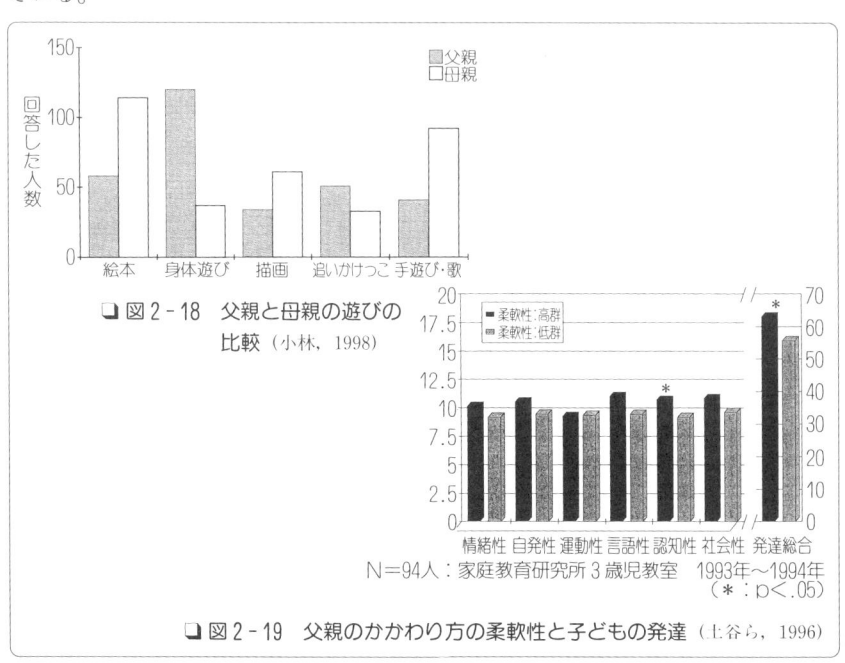

❏ 図2-18　父親と母親の遊びの比較（小林，1998）

❏ 図2-19　父親のかかわり方の柔軟性と子どもの発達（土谷ら，1996）

N＝94人：家庭教育研究所3歳児教室　1993年～1994年
（＊：p＜.05）

3 親子関係から仲間関係へ

2歳ごろになると，子どもはしだいに自分と年齢の近い子どもに興味を示すようになる。エッカーマンら（Eckerman et al., 1975）は初対面の母子2組をプレイルームでいっしょに遊ばせたときに，子どもがどのように遊ぶかを観察した。その結果，1歳ごろには母親への接触と他の子どもへの接触が同程度だったのに対して，2歳では母親への接触はほとんどなくなり，他児への接触がかなりふえたことを報告している。このように，**仲間関係**は2歳ごろから発展しはじめるといえる。

仲間関係が発展するためには，親子関係が重要であることがわかっている。ウォータースら（Waters et al., 1979）は母親に対する愛着と保育園における仲間への有能さとの関連を検討し，愛着が安定している子どもと不安定な子どもでは，社会性に差があることを報告している。またマクドナルドとパーク（MacDonald & Parke, 1984）は，家庭における母子，父子の遊びを観察し，保育者から見た保育園での行動評定との関連性を検討した。その結果，父親との身体的な遊びが園での適応に結びついていることが示された。家庭での安心感や父子での楽しさなどの経験が，社会性の発達に影響を及ぼしているのである。

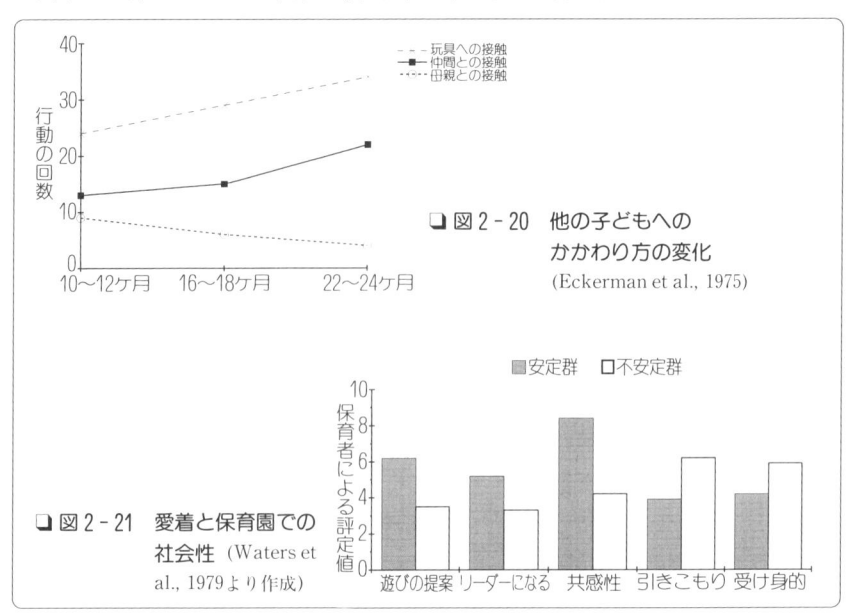

□ 図2-20　他の子どもへのかかわり方の変化（Eckerman et al., 1975）

□ 図2-21　愛着と保育園での社会性（Waters et al., 1979より作成）

■仲間関係　2歳ごろから同年代の子どもに対する関心が高まり，簡単なやりとりが始まる。幼児期の終わりごろには協同遊びへと発展していく。

❤ 4　仲間との遊びの発達

　幼児期の仲間関係の発達を最初に報告したのはパーテン（Parten, 1932）である。パーテンは仲間との遊びを次の6つの段階に区分した。①何もしていない状態，②傍観者的行動，③ひとり遊び，④平行遊び，⑤連合遊び，⑥協同遊びである。何もしていない状態とは，はっきりとした遊びがなく身体をいじったりうろうろしている状態である。傍観者的行動とは，他児の遊びを眺めているだけで自分は遊んでいない状態である。ひとり遊びとは，おもちゃや遊具でひとりで遊んでいる状態である。平行遊びとは，他児のそばで同じような活動をして遊んでいるが，子どもどうしの間に遊びのイメージの共有はない。連合遊びは，互いのイメージが共有されて同じテーマで遊ぶ状態である。ただしはっきりとしたルールや役割分担はなく，比較的緩い集団遊びといえる。これに対して協同遊びは，明確なテーマがあり，遊びのなかでのルールや役割分担がはっきりとしている。互いのイメージを共有し合って，遊びを発展させながらごっこ遊びや制作遊びに取り組むことが幼児期の発達課題であるといえよう。

❏ 図2-22　仲間との遊びの発達
（Parten, 1932より作成）

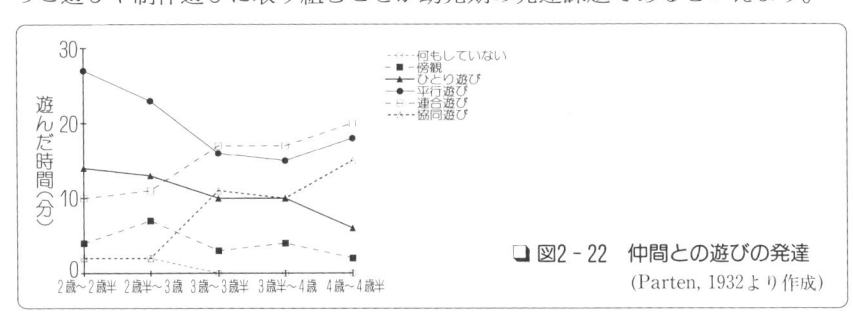

❍ 表2-6　イメージ共有の過程（内田，1989より）

保育者の作業をみて，子どもたちが園庭に溝を掘って古タイヤを埋めるのを手伝い始めた
S：これは大男の口だぞ，黒いから。ぼくたちは，いま，虫歯のこびとで，歯を虫歯にしてるんだぞ
R：そうだ，虫歯に黒いペンキを塗ってやれ（とタイヤに土をかけ始める）
……… 中略 ………
R：ぼくは，虫歯のミュータンスの子ども
F：ぼくはミュータンスの博士
……… 中略 ………
F：あっ，歯ブラシが来たぞ
S：みんなうがいで流されるぞ。みんな逃げろ！（あわてて滑り台で滑って逃げていく）

5 遊びの内容と社会性

パーテンの遊びの研究は，その後多くの研究者によって批判されてきた。批判されたのは，ひとり遊びは本当に未熟な活動なのかという点である。ムーアら（Moore et al., 1974）は，ひとり遊びのなかには読書や描画といった知的で目的的な遊びも含まれているので，ひとり遊びを一括して社会性が低いと見なすことはできないと述べている。ロパーとハインド（Roper & Hinde, 1978）は，自由遊びの観察から，平行遊びのほうがひとり遊びよりも社会性が低いと結論づけた。

このように社会性の発達段階が研究によってまちまちなのは，ひとり遊びの内容を吟味することなく，たんにひとりで活動しているかどうかを問題にしたからである。ルビン（Rubin, 1982）は，パーテンの遊びの分類と認知発達を考慮した遊びの分類（機能的遊び・構成的遊び・劇的遊び）を組み合わせて観察を行った。その結果，4歳児においてひとり遊びで機能的遊びが多い子どもは，仲間との友好的な関係が少なく，ソシオメトリー評定値が低い傾向を示した。つまり，はっきりとしたテーマが定まらないひとり遊びが多い子どもは，仲間関係がうまく築けていないといえる。

○ 表2-7　遊びの観察尺度 (Rubin, 1986)

> 何もしていない状態：遊んでいるとはいえず，ぼうっとした状態。あるいは自分の身体を軽く揺するなど動かしているだけの状態。
> 傍観：他の子どもの遊びを眺めているが，その遊びに参加しようとはしない。
> 読書：絵本などを読む，眺めている。
> 他児との会話：明確な遊びはしておらず，おしゃべりの状態。
> 活動が次々と変わる：観察された単位時間中に活動が変わったらチェックする
> じゃれ合い・取っ組み合い遊び：追いかけっこや相撲・レスリングのような取っ組み合いの活動。
> 探索：おもちゃや材料などを探している活動。
> ひとり遊び：他の子どもとは異なったおもちゃで遊んでいて他児とはかかわろうとしない状態。
> 　1．機能的遊び：単純な動作をくり返しているだけ。おもちゃなどの操作の対象物はあってもなくてもよい。
> 　2．構成的遊び：何かを作り上げたり創造する活動。家作り，道路作りなど，遊びに目的が存在する。
> 　3．劇的遊び：何かの振りをする，象徴的な遊び。
> 　4．ルールのあるゲーム：あらかじめ定められたルールがあり，その中での役割分担（たとえばオニの役と逃げる役）などを子どもたちが自ら受け入れることによって進行する活動。
> 平行遊び：他の子どものそばで，同じような活動をしている。しかしいっしょに遊ぼうとしたり，他の子どもを誘ったりはしない。
> 　（この中に1～4の下位カテゴリーが存在する）
> 集団遊び：他の子どもといっしょに行う活動。
> 　（この中に1～4の下位カテゴリーが存在する）

6 仲間との遊びを発展させる：社会的スキルについて

　中澤（1992）は入園したばかりの4歳児の行動を観察し，後にソシオメトリー調査をおこなった。すると，仲間から好かれるようになった子どもは孤立することが少なく，さらに友だちに対する妨害的な行動も少なかった。逆に笑いかけたりことばをかける，ものを渡すといった友好的な行動が多かったという。このように遊びのなかで友だちとの関係を発展させるためには，相手に合わせる協調的な行動が必要である。相手に対して友好的にかかわることや邪魔をしないことは，円滑な人間関係を築くために必要な行動である。このようによい人間関係を築くための行動を社会的スキルという。

　友好的なはたらきかけができない引っ込み思案の子どもに対しては，積極的に友だちにかかわることを支援していく必要がある。また攻撃や妨害などの行動が多く，仲間から拒否されやすい子どもには，攻撃を抑えて友好的なかかわり方を伸ばしていく必要がある。こうした指導を社会的スキル訓練とよび，専門的な相談機関で行われる場合や，保育場面で保育者が行う場合などがある。それも個別指導の場合と，集団を対象とする場合などさまざまである（佐藤ら，1999）。

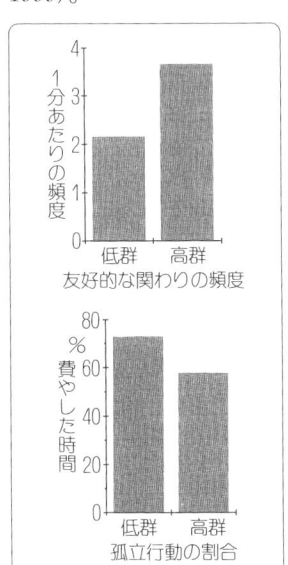

❏ 図2-23　人気の高い子どもと低い子どもの対人行動（中澤，1992より作成）

○ 表2-8　幼稚園での個別支援（小林ら，1999より作成）

1．友だちの名前を呼んで話しかけるための支援
・クラスの子どもの名前をよく覚えていないので，担任が「あの子，○○って言うんだよ，呼んでごらん」と促す。
・うまく言えないときには担任の前で「ここで練習してごらん」とそっと呼びかけの練習をする。
・担任が「これ××ちゃんに渡してきて」と頼むと，対象児が「××ちゃんてどこにいるの」とたずねてきた。担任は「あそこにいる赤いの着ている子だよ」と教える。

2．友だちから誘ってもらう支援
・比較的優しい子に，対象児を隠れん坊に誘うように頼む。

3．仲間入りの経験を積むための支援
・友だちの制作を見ているので，担任が「やりたいんだったら行こうよ」と誘い，担任といっしょに参加する。
・対象児が苦手としている子どもが積み木コーナーを独占していたので，担任が「これみんなの積み木だよ」と対象児を含めたみんなに聞こえるように言い，対象児にも「これみんなのだよね」と確認して，参加を促す。

コラム　育児放棄・虐待の発達臨床

　乳幼児期に安定した愛着が形成されていないと，子どもの心身の発達が阻害されることが報告されたのはおよそ40年前のことである。衛生面や栄養面に配慮されているはずの病院や乳児院で，子どもの身体発育の不良や知的発達の遅れ，情緒の乏しさ，あるいは死亡率の高さが問題になった。さまざまな調査の結果，あたたかい養育環境や人間的な接触の欠如がその原因であると指摘された。これがホスピタリズムという現象で，その後母性的な養育態度が欠如した状態（マターナル・デプリベーション）とよばれるようになった。

　近年，家庭が十分な養育機能を果たさない育児放棄（ネグレクト）や，虐待の報告例が増加している。乳幼児期に父母またはそれに代わる養育者との間に愛着関係を築くことができなければ，子どもは自分や他者に対する信頼感をもつことができない。このような状況で育った子どもは，なんとかして他者に認めてもらいたい，十分に依存したいという欲求が高く，人から見捨てられることを極度におそれるようになる。このようなパーソナリティを共依存的な性格とよぶ。したがって，ネグレクトや虐待を受けた子どもに対する支援は，信頼できる大人との間で，安全で肯定的な相互関係を体験することによって，肯定的な自己概念や他者に対する信頼感を築いていくことにある。子どもに対するプレイセラピーでは，こうした信頼関係の回復が重視される。

　また，幼いころに受けた強度の恐怖体験が後になってさまざまな身体症状や不安感，恐慌発作となって表れてくることもある。PTSD（心的外傷後ストレス障害）とよばれるこれらの心身症状は，外傷体験によるつらい感情を放出すること，あるいは自分で客観的に認識して克服することによって解消される。プレイセラピーのなかで，自分の外傷体験を再現したり，不快な感情を発散することも必要である。ある程度成長してからは，認知行動的なカウンセリングによって，外傷体験からくるストレスに対処したり，自分を肯定的に受け止める支援が可能となろう。

　このようなケースでは，子どもに対する支援だけでなく親に対する支援が不可欠である。多くの場合，母親は強い育児ストレスにさらされており，それを解消するすべをもっていない。父親が子どもや家庭のことをかえりみず，母親が子育てに関する責任をひとりで背負いこむと破綻がくる。母親のストレスをうまく解消していくためには，夫によるサポートが必要である。また，父親が子育てに関与することは，子どもにとってもプラスの意味がある。したがって，育児放棄や虐待をした母親を責めることよりも，夫婦で協力して子育てにあたるような夫婦に対するカップル・カウンセリングが必要である。

第3章 学び考える

知的能力の獲得と発達

　この章では，思考や知的能力の発達のようすについて述べる。人は生まれてから成長していく間に，身体を動かして外界のさまざまな事物を探索し，やがて知識を身につけ，論理的で抽象的な思考ができるようになる。それは脳を中心とした神経系の成熟に基づくものである。したがって，神経系が衰えていくに従って，とっさの判断力がにぶくなったり，記憶に障害が起こるのも事実である。

　また，知的能力の発達を基盤として，子どもが学ぶとはどのようなことかについても述べる。学習とは何か，学習を促進する意欲（動機づけ）のメカニズム，知的能力のアンバランスによって生じる学習障害の問題についても紹介する。

第3章 学び考える

第1節 思考の発達

1 思考の発達段階

　ピアジェ (Piaget,1947) は，人間が生まれてから成長していく過程で，いかにして抽象的で論理的な思考ができるようになるのかを調べた。それによれば，人間の思考の発達は大きく感覚運動期，前操作期，具体的操作期，形式的操作期の4つの段階に分けられる。さらに，感覚運動期は6段階，前操作期は2段階からなる。ピアジェの基本的な考えは，人間は自分自身や外界を探索することによって，自分のなかにものごとについてのさまざまなイメージ（表象）を形成していくというものである。子どもが自分のもっている思考パターン（シェマ）のなかに外からの情報を取り入れて新しい知識を得ることを**同化**という。これに対して，子どもなりの考えでは外の状況に対処できなくなって，考え(認識)の方法を変えていくことを**調節**という。同化と調節をくり返しながら，より高度な認識，つまり抽象的で論理的な思考へとたどり着くのである。

○表3-1　ピアジェによる思考の発達段階（野呂，1983）

基本段階			下位段階		
前論理的思考段階	感覚運動期	誕生～2歳	第1段階	反射の行使	0～1か月
			第2段階	最初の獲得性適応と第1次循環反応	1～4か月
			第3段階	第2次循環反応および興味ある光景を持続させる手法	4～8か月
			第4段階	第2次シェマの協応と新しい状況への適用	8～12か月
			第5段階	第3次循環反応と能動的実験による新しい手段の発見	12～18か月
			第6段階	心的結合による新しい手段の発明	18～24か月
	表象的思考期	前操作期	2～7歳	第1段階	前概念的思考段階	2～4歳
				第2段階	直観的思考段階	4～7歳
論理的思考段階		具体的操作期	7～11歳	物理的実在に限定した論理的思考		
		形式的操作期	11～15歳	物理的実在から解放された抽象思考		

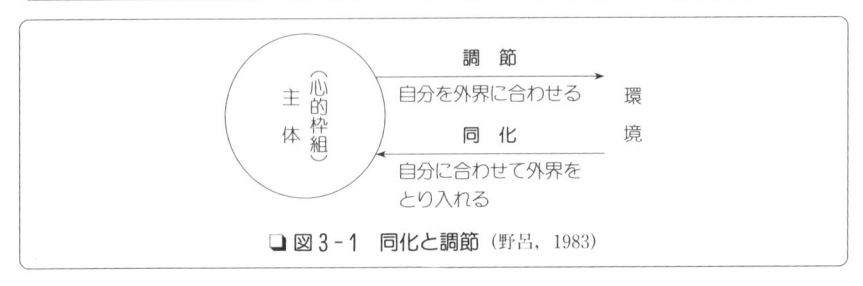

❑図3-1　同化と調節（野呂，1983）

2 感覚運動期の思考

　感覚運動期とは，誕生からおよそ2歳ごろまでをさす。生後1か月くらいまでは，子どもは原始反射によって生きている。つまり，物を握る，何かを吸うといった反射活動が最初の認識（**シェマ**）なのである。やがて随意運動ができるようになると，物をつかんで口元に持ってきて，しゃぶるといったいくつかの動作を組み合わせるようになる。これがシェマの協応である。また，自分の身体を探索して，おもしろかったり快感が得られた行動を何度もくり返すようになる。くり返し行われる活動を，ピアジェは**循環反応**と名づけた。外の対象物に向けられたくり返しの活動を第2次循環反応とよび，ある目的を達するためにさまざまな手段を試してみる実験的な活動を第3次循環反応という。やがて，子どもの頭の中にさまざまな行為のイメージが定着すると，試行錯誤をせずに頭の中だけで手順を組み合わせて，問題解決ができるようになる。これを**洞察**という。行為のイメージはやがて，ふり遊びへと発展していく。

○ 表3-2　ピアジェによる感覚運動的段階の概要　(中西，1996)

下位段階	およその時間	特　徴
Ⅰ	出生〜生後1か月	○生得的な反射からシェマへ 　たとえば把握反射をもとに，さまざまな物を能動的にじょうずにつかめるようになる。
Ⅱ	生後1か月〜4か月	○2つ以上のシェマの協応 　たとえば指をしゃぶるという行動は，「吸う」シェマと「手を動かす」シェマの協応。 ○第1次循環反応の形成 　指をしゃぶるなどの，自分自身に対する探索的な行動をくり返す。
Ⅲ	生後4か月〜9か月	○第2次循環反応の形成 　おもちゃを振って音を出すなど，自分の外部の世界に対する探索的な行動をくり返す。
Ⅳ	生後9か月〜1歳	○手段と目的の分化 　なにかほしい物を取ろうとするときに，まずその前にあるじゃまな物を取り除くことができるようになる。
Ⅴ	1歳〜1歳半	○第3次循環反応の形成 　目的に到達するために，さまざまな手段を試みる。
Ⅵ	1歳半〜2歳	○洞察的な問題解決 　試行錯誤なしに，頭の中でいろいろ試みてから実行に移せるようになる。 ○イメージの形成

3　前操作期の思考

前操作期は象徴的思考段階と直観的思考段階に分けられる。**象徴的思考段階**は2～4歳ごろまでの時期で，子どもの思考のなかでは動作による表象と言語とが併用される。たとえば「○○ちゃんが眠くなったらどうするの？」とたずねたときに眠るまねをする子どもは，"眠る"ふりという動作のイメージを使って考えているのである。このときに「寝る」「お昼寝する」などのように言語で答えたならば，言語を用いて思考しているといえる。

直観的思考段階では言語を用いた思考が中心になるが，まだ多くの情報を迅速に処理することができないので，事物を多面的に見ることができない。事物のひとつの側面に注目するとそれにとらわれてしまい，直観的に誤った判断をすることが多い。自分の立場と相手の立場のちがいを理解できなかったり，数量の判断を誤ったりするのである。このような幼児期の思考の特徴を，ピアジェは**自己中心性**とよんだ。

	相等性の確定	変形操作	保存の判断
液量	容器の形や大きさの変化によっても，その中の液量は変わらない。		
	どちらも同じ入れものの中に色水が同じだけ入っていますね。	こちらの色水を別の入れものに全部移し替えます。	さあ，色水はどちらも同じだけ入っていますか。それともどちらが多いかな。

❏ 図3-2　液量の保存の実験 (野呂, 1983)

● 4 具体的操作期・形式的操作期の思考

前操作期には子どもはたとえば液量に関する保存の課題ができなかったが，それは物的な操作を頭の中で逆行させることができないためである。水を容器Bから容器Cに移すと水面が高くなるが，Bにもどせば元の水面にもどる。このようにある現象を頭の中で元にもどす考え方ができることを**可逆的思考**という。

具体的操作期では，子どもは具体物に即していれば論理的な思考ができるが，**形式的操作期**に至ると架空の事象についても論理的な思考ができるようになる。たとえば「ネズミはイヌより大きくイヌはゾウよりも大きいとすれば，最も大きい動物は何か？」という問題があったとする。具体的操作期（6・7〜11・12歳）の子どもは，実際の動物の大きさと一致しないこのような問いが理解できず，でたらめに答えたりゾウを選んだりする。しかし形式的操作期になると，実物の大小とは関係なく，与えられた論理関係だけに着目してネズミが最も大きいと答えることができる。およそ児童期の終わりには，成人と同じような論理的思考ができると考えられている。

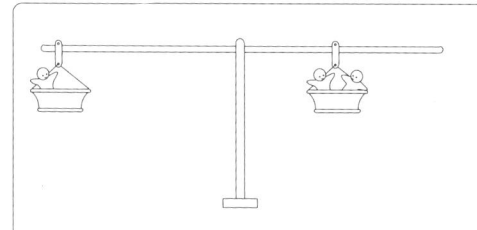

❏ 図3-3　てんびんのつりあい (Inhelder & Piaget, 1958)

1つのおもりが乗った容器と2つのおもりが乗った容器をつりあわせる。距離×重さのモーメントが等しくなったところで左右がつりあう。

❏ 図3-4　隠された磁石の課題 (Inhelder & Piaget, 1958)

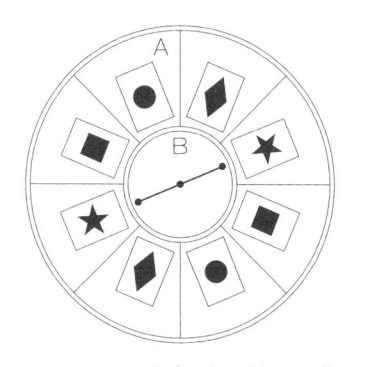

星形の箱には磁石が入っており，Bの金属棒は必ず星をさして止まる。しかし磁石は見えないので，なぜ星をさして止まるのかを子どもに推論させる。

■**動機づけ**　　ある行動を実行したりそれを持続させる機能をいう。本能や生態学に基づく理論と認知的な理論とがある。
■**形式的操作**　　ピアジェの発生的認識論では，最高レベルの抽象的な思考（論理数学的な思考）のこと。

第2節 知的能力の発達

1 知的能力を支える脳のしくみ

　人間の脳はさまざまな部分からなっている。前頭葉は**前頭連合野**ともよばれ，複雑な思考や判断を行う中枢である。進化的にみて古い動物は，この前頭葉がほとんどないが，霊長類では前頭連合野が大きいために，新しい情報を取り入れてさまざまなことを学習することができる。頭頂葉の前の部分は身体運動を制御する部分で運動野とよばれる。ここに接するうしろ側の部分は，身体から入ってきたさまざまな感覚を処理する部分で，感覚野という。後頭葉はとくに視覚野ともよばれ，目から入ってきたさまざまな情報を処理する部分である。側頭葉の上部や内側は耳から入ってきた音声を処理する部分で，聴覚野とよばれている。左脳の上部にはウェルニッケの言語野があり，音声を言語として理解するはたらきをする。同じく左脳にあるブローカの言語野は，前頭葉で考えたことを音声言語に変換するはたらきをする。こうした役割分担を，**脳の機能局在**という。

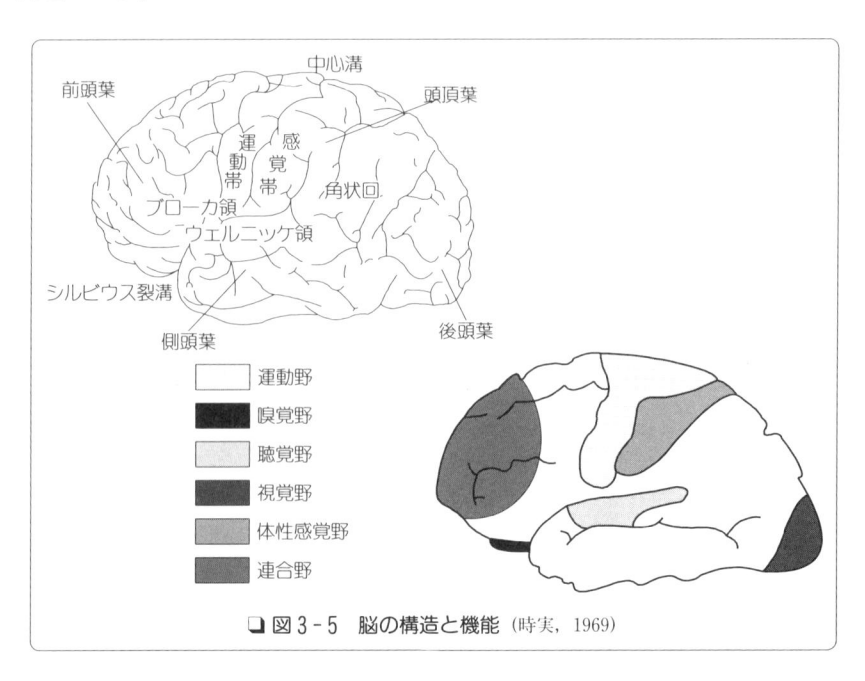

❏図3-5　脳の構造と機能 (時実，1969)

2　脳の発達

　人間の脳は乳幼児期に急激に成長する。出生時の脳の重さは約400gであるが，2歳までに成人の脳重量（約1300〜1500g）の75％程度にまで成長し，6〜7歳で約90％，10歳で95％に達する。脳を構成する**神経細胞**は約140億個といわれており，出生以前に細胞分裂をほとんど終えている。ふつうの体細胞とちがい，神経細胞は誕生後にはあまりふえることがない。最近の研究では高齢になってからも細胞分裂をすることがわかってきたが，基本的な脳の成長は児童期なかばまでに終わると考えられる。脳は細胞分裂ではなく細胞間を結ぶ回路が複雑になっていくことと，栄養を供給したり電気信号の伝達速度を速める周辺の細胞が増加していくことによって成長するのである。神経の回路が複雑に結びつくためには，外からさまざまな感覚刺激が入力されたり，その刺激をもとに考えたり身体を動かして活動する経験が不可欠である。人間の思考の中枢である前頭葉の成長は最も遅く，7〜8歳になってようやく完成されてくる。そこでこの時期に抽象的で論理的な思考ができるようになる。

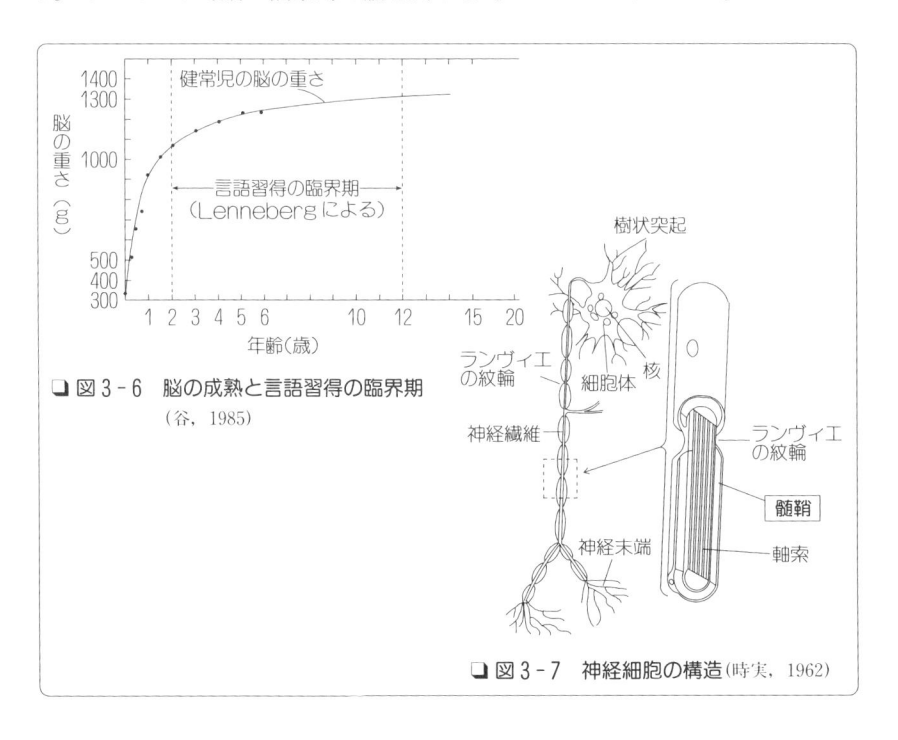

❏ 図3-6　脳の成熟と言語習得の臨界期
　　　　（谷，1985）

❏ 図3-7　神経細胞の構造（時実，1962）

第3章 学び考える

3 記憶能力の発達

　記憶能力は，幼児期から青年期にかけて年齢とともに増加するといわれている。しかしそれは，たんに記憶できる量がふえるのではなく，効果的に記憶する方法を習得するためである。人間の**記憶**は短期記憶と長期記憶の2つに分けられる。**短期記憶**とは見たり聞いたりしたことを一時的に頭の中にとどめておくことであり，**長期記憶**とは知識としてずっと保存される記憶である。短期記憶に保存できる情報量は成人で7±2であるといわれている。そこから必要なものが長期記憶に送られるが，うまく覚えたり思い出すために，人はさまざまな方法を用いる。これが**記憶方略**で，カイル（Kail, 1990）はリハーサル方略，貯蔵方略，検索方略，学習方略の4つをあげている。リハーサル方略と貯蔵方略は7歳ごろから自発的に使えるようになると考えられる。幼児にリハーサル方略を教えると，そのときには使用できるが，時間がたつと自分から使うことはない。検索方略と学習方略は小学校高学年になると使用できる。いずれの方略も，使用の程度に応じて記憶・想起できる問題の量が増加することがわかっている。

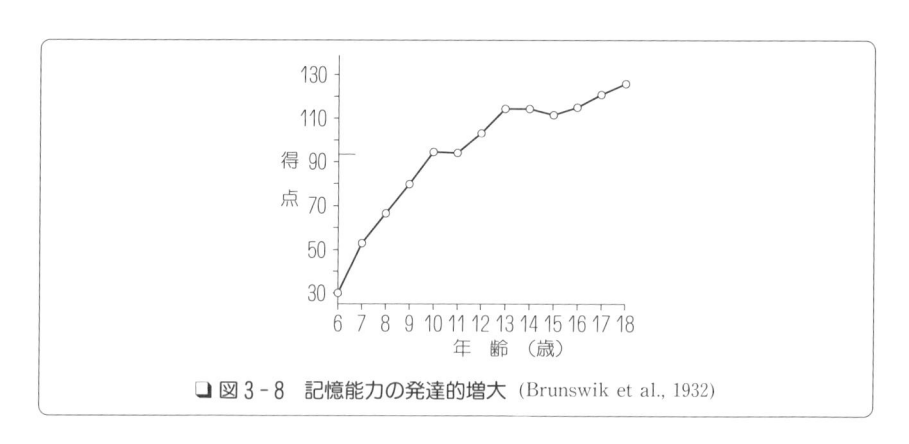

❏ 図3-8　記憶能力の発達的増大　（Brunswik et al., 1932）

○ 表3-3　記憶方略の種類　（Kail, 1990）

①	リハーサル方略	記憶しようとする情報を意図的に反復すること（口頭で何度も唱えたり，頭の中でくり返すなど）
②	貯蔵方略	記憶する材料や状況を覚えやすいように加工すること（材料を並べ替えて意味づけする，ごろ合わせをするなど）
③	検索方略	思い出すときに何かの手がかりを用いて想起すること（より上位の意味カテゴリーから内容を探すなど）
④	学習方略	必要な情報を他の情報から区別できるように加工すること（メモを取る，アンダーラインを引くなど）

■記憶　感覚器から入ってきた情報を一時的に把持し（短期記憶），それを保存し（長期記憶），取り出す（再生・再認）過程をいう。

● 4　概念の学習

　学習という用語には新しい行動を獲得することと新しい知識を獲得することが含まれているが，ここでは知識体系の学習の問題について述べる。ある事物と別の事物の共通点・差異点を抽出して，共通するものをひとつのグループにまとめることが行われる。これが初期の**概念**である。そしてそのグループをさらに統括する上位概念がつくられる。たとえばイヌ，ネコ，ウサギといったグループをまとめて動物とよぶ場合がそうである。そして，いくつかの概念が形成されたときに，その概念間の関係を定義することで新しい概念をつくり出すことができる。たとえば速さとは移動した距離をそれに要した時間で割ったもの，つまり単位時間（秒，分，時）あたりの移動距離（m，km）のことである。これを数式で表現すれば，速度＝距離÷時間となる。最初は具体的な事物についての概念が形成され，やがて抽象的な概念が形成される。さらにその概念どうしを組み合わせて，より複雑で抽象的な概念が学習されるのである。

○ 表3-4　知能検査で用いられる概念の課題　（田中教育研究所，1987）

9歳級　「物の異同」の課題例
教示文　「これから，2つのものの名前を言いますから，その2つのもののどこがちがっていて，どこが似ているか，両方を言ってください」
問　「バナナとみかんは，どこが，どのようにちがいますか」 　　「では，バナナとみかんは，どこが，どんなふうに似ていますか」
13歳級　「共通点」の課題例
教示文　「これから，3つのものを言いますから，その3つのものの似ているところ，つまり共通点を言ってください」
問　「パリと北京とロンドンの共通点は何ですか」

■学習　経験によって行動が変化すること，あるいは情報（知識）の構造や体系が変化することをいう。

5 知的発達と環境要因

　乳幼児期は脳が急激に発達する時期であるので、この時期にさまざまな刺激を経験したり身体活動を行うこと、さらに十分な睡眠とバランスのよい栄養をとることがたいせつである。しかし生育環境が劣悪な場合には、発達全般に遅れが生じることがある。**ホスピタリズム**はその例で、温かい養育態度が欠如すると、十分な栄養が与えられていても身体・認知・情動の発達が遅れてしまう。また藤永ら（1987）は生まれてから5〜6年間も小屋の中で放置され、ろくな栄養も与えられていなかった姉弟について、保護されてからの発達の経過を報告している。2人とも1歳半くらいの体格で、歩くことも話すこともできなかったが、施設に入所してから言語や理解力に顕著な伸びを示した。日常会話のレベルではほとんど支障がなくなったが、短期記憶能力やことばを推理する能力などには、やはりある程度の遅れが残ったという。

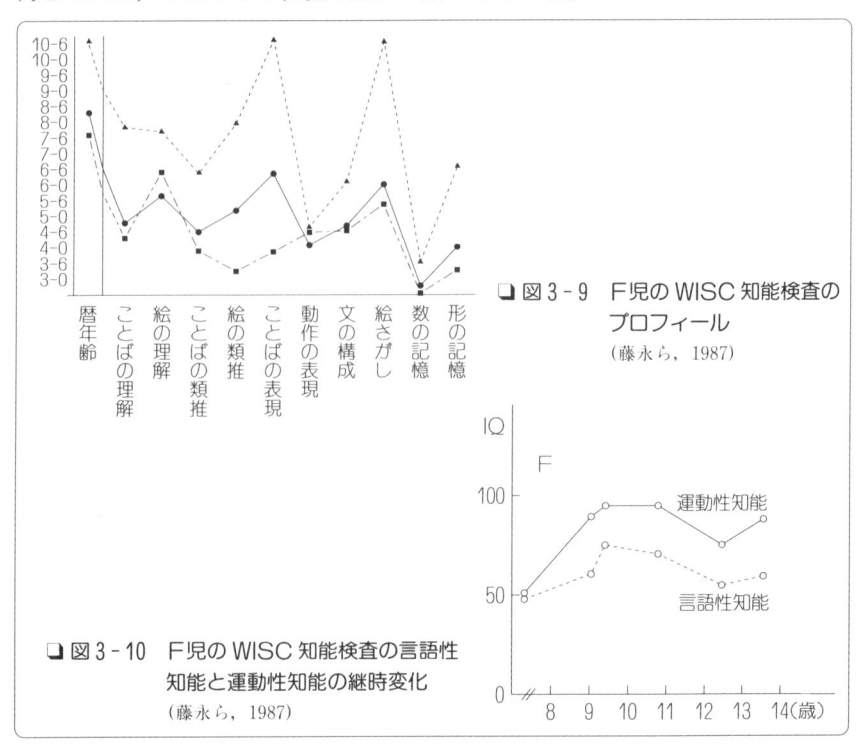

❑ 図3-9　F児のWISC知能検査のプロフィール
（藤永ら，1987）

❑ 図3-10　F児のWISC知能検査の言語性知能と運動性知能の継時変化
（藤永ら，1987）

■**環境要因**　発達に影響を及ぼす環境には、物理的な環境条件と、人間関係（心理的）な環境条件がある。
■**結晶性知能**　文化的な蓄積によって形成される、知識や判断力のこと。加齢によっても衰えにくい。
■**流動性知能**　神経システムの情報処理のスピード（すばやい反応性）のことで、青年期以降に衰えがみられる。

6 結晶性知能と流動性知能

ホーンとキャッテル（Horn & Cattel, 1966）は，加齢に伴う人間の知的能力を調べた結果，知能検査課題のうち言語的な能力の得点はあまり低下しないのに比べて，動作によって測定する知能は加齢に伴って低下することを見いだした。彼らはより詳細な研究を重ねて，人間の知的能力を大きく2つに分けた。一方を**結晶性知能**とよび，もう一方を**流動性知能**と名づけた。結晶性知能は言語能力や計画的な活動といった知識や社会的な判断力のことであり，これは青年期から成人期を通じて向上を続ける。これに対して流動性知能は，すばやい推論や目と手の協応（微細運動能力）などからなる神経系の機能である。したがって，流動性知能は青年期をピークとして低下しはじめる。つまり，加齢に伴って知的能力が低下するというのは，とっさの判断力や新しいことをすばやく学習する能力の衰えであり，すでにもっている知識を使って計画的に判断する力はあまり衰えないと考えられる。

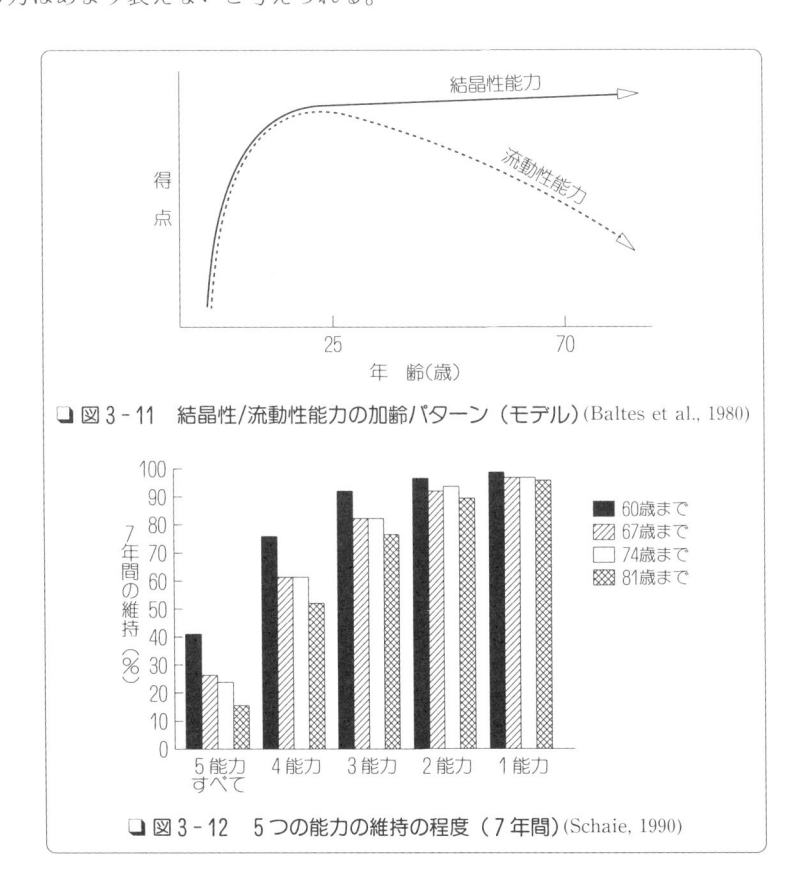

❏ 図3-11　結晶性/流動性能力の加齢パターン（モデル）(Baltes et al., 1980)

❏ 図3-12　5つの能力の維持の程度（7年間）(Schaie, 1990)

第3節　学力と学習環境

1　学習への動機づけ

　ある行動を起こそうとする意欲のことを心理学では**動機づけ**とよぶ。この動機づけが自分のなかからわき出てくる場合を内発的動機づけ，外部から与えられる場合を外発的動機づけとよぶ。**内発的動機**づけとは，知りたい・わかりたいといった知的好奇心や，できた・わかったという達成感や満足感によって生じるものである。これに対して**外発的動機**づけとは，ほめられるから，あるいはしないと罰せられるからする，といった賞罰によって生じる動機づけである。

　レッパー（Lepper, 1973）は，描画が好きな幼児に対して，絵を描くことにごほうびを与えると動機づけがどのように変化するかを実験的に確かめた。その結果，ごほうびをもらわなかった子どもは自由時間に絵を描き続けたのに対して，実験者からごほうびをもらった子どもは自由時間にはあまり絵を描かなくなってしまった。あまり賞を与えると内発的動機づけは低下してしまうのである。

□図3-13　報酬と内発的動機づけ（Lepper, 1973より作成）

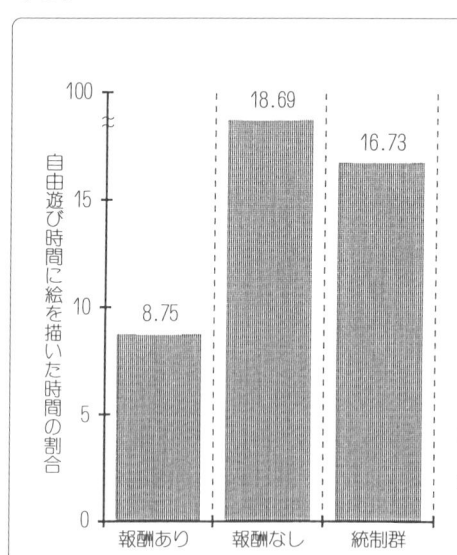

報酬あり：実験者に別室に呼ばれて，じょうずに描けたらごほうびがもらえると言われる
報酬なし：実験者に別室に呼ばれて，絵を描いているところを見たいと言われる
統制群：別室に呼ばれなかった（報酬はない）

（報酬あり：8.75、報酬なし：18.69、統制群：16.73）

■動機づけ　　ある行動を実行したりそれを持続させる機能をいう。本能や生態学に基づく理論と認知的な理論とがある。

● 2　学習を促進する環境

　子どもが自分から進んで学ぶためには，**知的好奇心**をいだかせるような新奇な刺激が周囲に存在することが必要となる。いつも見慣れたり聞き慣れた刺激ばかりに囲まれていると人は退屈さを感じる。また，日常からかけ離れた強い刺激には恐怖を感じてしまう。ほどよく新奇な刺激に対しては，人は知的好奇心をいだいて探索しようとする。

　さらに探索したときに対象物や相手の人からなんらかの反応があると，子どもはとても喜ぶ。アメリカのムーア (Moore, 1966) が考案したトーキングタイプライターという装置は，CAI の原型のようなものである。子どもがタイプライターのキーボードをいじって遊んでいると，スクリーンにその文字が映し出されて，スピーカーからは音声が聞こえる。おもしろがって遊んでいるうちに，子どもはいつのまにかアルファベットの文字と読み方を覚えてしまった。そして下層階級で学力の低かった子どもたちの読み書き能力が飛躍的に向上したのである。つまり，生活のなかに知的な刺激があり，さらに自分の探索活動に対して周囲から一貫したなんらかの反応が得られること（**応答的な環境**）が学習を促進するのである。

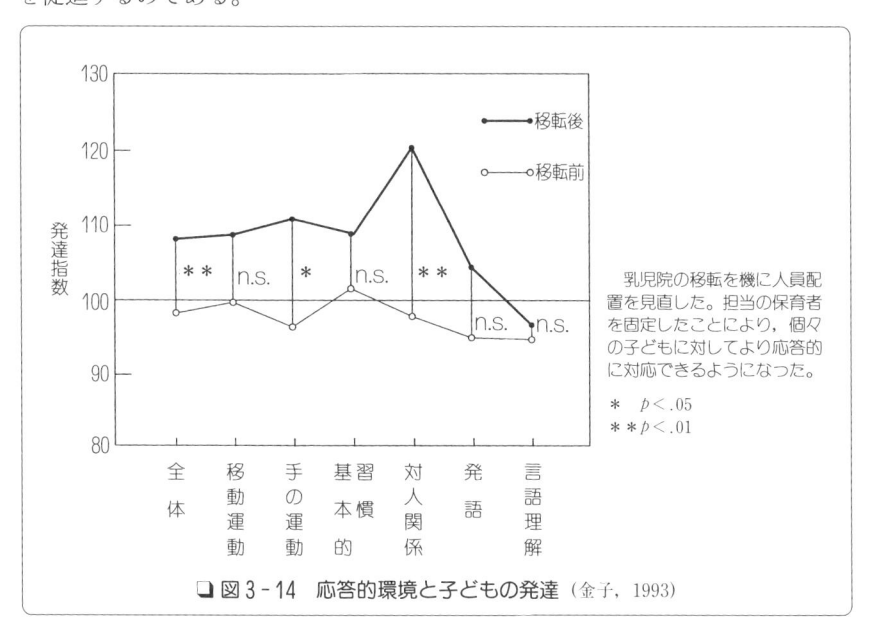

❏ 図 3-14　応答的環境と子どもの発達 (金子, 1993)

乳児院の移転を機に人員配置を見直した。担当の保育者を固定したことにより，個々の子どもに対してより応答的に対応できるようになった。

*　　$p<.05$
**　$p<.01$

3　遊びと自己学習力

　人間は，何か新しいものを見たり聞いたりしたい，あるいはいじってみたいという探索活動への強い動機づけをもっている。知的好奇心を刺激するものがあったときに，自分からそれを探索したいと感じて，その対象物で十分に遊びこむことは子どもの集中力を高める。自分から問題を見つけて学ぶ，つまり自己学習の原点は子ども時代の自由遊びにある。

　小学校の**生活科**の授業は教師が一方的に教えるのではなく，子どもたちが自分で決めたテーマに取り組む自由遊びに近い活動である。授業が成功した場合には，学校が終わってからも子どもたちはさまざまなことを調べたり，家庭で制作したり近所で採集したものを学校に持ち込んでくる。こうした一人ひとりの取り組みを発表することで，お互いに刺激し合い，次の時間の授業が活性化する。つまり，学校を離れても子どもたちは自分なりに学習を続けているのである。こうした力を育てることが，子どもの発達と教育に必要なのである。

①自分たちで育てた大豆できな粉を作る

②地域できな粉を売る子どもたち

❏図3-15　生活科に取り組む2年生（富山大学教育学部附属小学校，2000）

■**自己学習力**　　自分で問題を発見し，それを解決しながら自己を高めていく能力。学校教育で改めて育成することが求められている。

● 4　動機づけと原因帰属

　知的好奇心をいだき，集中して探索活動を行うことは学習に向かう動機づけを高めるためにたいせつなことである。新しいことがわかったり，実験がうまくいったときの喜びは大きいが，逆に失敗してしまった経験もだれもがもっているはずである。こうした成功や失敗の原因を何のせいにするかによって，次に向かう動機づけが変わってくる。成功や失敗の原因をどこに求めるかを**原因帰属**とよぶ。ワイナー（Weiner, 1979）は，原因帰属のスタイルとして3つの次元をあげている。第1の次元は，原因を自分のせいにするかだれか（何か）他者のせいにするかという評価である。第2の次元は，その原因は比較的変化しない安定したものか，それとも変わりやすいものか，という評価である。第3の次元は，その原因は自分で変えることができるかどうか，という評価である。一般に，動機づけが低い人は，成功したときには"運がよかった""課題がやさしかった"と他者のせいだと思い，失敗したときには"自分には能力がない"と思う傾向にある。動機づけの高い人は，失敗したときには"努力不足だった"と思う傾向にある。

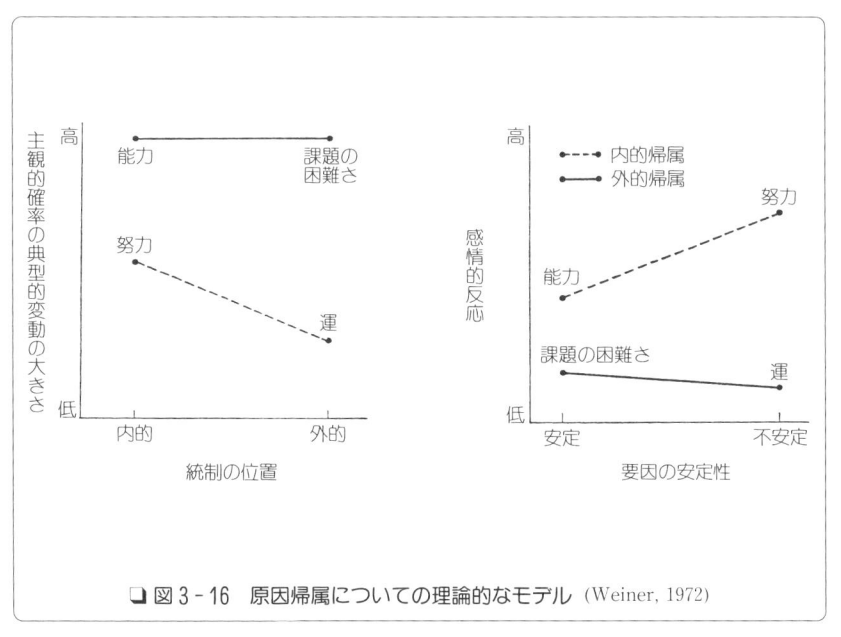

❏ 図3-16　原因帰属についての理論的なモデル　（Weiner, 1972）

■**原因帰属**　　成功や失敗の原因を何に求めるかという認知傾向をさす用語。認知的な動機づけ理論の中核となる概念。

♥5　学習の転移・般化

　人が何か新しいことを学習したときに，その内容や学習の方法などが別のテーマに波及していくことがある。知識や概念を習得したときに波及効果がみられた場合には，それを**学習の転移**という。たとえば算数の時間に「……ぜんぶでいくつありますか」と書かれた文章題では足し算を使えばよいと習った子どもが，「みんなで」「あわせて」などの表現が出てきた場合にも足し算を使えばよいと気づいたとすれば，これは学習の転移である。

　また，何か新しい行動を身につけたときに波及効果が現れた場合には，これを**学習の般化**とよぶ。たとえば日曜日にお父さんの手伝いをしておこづかいをもらった子どもが，次の日にお母さんの手伝いをしておこづかいをせがんだとすれば，これは"お父さんに対する"手伝い行動が"お母さんに対して"般化したと考えられる。般化には，この例のように同じ行動が別の場面で生じるようになる場合と，教えたり訓練した行動以外の新しい行動がふえてくるといった行動の間で般化する場合とがある。

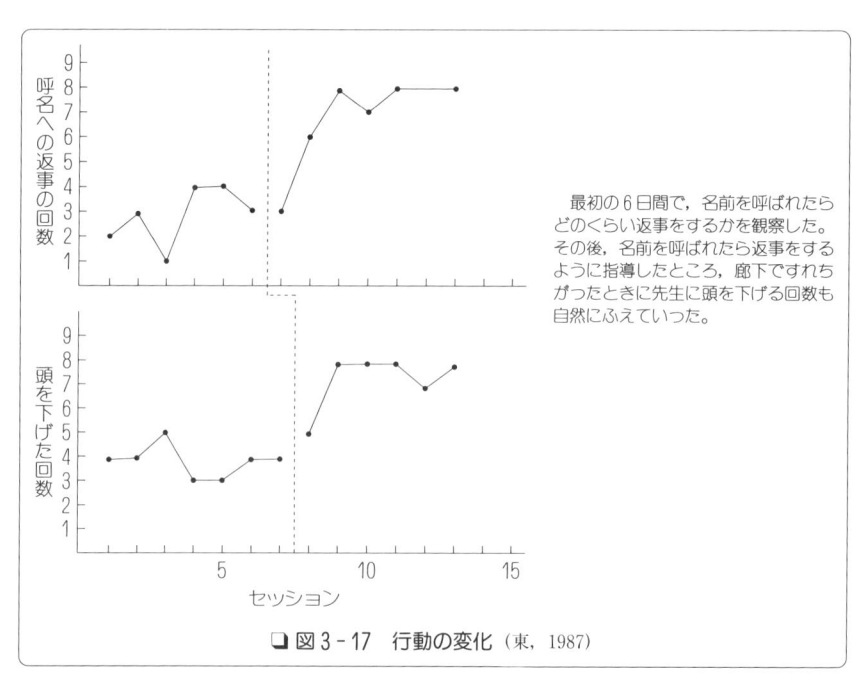

最初の6日間で，名前を呼ばれたらどのくらい返事をするかを観察した。その後，名前を呼ばれたら返事をするように指導したところ，廊下ですれちがったときに先生に頭を下げる回数も自然にふえていった。

◻ 図3-17　行動の変化 (東，1987)

■**学習の転移**　ある事象についての学習経験が別の学習を促進することを正の転移，妨害することを負の転移という。

6　観察による学習

　学習という用語のなかには，知識や概念だけではなく新しい行動を学習するという意味が含まれている。人間には高度な知的能力があるので，試行錯誤をくり返して成功・失敗を直接経験したり，賞罰によって他者から行動の良し悪しを教えられるだけでなく，他者のすることを見て自然に習得することができる。これが**観察学習**（または**モデリング**）とよばれる学習である。手本となる人（モデル）の特性（たとえば年齢，性別など）が観察者に近いほど，モデリングは生じやすい。バンデューラ（Bandura et al., 1963）は，さまざまなモデルを見せて人がどの程度攻撃行動を模倣するかどうかを確かめた。その結果，実物のモデルがもっともまねされやすいことが示された。またモデルが行った行動がほめられると，観察者はその行動をまねするが，しかられた行動はまねしないことがわかった。こうした現象を**代理強化**という。本人が直接強化を受けるのではなく，他者が強化を受けるのを見るだけだからである。

◯ 表3-5　モデルの種類（福島・松村，1982より作成）

＜モデルの形態による分類＞
ライブモデル：目の前で人間が演じるもの
シンボリックモデル：映画・ビデオ，アニメなどによるモデル

＜モデルの状態による分類＞
マスタリーモデル：すでに完璧な行動を身につけたモデル
コーピングモデル：徐々に上達していく様子がわかるモデル

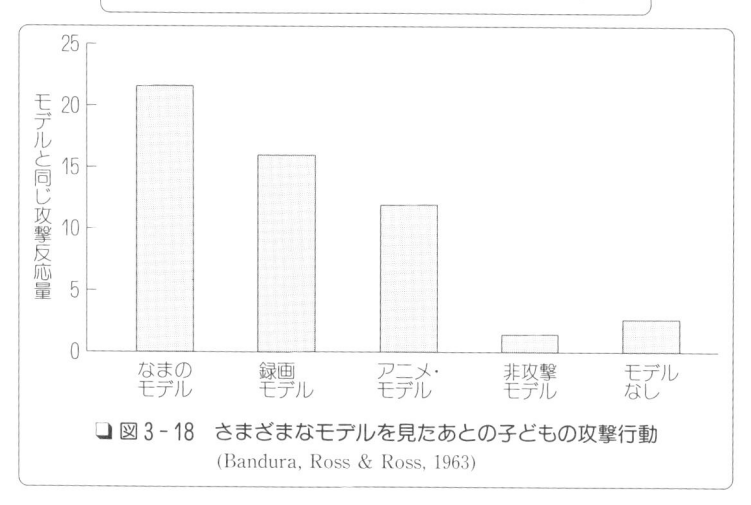

◻ 図3-18　さまざまなモデルを見たあとの子どもの攻撃行動
(Bandura, Ross & Ross, 1963)

■観察学習　他者の行為を見るだけで，自分が直接経験しなくても学習が生じること。

第4節　学習障害

1　学業不振と学習障害

　児童期から青年期にかけて，学校教育のなかでは学校の勉強についていけないということが大きな問題になってくる。子どもが本来もっている知的能力に比べて学業が遅れている場合（**アンダーアチーバー**）を一般に**学業不振**というが，学習障害（LD）はむしろ知的能力の一部分がとくに落ち込んでいる生得的な障害をさす概念である。したがってこの2つは分けて考えなければならない。学業不振の原因は主として乳幼児期の生育環境のなかで，きちんと人の話を聞く習慣が身についていなかったり，自分勝手に行動することが習慣化したために，授業中に学習するという習慣が身についていない場合が多い。したがって，授業中に教師の話を聞く，板書や大事な部分をノートに書く，教科書の該当部分を読む，といった学習行動が形成されれば，本来の能力はあるので学業成績は向上するはずである。

○表3-6　トークンを得るための学業成績の基準と援助強化子との交換率 (Ayllon & Roberts, 1974)

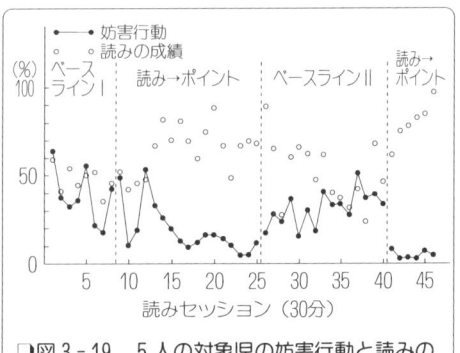

第5学年のクラスでのトークンを得るための基準	
1. ワークブック課題で80％以上の正答	2ポイント
2. 〃　　　　100％の正答	5　〃
援助強化子との交換率	
1. 遊戯室の使用（1日15分間）	2ポイント
2. 休けい時間の延長（10分間）	2　〃
3. デイトマスター（文字練習機）を購入できる	2　〃
4. デイトマスターを使用できる	1　〃
5. 先生のノートを見ることができる	5　〃
6. 居残りの軽減（10分間）	10　〃
7. 食堂のテーブルの位置を変えられる	15　〃
8. 自分の一番悪い成績をとり消せる	20　〃
9. 先生の手伝いができる	オークション
週	
1. 映画を見ることができる	6ポイント
2. 学校での活動を先生から親に知らせてもらう	15　〃
3. 1週間学級委員をできる	オークション
4. 〃　ゲームのキャプテンになれる	〃
5. 掲示板の使用（3週間）	〃

□図3-19　5人の対象児の妨害行動と読みの課題での正答の平均
(Ayllon & Roberts, 1974)

■**学業不振**　学力不振ともいい，子どもが潜在的に持っている知的能力に比べて学業成績が低いことをいう。

❤2　学習障害とは

　学習障害及びこれに類似する学習上の困難を有する児童生徒の指導方法に関する調査研究協力者会議（1999）は，次のように学習障害を定義した。

　「**学習障害**とは，基本的には全般的な知的発達に遅れはないが，聞く，話す，読む，書く，計算する又は推論する能力のうち特定のものの習得と使用に著しい困難を示す様々な状態を指すものである。

　学習障害は，その原因として，中枢神経系に何らかの機能障害があると推定されるが，視覚障害，聴覚障害，知的障害，情緒障害などの障害や，環境的な要因が直接の原因となるものではない」

　ここで情緒障害（自閉性障害）や知的障害，さらに中間報告では定義に含まれていながら最終答申では削除された行動上の問題など，さまざまな発達障害との関係を知っておく必要がある。精神医学における発達障害と行動障害については，アメリカ精神医学会（APA）の診断規準が現在は一般に用いられている。

○ 表3-7　DSM-Ⅳにおける発達障害 (APA, 1994)

精神遅滞（知的障害）	学習障害
軽度精神遅滞	読字障害
中等度精神遅滞	算数障害
重度精神遅滞	書字表出障害
最重度精神遅滞	特定不能の学習障害
重症度は特定不能	
広汎性発達障害	コミュニケーション障害
自閉性障害	表出性言語障害
レット障害	受容―表出混合性言語障害
小児期崩壊性障害	音韻障害
アスペルガー障害	吃音症
特定不能の広汎性発達障害	特定不能のコミュニケーション障害
運動能力障害	
発達性協調運動障害	

＊このほかに注意欠陥／多動性障害がLDと併発することがあるが，この障害は発達障害ではなく崩壊性行動障害の中に位置づけられている。

3 学習障害の種類

　学習障害は，非常に狭く限定すれば読む能力・書く能力・計算する能力のいずれかの発達が著しく遅い状態をさす。これらはいずれも言語中枢のある優位半球（右利きの人の場合には左脳）になんらかの機能障害が生じたときに発生する問題である。したがって，**言語性学習障害**とよばれることもある。これに対して，空間的な広がりの理解や方向感覚が弱かったり，自分と相手の置かれた状況（社会的な立場）が理解できなかったり，表情や口調・身ぶりなどから相手の気持ちを読みとることができないといった，どちらかといえば右脳を中心とした情報処理が苦手なタイプの子どもたちがいる。このように言語性能力でない部分に弱さをもつ障害を，**非言語性学習障害**とよぶ。

　WISC-RやWISC-IIIといった知能検査を実施したときに，全体的な知能はほぼ正常範囲であるのに，言語性知能と動作性（非言語性）知能の間に大きなギャップ（15点以上）がある場合を一般に学習障害という。言語性知能が低い場合を言語性学習障害，動作性知能が低い場合を非言語性学習障害と見なすのが一般的である。

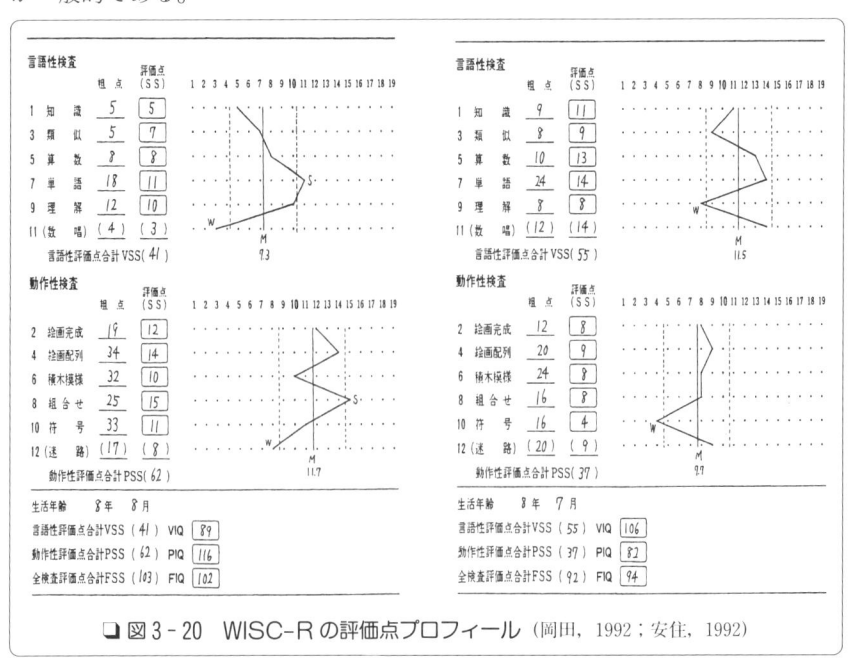

❏ 図3-20　WISC-Rの評価点プロフィール（岡田，1992；安住，1992）

4　LD児の発達的変化

　乳児期から幼児期の初めにかけては，まずことばの遅れや人に対する関心の薄さ，注意集中困難といった特徴がみられる。コミュニケーションがうまくとれなかったり落ち着きがないために，乳幼児定期健康診査では自閉性障害（広汎性発達障害）と誤診されるケースもある。

　聴覚的な言語処理の遅れは話しことばの遅れにつながり，非言語的な認知能力の遅れは，多動・注意集中困難や不器用・協応動作の遅れとして現れてくる。こうした障害は幼児期に発見されることが多い。これに対して読む・書くといった視覚的な言語処理能力は，もちろん幼児期のさまざまな活動にも必要ではあるが，就学して学習する場面になってから初めてその弱さが発見されることが多い。児童期の後半から思春期・青年期においては，学業成績が低迷することによって子どもが自信を失ってしまうことが多い。不登校や校内暴力・非行などをおこす生徒の中にLD児が含まれているという指摘もある（森永，1988）。LD児が劣等感をいだかないように，また欲求不満の状態が攻撃性に転じないように周囲が配慮していく必要があろう。

○表3-8　狭義のLDの問題（小林，1998）

発達性計算障害：数概念の獲得や数の操作（計算）能力に問題をもつ

発達性表出書字障害：文字を書くことが困難な障害で，漢字のへんとつくりを書きまちがえたり，アルファベットのbとdを混同したりする

発達性読み方障害：書字障害と同様なまちがいが，文字や文章を読む際に生じる

○表3-9　LD児の発達の経過（森永，1988より作成）

＜幼児期＞
言語の遅れ　　始語の遅れ・語彙の少なさ・構音障害など＊
行動面の異常　集中困難・衝動性・協応動作の不調など
　→結果として，仲間集団への不適応や集団からの逸脱が多い

＜児童期＞
学習のつまずき　読み・書き・計算の遅れ
行動面の異常　　集中困難・こだわり・不器用など
　→健常児のなかでは問題も多いが，他の発達障害に比べれば，さまざまな面での発達を示す

＊とくに読み・書きに困難さを示すLD児の場合には，必ずといってよいほど幼児期に言語発達の遅れがみられる

5 LDの診断と指導

　LDであるかどうかを判断するためには，個別式の知能検査や認知能力検査を実施して，知的能力がアンバランスであるかどうかを詳しく調べなければならない。しかしLDが疑われた場合に教師がチェックする方法がある。PRS日本版（森永・隠岐，1992）というチェックリストを用いると，およそLDの可能性があるかどうかを把握することができる。PRSは，言語性能力と非言語性能力のさまざまな項目について5段階で評価する尺度である。言語性能力として聴覚的理解と記憶，話しことばに関する計9項目があり，合計点が20点以下であれば言語性LDが疑われる。非言語性能力は，オリエンテーション（時間や方向，位置の感覚），運動能力，社会的行動の計15項目があり，合計が40点を下回ったら非言語性LDが疑われる。こうして対象児童・生徒の認知的な弱さがわかったら，子どもに合わせた個別の学習指導や援助プランを立てる必要がある。プランの立案に際しては，鈴村・佐々木（1992）や細村・山下（1996）など，一般の教師や相談員向けに書かれた指導書を参照されたい。

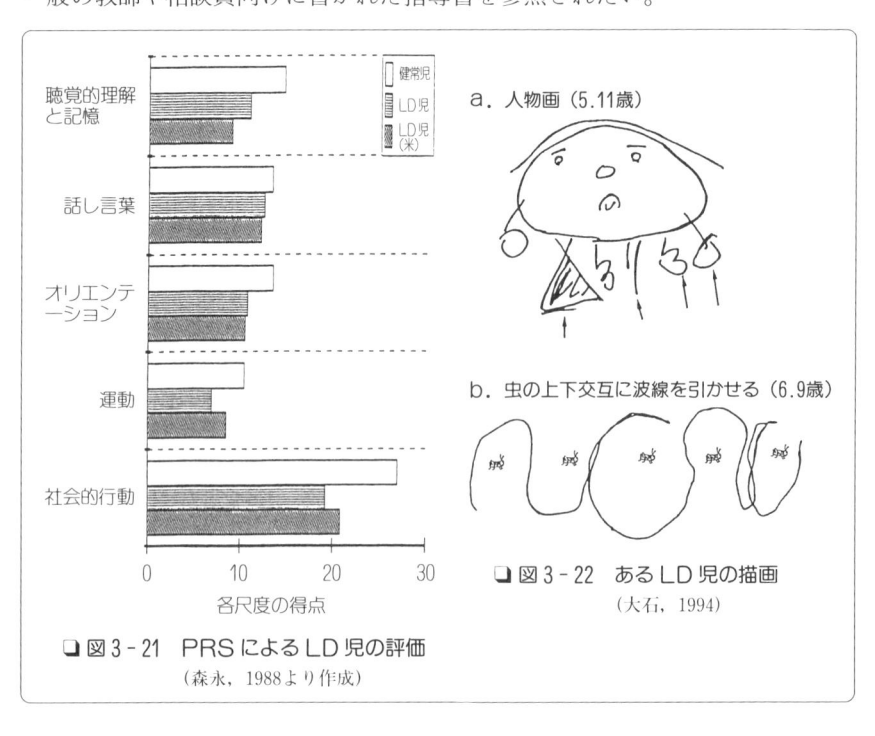

❏ 図3-21　PRSによるLD児の評価
（森永，1988より作成）

❏ 図3-22　あるLD児の描画
（大石，1994）

a．人物画（5.11歳）

b．虫の上下交互に波線を引かせる（6.9歳）

6 LD児およびその周辺児と学級崩壊現象

　学級崩壊の原因として2つの可能性が考えられる。まず第1に，学業不振のところで述べたように，学習の習慣や人の話を聞く習慣が身についていないケースが考えられる。子どもは授業中に立ち歩くことをあたり前のことと考えており，勝手な行動を悪いとは感じていない。その場合には，わずかずつでも学習するという習慣を教えていかなければならない。第2の可能性として中枢神経系の機能障害が考えられる。注意力をある対象に集中しそれを持続させる部分の機能が弱ければ，どうしても授業中に落ち着いていられなくなる。これが**注意欠陥／多動性障害（AD/HD）**とよばれる障害である。知的能力にはまったく問題がなく，注意力のみが障害を受けている場合もあれば，LDとAD/HDを併発している場合もある。また，普通学級に通う軽度の自閉性障害児も，落ち着きがなかったり視線が合わないために学習行動が身についていないこともある。障害がある場合には薬物療法も可能だが，学習習慣を徐々に形成することも必要である。

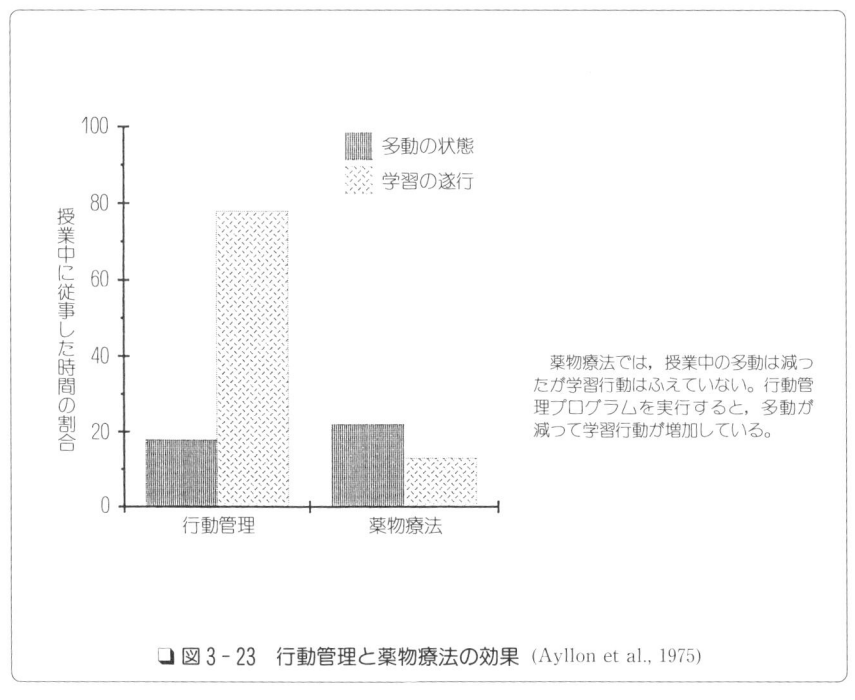

❏ 図3-23　行動管理と薬物療法の効果　(Ayllon et al., 1975)

薬物療法では，授業中の多動は減ったが学習行動はふえていない。行動管理プログラムを実行すると，多動が減って学習行動が増加している。

■**学級崩壊**　児童・生徒が教師の指示を聞かず授業が成立しない状態。発達障害，しつけの問題，ストレスなどに起因する。

コラム　学習における発達臨床

　学習面における発達の問題は，学習に対する動機づけの欠如の問題と，学習障害などの発達障害の問題に分けられる。内発的動機づけは，学ぶという行為それ自体や学んだ結果に対する自己統制感が失われることによって低下する。セリグマン（Seligman, 1975）が指摘するように，どんなに努力してもよい成果が得られず失敗体験ばかりを積むと，しだいにやる気は低下していく。また本文中に紹介したように，あまり外発的な動機づけに頼って子どもに学習をさせようとすると，他人にさせられている学習になってしまい，知的好奇心を満たす行為ではなくなってしまう。周囲の大人が成果を求めて子どもを急がせると，子どもはじっくり取り組むのではなく，しかられるからしかたなく学習することになる。さらにそこで親の望むような成果が得られなければ，内発的動機づけはさらに低下するといった悪循環に陥る。したがって，まず子どもの好きなことにじっくりと取り組むという行為を子どもといっしょに体験し，少しの進歩でもほめたり，いっしょに喜びを共有するというかかわりが必要である。

　第2の問題は学習障害や自閉性障害など，認知障害を中核とする発達障害である。

　読む・書く・計算するなどの基礎的な認知スキルや，必要な情報に注意を集中する，複数の情報を総合して推論するといった高次の認知機能に弱さをもっている子どもは，コミュニケーションや日常の学習場面でさまざまな困難を示す。発達の障害に対するアプローチとして，まず認知能力の弱い部分に焦点を当てた教材をつくって学習経験を積むことで，苦手な部分の発達をうながす方法が考えられる。知能検査や学力検査などを用いて認知能力の弱い部分を発見する。たとえば，視覚的な情報処理が弱いために文字の読み書きが苦手な子どもに，絵描き歌形式で文字の書き方を教えたり，漢字の筆順を言語で聞かせるといった指導が考えられる（大石，1994）。もうひとつの方法は，子どもの得意な認知処理を多く用いるアプローチである。小嶋（1999）の報告では，多動で落ち着きがない子どものなかに，聴覚的な処理が苦手な子どもと視覚的な処理が苦手な子どもとがいた。担任教師に対しては，聴覚的な処理が苦手な子どもに対しては指示は短くメモに書くように助言した。視覚的な処理が苦手な子どもに対しては，聴覚言語系を生かしながら学習する方法を教えた。

　年齢が小さい間は苦手な部分の練習も必要だが，徐々に得意な認知機能を生かしたアプローチに変えていく必要がある。そうでないと，小学校高学年くらいから思春期にかけて，子どもが徐々に劣等感や無力感をいだいてしまうからである。

第4章 人々の中で
自己の発見と他者との関係

　人はひとりでは存在できない。誕生のはじめから他者の中で生き，やがて他者に看取られて死んでいく。他者があって，はじめて自己を意識し，他者との対比によって個性が生まれ，「わたし」という人格がつくられていく。
　この章では，まず発達初期における子どもと他者との関係の発展をみて，そのなかでの「わたし」という存在の発生の不思議について論じたあと，幼児期から児童期にかけて，自己の意識や自己を律する心理的機能がどのように発達していくかをみてみる。とりわけ，それは他者との関係の発展の中でのみ可能であるとする視点に立って，さらに乳児期から青年期までの子どもの社会的関係の発達にも焦点をあててみる。

第4章 人々の中で

　われわれ大人にとっては，他者と区別される「わたし」の存在は自明であるし，日常生活では，たえず自己を意識して行動している。しかし，その自己は，誕生のはじめから存在していたわけではない。

　自己の発達について語るとき，はじめに「**行動の統制主体としての自己（I）**」と「**認識対象としての自己（Me）**」を区別しておいたほうがよい。前者は，子どもが外的な刺激の制約から脱して自分の行為を自分で自由にコントロールできるようになっていく自己の側面をさし，後者は，自分で自分自身のあり方を意識し知ろうとする自己の側面をさす。

　図4-1は，こうした2つの側面をもつ自己が，他者との関係のなか，さらにはその自己－他者の関係を包む生活の歴史・文化的文脈のなかにあることを示したものである。他者といったとき，生活の多くの時間を共有し，自己に直接大きな影響を及ぼす身近な他者（2人称的他者；父母，きょうだい，親しい友人など）と，一時的に関係を結んでは離れていく不特定の他者（3人称的他者；家庭の枠を超えた社会生活を送るうえで否応なく接しざるを得ない他人）を区別でき，2つは自己の発達にとって異なる意味をもつ。以下，2つの側面の自己の発達を対他者関係の発展との関連のなかでみていくことにする。

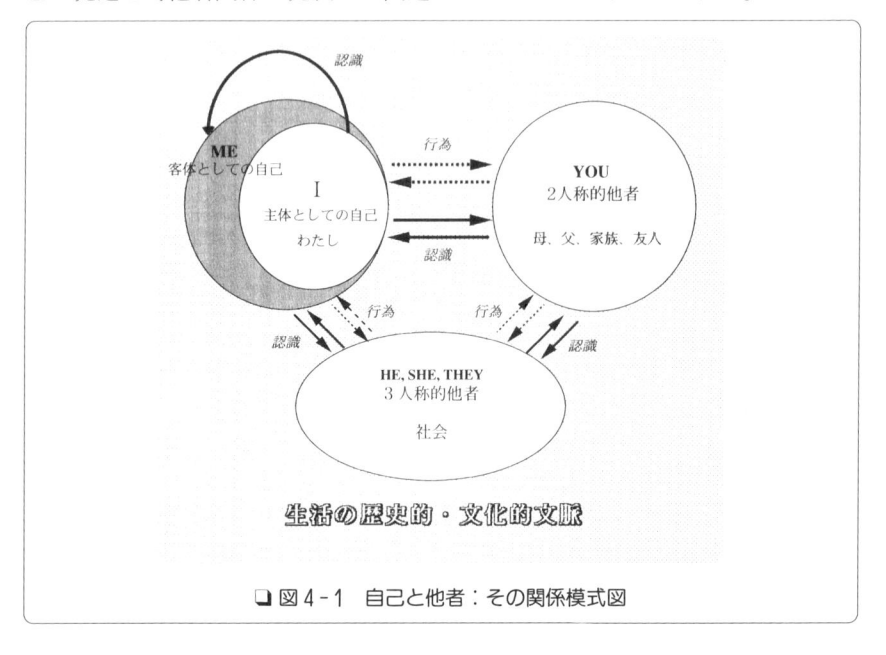

❏ 図4-1　自己と他者：その関係模式図

第1節　情動と意志の発達

♥1　赤ちゃんは無能か？　有能か？

　生まれたばかりの新生児は，だれの目にも無力な存在としてうつる。一人前の大人からすれば，言語や二足歩行の機能を備えていないばかりか，たんなる「生き物」としての生理的存在にすぎないとすら思えてしまう。

　ところが，過去30年ほどの間に，発達心理学においては，こうした「無力な新生児，乳児」というわれわれの観念に見直しを迫るような事実が次つぎに発見された。赤ちゃんが意外なほど高い感覚・知覚能力をもって生まれてくることや，原初的ではあるが優れた**コミュニケーション能力**をすでに備えているとする報告が相次ぎ，従来の**乳児期**のイメージは一新されようとしている。

　一例をあげると，**メルツオフ**とムーア（Meltzoff & Moore, 1977）は，新生児と向かい合って大人がゆっくりと舌の出し入れを行うと，しだいに赤ちゃんも同じように舌を出すようになる事実（**共鳴動作**）を発見した（図4-2）。この現象の背後には，大人の舌の出し入れのリズムが乳児にある**情動**を喚起し，それが同様な身体の型どりとして実現するプロセスが存在するものと思われる。この事実は，他者とのコミュニケーション能力が身体と情動を中心としてすでに発達初期から備わっていることを示していて興味深い。

❏ 図4-2　母親の舌の動きに応じて舌を動かす乳児（共鳴動作）

■共鳴動作（co-action）　新生児期からみられる，モデルの動きのリズムと一体化した身体的動作のこと。たとえば，養育者がゆっくり舌出しをすると，赤ちゃんも同じように舌を出すなどの現象。

第4章 人々の中で

❤2　情動とは何か？　身体場の2つのサイクル

　乳児期の情動の発達に焦点をあてて，そこから自己の発生に関して卓抜な見解を展開したのは，フランスの心理学者**ワロン**（Wallon）である。彼は，ヒトとは何より身体を基盤とする存在であるという当たり前の事実から出発する。そのうえで，身体は，外界からの刺激を受容する側面（**外受容感覚**）と外界へ向けて活動していく側面（**外界作用的活動**），および身体内部からの刺激を受容する側面（**自己受容感覚**）とそれに基づいて身体を型どっていく側面（**自己塑型的活動**）からなると考える。そうすると，外界に適応していく活動は，図4-3の図式aの枠のなかでおこることになる。外においしいものがあれば，それを感じとって手を伸ばし取ろうとするが，伸ばした手の状態に関する情報は刻々とフィードバックされて次の外界作用的活動に生かされることになる。それに対して，情動反応は図式bのなかで生ずる。危険な対象を見れば（外受容感覚による外界の把握），その対象に対して私たちは身構えたり，震えたり，身体を堅くしたりするが（自己塑型的あるいは**姿勢的活動**），この姿勢的活動にも自己受容性の感覚が伴い，2つは当初のきっかけとなった外受容感覚を離れて相互に増幅し合うという性格をもつ。こうして高まった緊張性の姿勢的活動の心的な現れが，ワロンによれば情動なのである。言いかえれば，情動は**姿勢的緊張**や内臓内の分泌物の変化という生理的反応の心的な現れなのである。

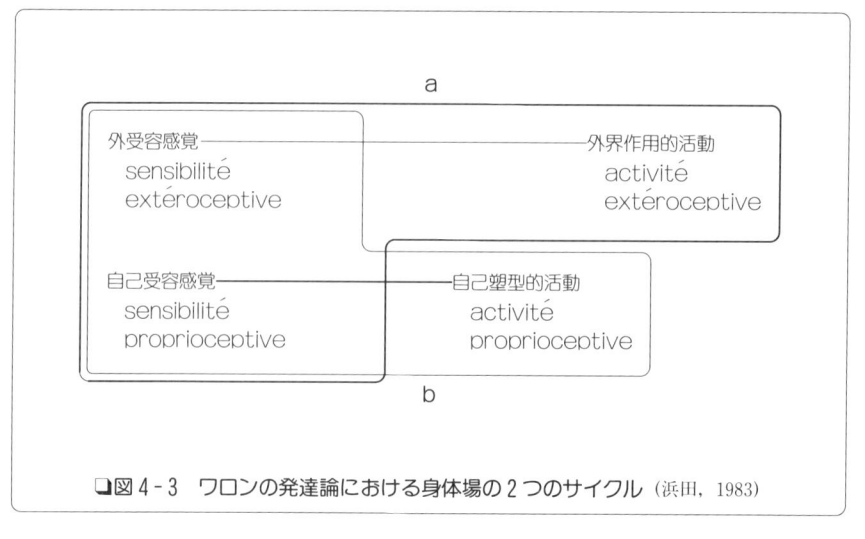

❏図4-3　ワロンの発達論における身体場の2つのサイクル（浜田，1983）

🖤3　乳児の生活における情動の役割

　生まれて間もない乳児が外界適応的な行動をみずから行うことは困難である。最初は，もっぱら情動を主とする身体的活動が中心の生が営まれる。では，いったい情動は乳児の生活のなかでいかなる役割を果たしているのだろうか。ワロンによると（浜田，1983）定位的適応行動の場合は，外界の対象を認知してこれに乳児が直接に働きかけるという構図となるが（図4-4上），情動的な行動の場合は，外界作用的活動は発動されないか，発動されても適応的でない（こわくて足をばたばたさせるだけ，など）ため，外界の対象に直接変化をもたらすことはない（図4-4下）。しかし，情動は身体に表出され，他者にまで伝染していく非常に大きな力をもっている。保育所で一人の赤ちゃんが泣き出すと部屋中の赤ちゃん全員が泣き出すといった現象がみられるが，これなどは異なる身体間の相互融即（自他の境目がなく融け合った心理的状態）が情動によって容易に生ずる例といえよう。情動が他者に訴えかける力は，子どもどうしの間ばかりでなく，乳児と大人との間にもはたらく。だからこそ，乳児が泣けば母親は心配になり，おむつをかえたりミルクを与えたりするのである。つまり，乳児は情動を介して他者を動かし欲求を実現する。情動はその意味で，感覚運動的活動よりもはるかに重要な機能を乳児期に果たしているのである。

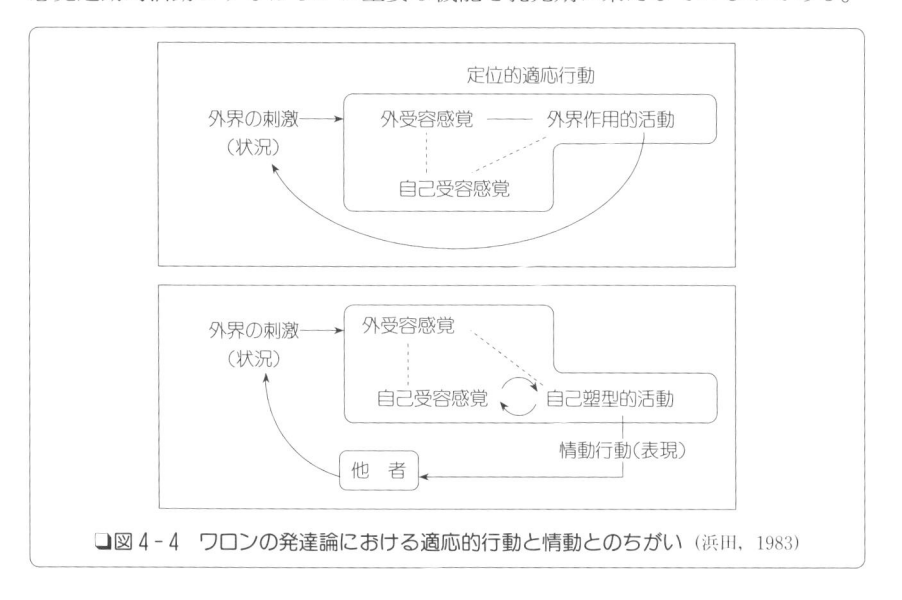

❏図4-4　ワロンの発達論における適応的行動と情動とのちがい（浜田，1983）

4 愛着の形成

乳児は，人との間に情動を介して響き合う関係をその発達のはじめからもつことになるが，この関係が特定の他者（母ないし身近な養育者）との間に安定して永続的に形成される状態を，**ボウルビー**（Bowlby, 1951）は**愛着**と名づけた。彼は，愛着行動の発達を表 4-1 のように 4 段階に分けて考えている。

発達初期に特定の 2 人称的な他者と愛着の関係を形成できるかどうかは，後の信頼に基づく人間関係の形成に重要な意味をもっている。エリクソン（Erikson, 1982）は**信頼**を人生の最初の時期の達成課題とみなし，この基本的な信頼感を獲得できるか否かをこの時期の心理社会的危機の中心とみなしたが，これは愛着の重要性を別の用語で語っているものと解釈できよう。

しかし，乳児期の**愛着の形成**を宿命論的に考えるとしたら，大きなまちがいである。愛着の形成と後の発達との関連を示唆する研究の多くは，あくまで長期間にわたって同質の家族状況が保たれている場合を前提としている。つまり，乳児期の愛着さえいったん形成されれば，後に環境が変わってもその子どもは社会的適応性の高い子になると保証されているわけではない。また，発達初期の愛着の不在が，困難ではあっても後の信頼に基づく人間関係構築の努力によって補われ得ることも忘れてはならないであろう。

○ 表 4-1　愛着行動の発達段階　（Bowlby, 1969；遠藤，1997を参考に作成）

第 1 段階　人物の識別を伴わない段階（誕生から 8～12 週ぐらいまで） 人物を弁別する能力がまだ十分でないので，養育者以外の対象に対しても愛着行動をむける。
第 2 段階　特定の対象に対する愛着形成の段階（12 週ごろ～ 6 か月ころ） 一人あるいは数人の特定の人に愛着が形成される。その人との間に親密な相互交渉が展開されるようになる。
第 3 段階　移動によっても特定対象への近接が維持される段階（6 か月ころ～ 2，3 歳） 特定の人に対する愛着がさらに強まる。「人見知り」や「分離不安」が現れる。見知らぬ人に対して恐れや逃避の反応や，拒否の反応がみられるようになる。養育者を安全基地として利用し，そこから探索行動に出かけていき，またもどってきては安心を得る行動がみられるようになる。
第 4 段階　愛着対象との協調性の形成（3 歳前後～） その対象から必要なときには援助が得られるという確信がもてるため，愛着対象にたえず近接していなくてもよくなる。また，愛着対象が自分とは異なる意図や感情をもっていることがわかるようになり，その不一致を敏感に察知し調整をはかったうえで相互交渉がもてるようになる。

■**愛着（attachment）**　ボウルビーの用語で，人や動物が特定の対象に対してもつ強い感情的きずなのこと。

● 5 「つもり（意志）」の発生

　ふつう6か月ぐらいまでには母子間に安定した愛着関係が形成されるが，このころから同時に，子どもの欲求の分化とそれに伴う情動の種類の分化が顕著になってくる。その結果，今までの情動の響き合いのなかにズレが生まれてくる。大人は子どもの表情や反応からどういう欲求がその背後にあるかを解釈して子どもにはたらきかけるが，結果としてまちがった解釈になることもある。おしめがぬれて不快の泣きをしているのに，おなかがすいていると解釈しミルクを与えても，子どもは泣きやまないであろう。また，ある月齢から大人は**しつけ**を意識して，意図的に欲求の充足を遅延させるようになる。響き合う信頼関係を前提にしながら，子どもはいまや「響き合わない」場合に対処するしかたも学んでいかねばならない。つまり，大人との間に生じたズレに気づいて，大人へのはたらきかけ方を変えたり，自分の欲求を伝える意識的な表現活動を行なわなければならない。**つもり（意志）**の発生はこのようなところから始まる。それは，「**行動の統制主体としての自己**」形成の第一歩なのである。

　山田（1982）は，泣きという行動が不快の生理的反応であった段階から，意図実現の手段となっていく過程を図4-5のように図式化したが，ここに「つもり（意志）」の発生過程の具体例をみることができよう。

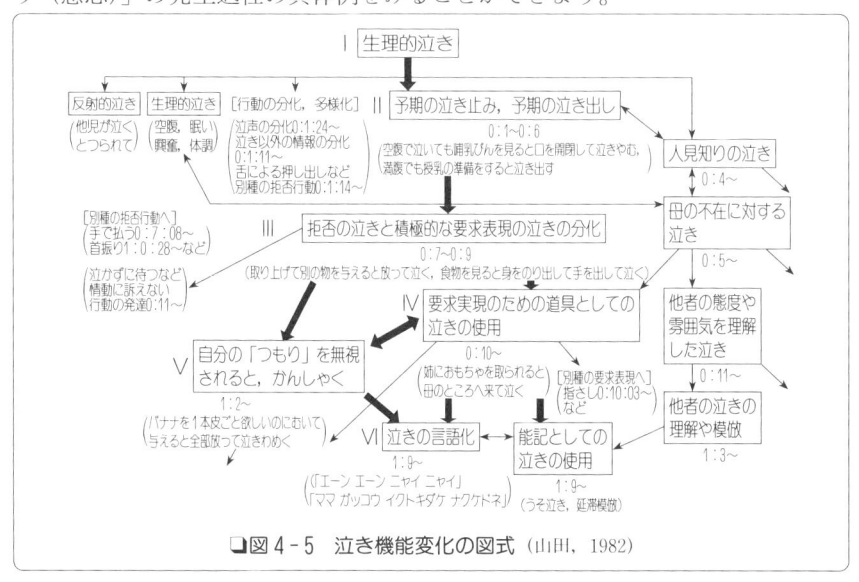

❏図4-5　泣き機能変化の図式（山田，1982）

6 社会的参照の発達

　乳児と周囲の他者との関係の発達を考えるうえで，もうひとつ重要な事実として，**社会的参照**（social referencing）という現象がある。意志のめばえとともに子どもはみずから外界を積極的に探索するようになるが，子どもにとって未知の領域に満ちた世界はいつでも安全であるとはかぎらない。そうしたとき，1歳を過ぎた子どもは他者の情動表出を手段として，場面内での自己の行動の適否や安全性を判断することができるようになる。

　ソースら（Sorce et. al., 1985）は，**視覚的断崖**の実験装置（強化ガラスでおおわれたある高さのところを，子どもがその深さを知覚して避けるか調べる装置；図4-6）を用いて，この事実を見事に立証した。強化ガラスの端に12か月の子どもを座らせ，もう一方の端には母親に立ってもらう。母親はそこで，ほほえむ表情をするか，こわがっている表情をして，子どもにはたらきかける。すると，ほほえんでいる場合は強化ガラスの上にのって母親に近づいてきたが，こわがっている表情のときには，けっしてガラスの上にのらなかった。

　このことは，自己の行為を導く手がかりとして，12か月児が他者の情動表出を利用できることを示している。この時期以降の子どもであれば，おもちゃをいじっているそばで他者が悲しい表情や恐ろしい表情をしていれば，おもちゃで遊ぶことがその場面では不適切な行動であるとわかるようになるのである。

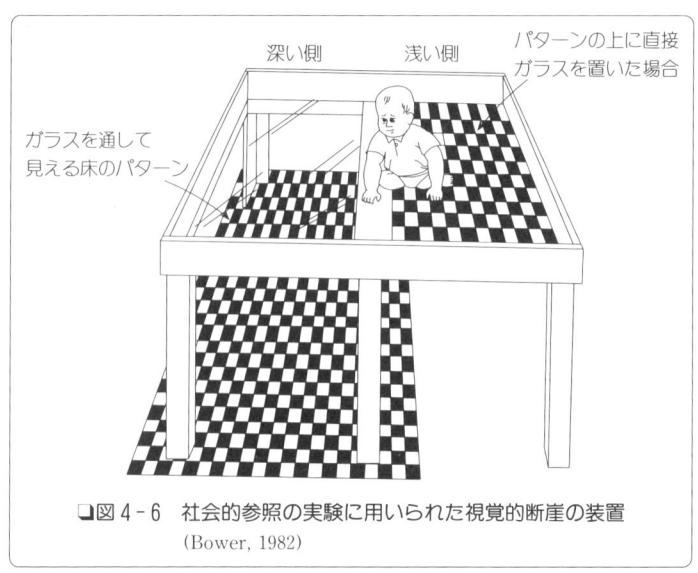

❏図4-6　社会的参照の実験に用いられた視覚的断崖の装置
（Bower, 1982）

■社会的参照（social referencing）　身近な他者の同意，奨励，不安，否定などの情動表出を参照して，子どもが自己の行動を強めたりひかえたりすること。

第2節　自他の理解と自律

1　自己鏡像認知の成立

　鏡の中の自己像を自分として認知できるか否かは、**自己意識**のめばえの重要な指標と考えられる。考えてみると、だれも自分の顔を自分自身の目で直接確かめることはできないのだから、鏡を見ても、映っている像が自分かどうかは、最初はわからないはずである。それがわかるようになるには、自己を対象化する（他者の視点からの見えを想像する）意識のはたらきがなんらかの形でめばえていなければならない。

　ザゾ（Zazzo, 1993）は、子どもの**自己鏡像認知**の組織的な観察を行い、表4-2のような発達のプロセスを明らかにしている。鏡像自己認知の指標として通常よく用いられるのは**マーク・テスト**とよばれる課題で、子どもに気づかれないように色の斑点を顔につけて鏡の前に座らせたとき、鏡の像の斑点のほうに手を伸ばすか、それとも自己自身の顔に手をもっていくか、を観察し、後者であれば、子どもは鏡に映っている像を自己の鏡像と理解できたとみなすわけである。表4-2をみると、このマーク・テストに成功するのは2歳のころであることがわかる。このことからも、人間の「自己」意識は、はじめから確かなものが存在するわけではなく、発達の道程を経て形成されるものだということがわかる。

○表4-2　自己鏡像に対する子どもの反応の発達的変化（Zazzo, 1993を参考に作成）

月齢	鏡の前での反応
12か月以前	鏡をたたいたり、声を発したりする反応。ガラスをはさんで向かい合った同月齢の子どもに対して生ずる反応と変わらない反応が生ずる。
12か月～18か月	「手の遊び」とよばれる反応の出現。みずからの運動と鏡の中の像の動きとの連動性を確かめる反応の出現。
18か月～2歳前	鏡の前で困惑したり、鏡を忌避する反応の出現。
2歳前後	マーク・テストを指標としてみた場合の自己鏡像認知の成立。
2歳以後	a．自己鏡像認知を示す反応と、自分をさがして鏡の裏側に回り込む反応の併存の時期。 b．鏡が虚空間であることを完全に理解するようになる時期。 （この2つの時期の長さは、子どもによって大きく異なる）

● 2　名前の理解からみた自己認識

「私」や「他者」をさす記号としての**名前の理解**も，**自己認識**や**他者認識**の重要な側面である。植村（1979）は，縦断的な観察によって，この理解の発達過程を図4-7のようにまとめている。ここからわかるように，自分の名前が呼ばれたときだけそちらを振り向くようになるのは1歳2か月を過ぎたころから，名前を呼ばれて自分を指さすことができるようになるのは1歳7か月ごろからである。また，食事のときなどに名前を自分で使って要求できるようになるのは，2歳を過ぎたころからである。ちょうどこの時期は，自己鏡像認知の成立の時期とほぼ同じであり，興味深い。

名前の理解でとくに重要なのは，**代名詞の使用**であろう。「○○ちゃん」という固有名詞は話し手にとっても聞き手にとっても変わらない「○○ちゃん」だが，「ぼく－きみ」という代名詞は，どちらが話者の役割を演じているかによって指示対象が変わる。「ぼく」はいま自分が話しているなかで使えば「自分」をさすが，相手が使えばそれは相手のことをさす。自他の関係のなかで，自分や相手を役割交代可能な存在として相対化し，相手の視点に立って自己をみる心のはたらきがめばえたとき，はじめてこの代名詞の使用は可能となる。それには，3歳過ぎまで待たねばならない。

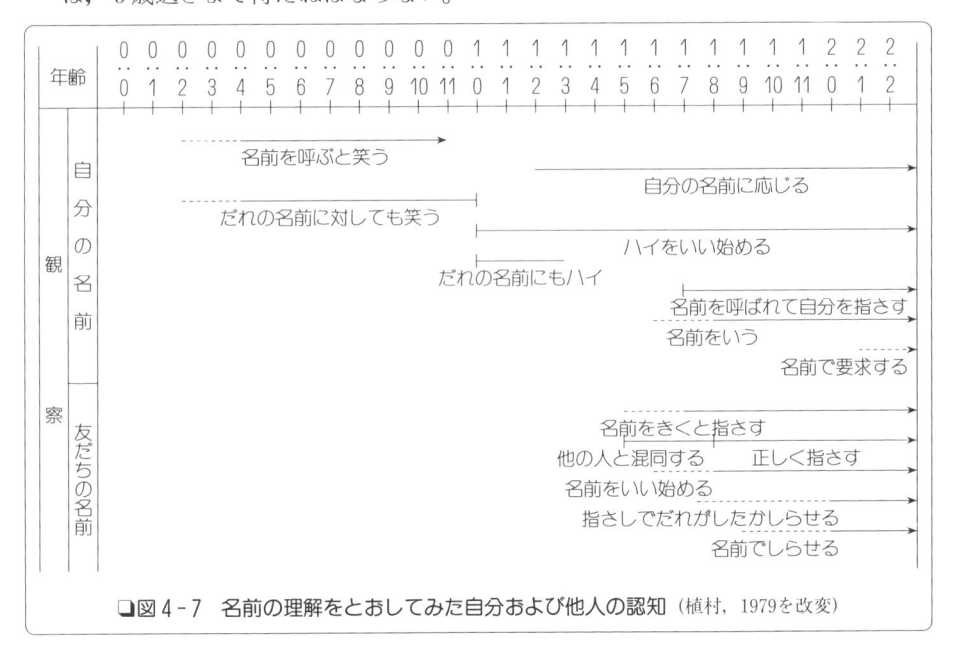

❏図4-7　名前の理解をとおしてみた自分および他人の認知（植村，1979を改変）

3 他者の視点の理解

3歳を過ぎると，自己認識と他者認識がいっそう飛躍的に進展するが，従来の発達心理学では，子どもの他者認識には幼児期を通じて一定の限界があると考えるのが通説であった。**ピアジェ**とイネルデ（Piaget & Inhelder, 1947）は，**幼児期**の子どもは他者の視点からの「見え」を理解することが著しく困難であることを，図4-8のような**三つ山課題**を用いて明らかにしている。この課題で，たとえば今いる反対側の位置に置かれた人形からの三つ山の見え方を問われると，幼児期の子どものほとんどは正しく答えられない。それが可能になるのはやっと**児童期**に入ってからであると，ピアジェは主張した。

これに対して，**フラベル**（Flavell, 1985）は，他者の視点からの「見え」の理解には次の2つの水準があり，幼児には水準2はむずかしくても，水準1の理解は可能であることを指摘した。

水準1　他者の視点からは何が見え何が見えていないかを推論する。
水準2　他者の視点からは，対象あるいは対象間の関係がどのように見えているかを推論する。

このことから，幼児期の子どもでも自己視点と他者視点の区別は可能だが，他者の視点からのながめの内容を正確には推論できないことがわかる。

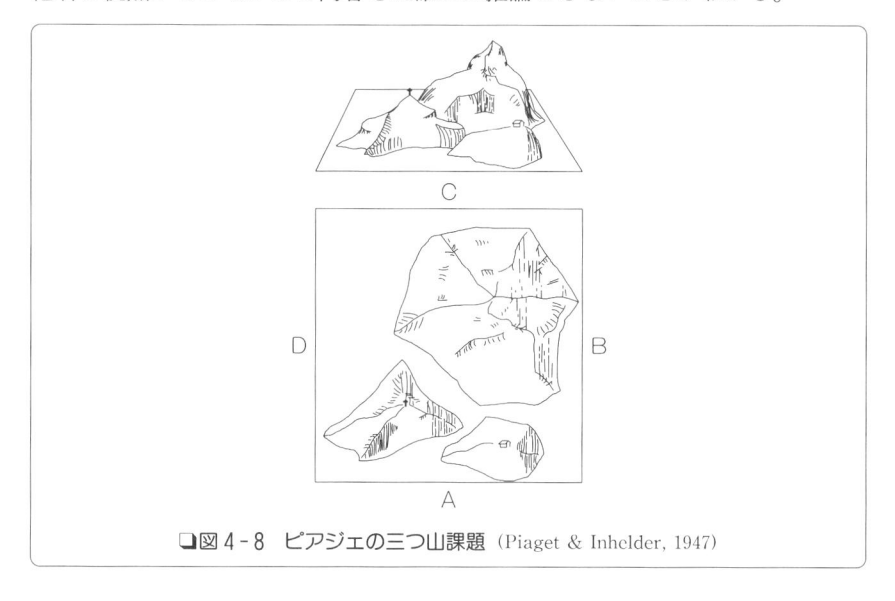

❏図4-8　ピアジェの三つ山課題（Piaget & Inhelder, 1947）

4 他者の心の理解

　他者を理解するとは，人間の場合，その外面の姿や行動について知るだけでなく，その背後にある他者の感覚，思考，信念等の心の動きを知ることである。1980年代以降，発達心理学では，こうした他者の心のはたらきを子どもがどの程度理解できるかを**心の理論**の問題として研究するようになった。そこで典型的に取りあげられる課題は，ヴィマーとパーナー（Wimmer & Perner, 1983）によって標準化された**誤信課題**とよばれる表4-3のような課題である。

　この課題に正しく答えるためには，自分の知っていること（チョコレートは戸棚の中にある）と，課題のなかで問題となっている子どもの知っていること（チョコレートは自分がしまった机の引き出しの中にある）の区別がはっきりついていなければならない。結果は，4歳児でも正しく答えることができなかった。一般的にいって，4歳児は自分の知っていることや考えていることと同じことを他者も知っていたり考えていたりするわけではないことを理解はできるようである。しかし，他者がどのように異なる思考，知識，信念をもっているかを推論し構成することは，この年齢ではむずかしい。こうした構成が十分にできるようになるのは，児童期に入ってからであるといわれている。

　近年，「心の理論」は自閉症の説明理論としても注目されている。自閉症児のなかには，他者の視線と同じ方向を見て対象を共有する（**共同注意**）ことが困難であったり，誤信課題に正しく答えられない子どもが多いと指摘されており，このことが「心の理論」への関心をいっそう高める一因となっている。

○ 表4-3　「心の理論」研究で用いられる典型的「誤信課題」(Astington, 1993)

> 被験児となる子どもに次のようにたずねる。
> 「男の子が大好きなチョコレートを机の引き出しにしまって，外へ遊びに出かけてしまう。その間に，お母さんがそのチョコレートをみつけて，引き出しから台所の食器棚の中に移してしまう。やがて男の子が帰ってきて，チョコレートを食べようとする。この男の子は，どこを探すでしょうか？」

■**心の理論（theory of mind）**　他者の行動の背後には意図や信念や願望といった心のはたらきがあり，そのはたらきを自己のもっている知識や信念と区別して推測したり予測したりできる認知機能のこと。

5 ことばの自己調整機能

　人と人とが社会的関係を結び，ともに生きていくためには，互いに要求をぶつけ合うだけでなく，他者の立場を理解して一時的に自分の欲求を抑制することも必要になる。また，ある時間的な見通しのもとに目標をもって生活できるようになるためには，自己の行動をコントロールする力の発達が欠かせない。この章の冒頭で述べた「行動の統制主体としての自己」の発達の問題とは，このような問題である。

　自己の行動調整の発達がことばの発達に支えられて可能になることを最初に明らかにしたのは，ルリア（Ruria, 1976）であった。彼は実験を行い，そこには2つのたいせつな発達の方向性があることを指摘した。まず第1は，もっぱら外から与えられる言語的指示ないし命令によって行動調整が可能な段階から，自分で自分に言語的指示を与えて行動調整ができる段階へ，という変化である。第2は，ことばの物理的（音声的）な性質に反応してしまう段階から，意味に応じて反応する段階への変化である。第1の変化のなかには，さらに，自分で声を出して指示を与える段階から，音声にならず内的なことばで指示を与える段階への変化がある。**ヴィゴツキー**が**外言**とよんだのは前者のことであり，後者が**内言**にあたる。フラベル（Flavell, 1985）は，これを表4-4のようにまとめている。この表からも，状況にふさわしい行動を自分で意識的にとれるようになる大きな節目は，4歳半前後であることがわかる。

○ 表4-4　ルリアによることばの調整機能の発達段階（Flavell, 1985より作成）

言語統制の型	調整機能をもつ言語の性質		
	他者一外的	自己一外的	自己一内的
衝動的	段階1 （1歳6か月～3歳）	段階2 （3歳～4歳6か月）	
意味的			段階3 （4歳6か月以上）

■**外言と内言**（internal and external speech）　音声のともなう発話と音声のともなわない発話のこと。ヴィゴツキーは外言から内言への移行が思考の発達や自己統制機能の発達にとって重要な意味をもつと考えた。

6 自己規範の発達

自分の行動を自己調整できるということは，いっぽうで自己内でしだいに一貫した望ましい行動の規範（道徳性）が成立していくことでもある。

道徳性の発達については，ピアジェの古典的研究がある。彼は，ゲームの規則に関する子どもの意識の発達を調べ，表4-5のような3つの段階があることを明らかにした (Piaget, 1932)。

これによると，子どもの道徳性は，前道徳の段階とでもいえる，ルールの必要性の意識や従属の義務感がまったくない段階から，与えられたルールの盲目的絶対化の段階を経て，ルールとは社会生活を営むうえで望ましい内容を他者と共同で創造し遵守するものと考える段階へと発展することがわかる。このピアジェの研究をふまえつつ，さらに詳細な段階論を展開したのが，**コールバーグ** (Kohlberg, 1969) である。彼は，6つの発達段階の存在を仮定し，その最高の段階として，「内なる良心の声に従って自己を律する」宗教的な倫理段階を考えた。しかし，西欧キリスト教社会の道徳原理をモデルにした彼の段階論が，非西欧的世界の子どもや青年の発達にどの程度当てはまるかは，かなり疑問視されるようになってきている。

○ 表4-5 ゲームの規則に関する子どもの意識の発達 (Piaget, 1932)

第1段階	純粋に個人的な段階 （規則は規則として意識されず，拘束力，強制力をもたない） 4歳以前
第2段階	規則の絶対化の段階 （規則は大人に由来し，永続的で犯すべからざるものと考える段階） 4～9歳
第3段階	相互同意の段階 （規則はお互いの同意に基づくきまりであって，尊重しなければならないが，相互の同意があれば修正できると考える段階） 9，10歳以降

第3節　仲間づくり

1　友だち関係の成立と発展

　乳児期に養育者との間に形成された愛着の関係を土台として，幼児期には遊びを通じて子どもどうしの相互作用が発展する。幼児期以降の子どもの対人関係について先駆的な研究を行った**サリバン**（Sullivan, 1953）は，**友だち関係**の発達には3つの段階があることを明らかにした。まず，第1段階（2歳から5歳）では，子どもにとって大人との関係のほうがいまだ重要で，仲間との関係は偶然的，短期的な関係にとどまっている。第2段階（5歳から8歳）になると，子どもの関心は遊び仲間へと向かうが，その関係はいまだ表面的で，それぞれ自分中心であることが多い。第3段階（8歳から11歳）では，子どもどうしの間に親友とよべる強い愛着関係が成立するようになる。小学校高学年になって現れる**親友関係**は，ときに親との関係よりも重要視されるまでになる。親と親友それぞれのどちらが支えになってくれるかの認知について調べた研究（Furman & Buhrmester, 1992）では，図4-9にみるように12歳ごろにその評価が逆転して，以後，親友の存在が心理的に非常に重要になることがわかる。

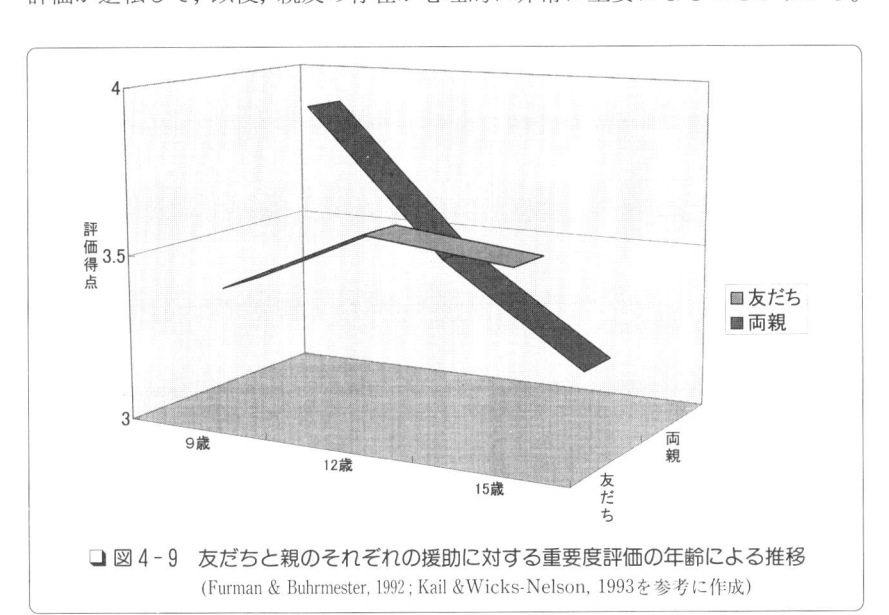

❏ 図4-9　友だちと親のそれぞれの援助に対する重要度評価の年齢による推移
（Furman & Buhrmester, 1992 ; Kail & Wicks-Nelson, 1993を参考に作成）

第4章 人々の中で

2 児童期の友だち関係の発達的変化

子どもどうしがどのようにして友だちとなるか，友だちに何を期待するかは，年齢とともに変化する。**友人選択**の要因として，エプスタイン(Epstein, 1989)は近接性，同年齢，類似性の3つの要因をあげ，それぞれの重要度は年齢によって異なることを明らかにした。幼児期には，身近に接触可能かどうかが最も重要であるが，小学校に入学以後は同年齢であることが重視されるようになり，やがて小学校高学年以降はどれだけ自分と似た興味や関心，あるいは性格傾向を有するかが友人選択のポイントとなる。井森（1997）は，これを図4-10のような概念図にまとめている。

また，遠藤（1990）は児童期から**思春期**にかけての友だち関係の質の発達的変化を次の3つに整理している。まず，一時的で壊れやすい関係から持続的関係への変化があげられる。第2は，功利的・自己中心的な関係から相互の欲求を満足させる互恵的な関係への変化である。第3は，いっしょに遊ぶといった行動的な面の共有よりも，思考，感情の共有がたいせつとなり，共感的・内面的関係が重視される方向への変化であり，思春期以後に現れる。互いを独占しようとする排他的な友情関係が結ばれるのは，こういった段階においてである。

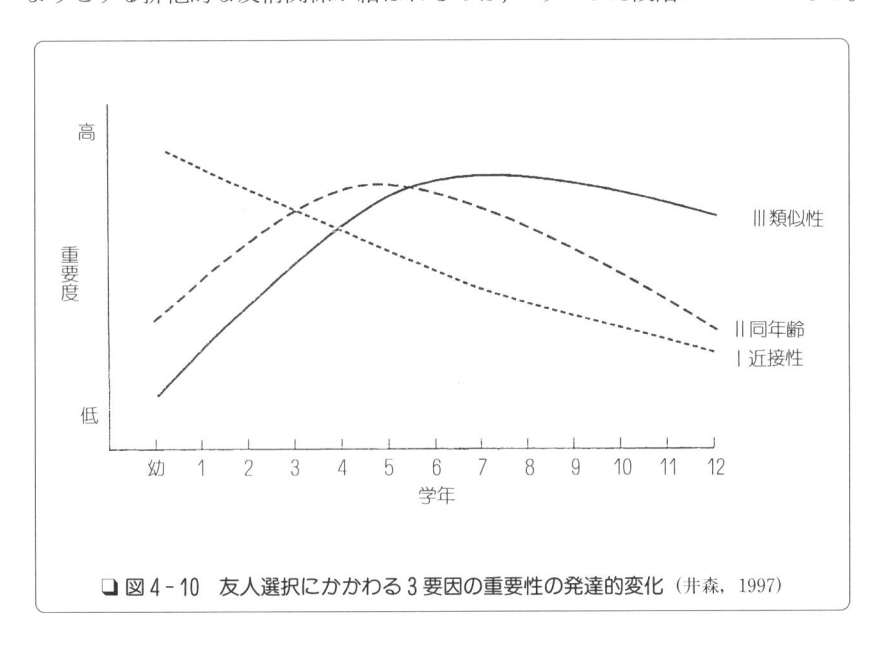

❏ 図4-10 友人選択にかかわる3要因の重要性の発達的変化 （井森，1997）

3 ギャング集団の形成あるいは現代におけるその形成条件の崩壊

児童期のなかばから後期になると，遊びの活動を中心として比較的凝集性の高い仲間集団ができていく。古くから心理学では，こうした集団を**ギャング集団**（gang group）とよんだり，それが形成される時期を**徒党時代**（ギャングエイジ；gang age）とよんできた。ギャング集団は，同性の数人の成員からなり，リーダーとフォロアーの役割分化が明確で，独自の規律をもち，大人の視線からは隠れた秘密の共有を特徴とする，いわばインフォーマルな集団である。こうした仲間集団での経験は，自発的な規律の形成とそれを守ること，仲間のうちでの協同や役割取得などの，子どもの**社会性の発達**にとって大きな意味があると考えられてきた。しかし，近年，ギャング集団の形成条件自体が子どもの生活空間のなかから急速に失われつつあることが危惧されている。路地があり，空き地があり，原っぱがありといったなにげない遊び場の原風景（表4-6）が日本の都市からしだいに消滅し，子どもがインフォーマルな集団をみずからつくって縦横に遊び回る条件はもはやないといっても過言ではない。「ギャング集団」を心理学の教科書の中だけの死語にせず，子どもたちのインフォーマルな仲間集団を再生させる工夫が，いま求められている。

○ 表4-6 大人の心に焼きついている「遊び場の原風景」(大人に思い出すことのできる遊び場と，そのなかでもとくに印象深い遊び場をたずねた結果；仙田，1995)

	自然スペース	(土)	(水)	(木)	オープンスペース	道のスペース	アナーキースペース	アジトスペース	遊具スペース	非日常的空間	建築的空間	(室内空間)	(建物の周辺空間)	計
思い出した遊び場	264	(106)	(144)	(14)	264	75	24	20	5	8	131	(106)	(25)	790
思い出した遊び場(%)	33	(13)	(18)	(2)	33	9	3	3	1	1	17	(13)	(3)	100
原風景の遊び場	179	(75)	(94)	(10)	131	54	22	14	4	3	56	(34)	(22)	465
原風景の遊び場(%)	38	(16)	(20)	(2)	28	12	5	3	1	1	12	(7)	(5)	100
原風景化率(%)	68	71	65	71	50	72	92	70	80	38	43	32	88	59

■ギャングエイジ（徒党時代；gang age）　児童期の中期から後期にかけて形成される凝集性の高い仲間集団のこと。大人の目からは隠れた秘密の基地や独自の規律を有している点が特徴である。

4 青年期の友だち関係の発達的変化

小学生までの間は，子どもにとって家庭内の人間関係，とりわけ親との関係が何といってもいちばん重要な意味をもつことは，疑う余地がない。しかし，中学校に入ったあたりから，もっぱら支えられ保護される関係としての**親子関係**よりも，互いの気持ちの通じ合いに基礎をおく友だち関係が，子どもにとっての最大の関心事となる。

では，思春期以降，こうした友だち関係の質はどのように発達的に変化していくのだろうか。落合・佐藤（1996）は，中学生から大学生までの男女青年に35項目からなる質問紙調査を実施し，その回答から同性の友だちとのつきあい方には「人とのかかわり方に関する姿勢」と「自分がかかわろうとする相手の範囲」という2つの次元があって，それに基づいて図4-11のような4つのつきあい方のパターンが存在することを明らかにした。さらに，その4パターンの学校段階別の推移をみたところ，図4-12のようになった。ここから**青年期の友だち関係は，浅く広いつきあい方から深く狭いつきあい方へと変化していく**ことがわかる。

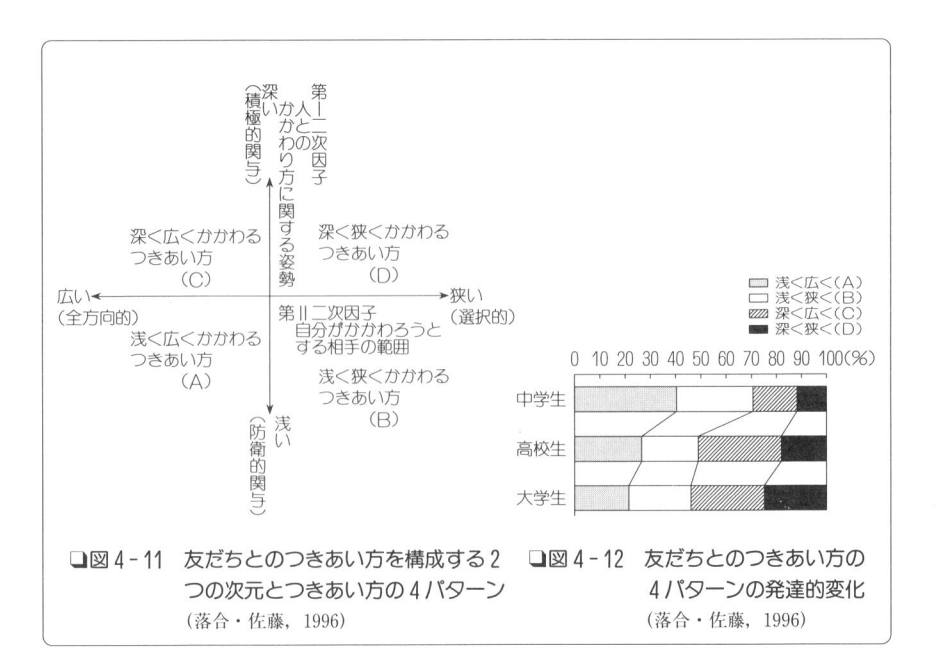

□図4-11 友だちとのつきあい方を構成する2つの次元とつきあい方の4パターン
（落合・佐藤，1996）

□図4-12 友だちとのつきあい方の4パターンの発達的変化
（落合・佐藤，1996）

●5　学級という集団

　学校では**学級**という集団を単位として学習活動が営まれる。学級には，教師という大人を核とし，子どもどうしの間に割り当てられた役割によってつくられるフォーマルな集団という面が確かにある。しかし，この集団の内部には，フォーマルな関係とまったく独立にではないが，子どもどうしが自発的に形成するさまざまなインフォーマルな関係がみられるのがふつうである。こうしたインフォーマルな関係の細部は大人の目からはなかなか見えにくい。学級内には，**人気者**と，級友から排斥される子どもとがしばしば生まれる。人気者は学習面や運動面ですぐれていたり，活動的な子どもであることが多く，**被排斥児**は協調性に欠け自己制御能力が十分でない者が多いといわれる。もちろん，子どものそうした特性自体は生物学的素質や親の養育態度とも関係する（図4-13）。しかし，子どもどうしの相互評価は，そうした特性をどのように評価するかという大人の価値観の反映でもあることを忘れてはならない。学級形成の初期段階で特定の子どもに対して学級内に否定的評価が生まれ，それを教師が暗黙のうちに追認したりすると，その子どもの学級への不適応行動が固定されてしまうことになる。被排斥児は，大人のまなざしによってもつくられるものであることに注意する必要があろう。

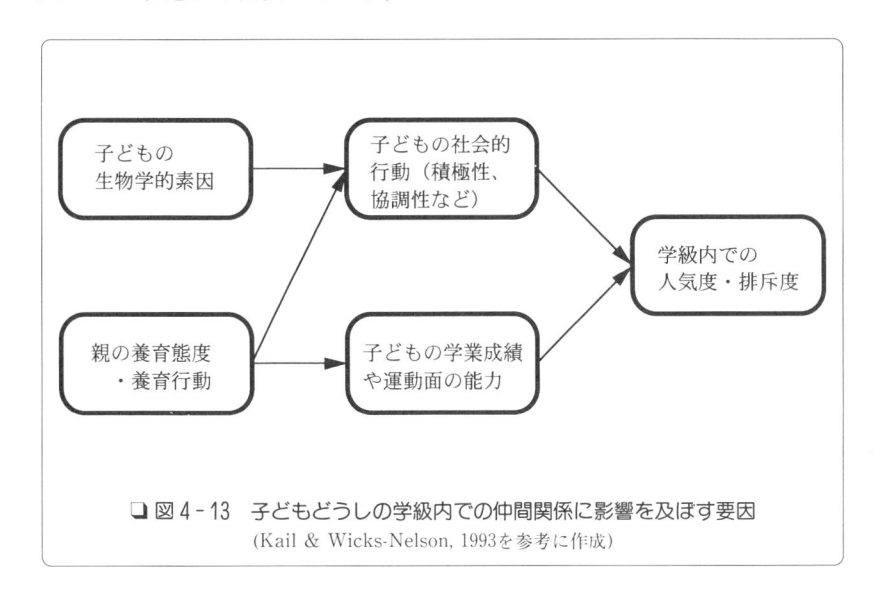

❏ 図4-13　子どもどうしの学級内での仲間関係に影響を及ぼす要因
(Kail & Wicks-Nelson, 1993を参考に作成)

6 学級崩壊

　学級内の**仲間関係**や教師と子どもとの間には，インフォーマルなレベルでの信頼関係によって支えられながら，学びの場を共有しているというルールに基づくフォーマルな関係がどうしても必要である。ところが近年，こうした学級のフォーマルな側面によってつくられていた秩序が崩壊し，授業そのものがまったく成り立たないという状況が，小，中，高校のどのレベルでもみられるようになってきた。**学級崩壊**と名づけられる現象である。とくに，いまや小学校の低学年でもこうした現象の広がりが危惧されるようになっている。1999年の文部省委嘱調査によると，調査対象となった全国の小学校102学級の崩壊原因には，表4-7にみられるような要因が平均3つ以上かかわっていたとされる。もとより，「学級崩壊」の背景には日本社会全体のモラルの変容と低下，地域や家庭の教育力の解体がある。しかし，隠れた心理学的要因の重要性を指摘する論者もいる。その一人，斎藤（1999）によると，状況に応じて緊張感をみずから高めたり，明日に向けてエネルギーを蓄えるために緊張を解く技法が日本では伝統的な**身体文化**（姿勢や所作の美，芸事や武道にみられる一瞬の集中を可能とする身体技法など）として過去に存在していたが，その伝承が近年，断絶してしまったことが，「キレる」子どもや「ムカつく」青年の増大に結びついているという。この見解は，この章の第1節-2で述べたワロンの「姿勢-情動論」ともつながり，興味深い。

○ 表4-7　1999年文部省委嘱調査の対象となった102学級の学級崩壊の原因
（朝日新聞1999年9月5日より）

就学前教育との連携・協力不足	11学級
特別な教育的配慮や支援の必要な子がいる	26学級
必要な養育を家庭で受けていない子がいる	21学級
授業の内容と方法に不満をもつ子がいる	65学級
いじめなどへの対応が遅れた	38学級
校長のリーダーシップや校内の連携・協力が未確立	30学級
学級経営の柔軟性に欠けている	74学級
家庭や地域などとの連携・協力が不十分	27学級
チーム・ティーチングなどの授業の工夫が学校全体で生かされなかった	16学級
家庭や地域のしつけが学級の集団生活にそぐわない	14学級

第4節　孤立

1　いじめ

　学校における子どもどうしの関係のなかに**いじめ**が発生し，その対象となった子どもは孤立し，ときには自殺にまで至る例のあることが，最近は社会問題となっている。いじめは森田（1998）によると「同一集団内の相互作用過程において優位に立つ一方が，意識的にあるいは集合的に他方に対して精神的・身体的苦痛を与えること」と定義される。よく，いじめられる側の子どもにいじめを誘発しやすい属性があるかのように論じられることがあるが，いじめは集団のなかでたまたま劣位に位置づけられた子どもに対して，優位に立つ側がそのパワーを濫用することによって起こるのであり，優劣関係自体は集団のなかで決まる相対的な事象だということを忘れてはならない。清水（1998）は，いじめにはその広がりと深さという面からみて図4-14のような3つの層があることを明らかにしている。いじめの場面は，いじめる子，いじめられる子，観衆（おもしろがって見る子），傍観者（見て見ぬふりをする子）の4者によって成立するが，いじめが深層へと移行するほど，いじめる側の執拗性，凶暴性，集団性，いじめられる側の孤立，傍観者層の固定がきわだつようになる。いじめは何より人権侵害であり大人の機敏な対応が必要なことはいうまでもないが，いじめの予防には，**学級集団**のなかに観衆や傍観者をふやさず，いじめ行動を問題行動として抑止する力を集団のなかに培うことがたいせつであろう。

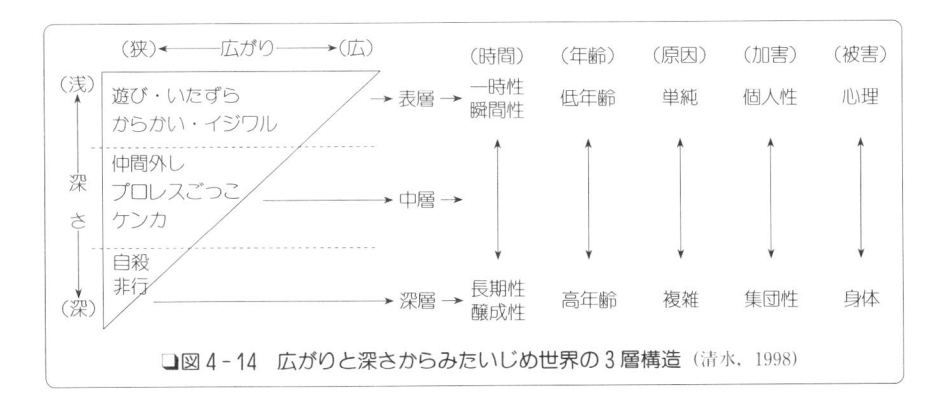

	（狭）←広がり→（広）		（時間）	（年齢）	（原因）	（加害）	（被害）
（浅）↑	遊び・いたずら からかい・イジワル	→表層→	一時性 瞬間性	低年齢	単純	個人性	心理
深さ	仲間外し プロレスごっこ ケンカ	→中層→					
↓（深）	自殺 非行	→深層→	長期性 醸成性	高年齢	複雑	集団性	身体

❏図4-14　広がりと深さからみたいじめ世界の3層構造（清水，1998）

2　不登校

　学校がいじめなどによって居心地のよい場所でなくなったとき，学校へ行くことを拒んだりいやがる子どもが出てくる。また，直接いじめの対象とならなくとも，学校への鬱屈した不満や**学業不振**が不登校につながるケースもある。文部省の定義では，**不登校**（登校拒否）の子どもとは「学校ぎらいを理由として年間 50 日以上欠席した児童・生徒」であり，近年，増大の一途をたどっていることは周知の事実であろう（図 4-15）。わが国で不登校が最初に問題とされるようになったのは 1950 年代の終わりからであるが，はじめのころはその原因を不適応を生み出す子どもの側の神経症的な傾向に帰することが多かった。しかし，1970 年代なかばからの不登校の増大は，学校をめぐる社会的な条件の変化を考慮に入れなければ説明できない。つまり，このころから学校は，明治の学制施行以来もち続けてきた社会的ステータス上昇の機会提供の場としての意味や，豊かな生活を保障してくれる社会装置としての意味を失い，登校への圧力となる学校の絶対性，神聖不可侵性が大きく崩れはじめた（滝川，1998）。こうした状況のなかでは，いまやどの子どもも学校でのささいな葛藤の経験から不登校に陥る可能性をはらんでいるといえる。不登校の原因は子どもによって多様であり，一律の対応は困難である。重要なのは，子どもが再登校することではなく，生きる力を蓄えいかに自立していくかであることを忘れてはならない。

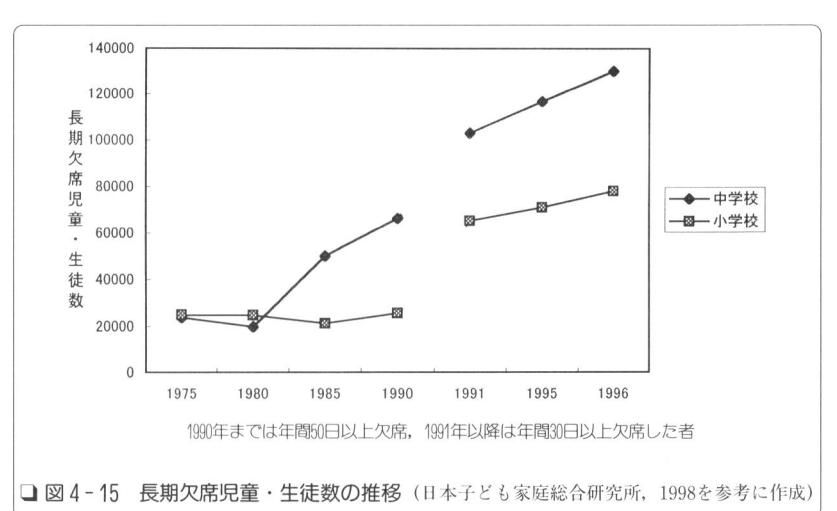

❏ 図 4-15　長期欠席児童・生徒数の推移（日本子ども家庭総合研究所，1998を参考に作成）

3　青年期の孤独感の構造

青年期に入ると，自分だけの内的な心の世界が開け，だれもがこの心の世界を少しでも共有してくれる存在を求めるようになる。「自分の気持ちをわかってほしい」，「自分のことを理解してほしい」と切実に思いながら親友を求め，恋人を求める。その思いが十分にかなえられていないと感じ，たまらない寂しさに陥ることが**孤独**ということであろう。

落合（1974）は，高校生の孤独感について詳細に調べ，そこに2つの次元のみられることを明らかにした（図4-16）。ひとつは「人と理解・共感できるかどうか」にかかわる次元であり，もうひとつは「人間の個別性への気づき」にかかわる次元である。「理解・共感」は，他者が「私」とはちがう存在である以上，いくら求めても自分の思いどおりに完全に満たされるということはない。それに気づいたとき，人は自分とはこの世界にひとりだけしかいない存在であることに思い至る。個別性の自覚は，実存的孤独に身をさらすことでもあり，青年が深い心の世界の探求へと向かうきっかけとなる。

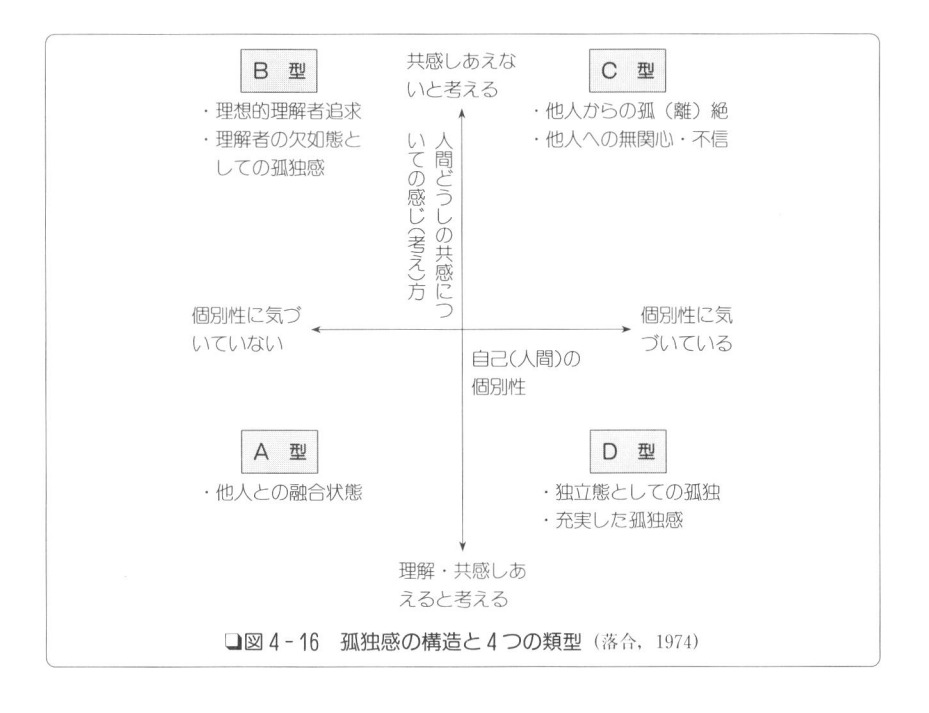

	共感しあえないと考える	
B型 ・理想的理解者追求 ・理解者の欠如態としての孤独感	人間どうしの共感についての感じ（考え）方	**C型** ・他人からの孤（離）絶 ・他人への無関心・不信
個別性に気づいていない	←自己(人間)の個別性→	個別性に気づいている
A型 ・他人との融合状態	理解・共感しあえると考える	**D型** ・独立態としての孤独 ・充実した孤独感

図4-16　孤独感の構造と4つの類型（落合，1974）

4 青年期の孤独感の類型

前ページの図4-16をみてわかるとおり，孤独感を構成する2つの次元から4つの孤独感の類型が存在することを落合（1974）は明らかにしている。A型は，人間どうしが基本的に理解し合えると思っていて，人間の個別性に気づいていないので，孤独感を感じない型である。B型は，理解・共感の得られる他者がいないことに悩んではいるが，人間の個別性の深い認識にまでは至っていない型であり，この場合は自分のことをわかってくれる友だちを切実に求めることになる。C型は，人間どうしは理解・共感し合えないと思い，自己の個別性をひしひしと感じている型で，ともすれば他者とつながり合うことへの絶望や人間不信へと至る。D型は，人間の個別性を自覚しながら，他者との理解・共感は可能と考えている型で，こうしたタイプでは自己の孤独感を直視し引き受けながら他者との連帯に希望をつなぐ，人生への前向きの態度がみられる。落合の調査によると，高校生では4類型の割合は図4-17のようになり，B型，C型の青年はどのようにD型へと移行するかが青年期を通じての課題となろう。

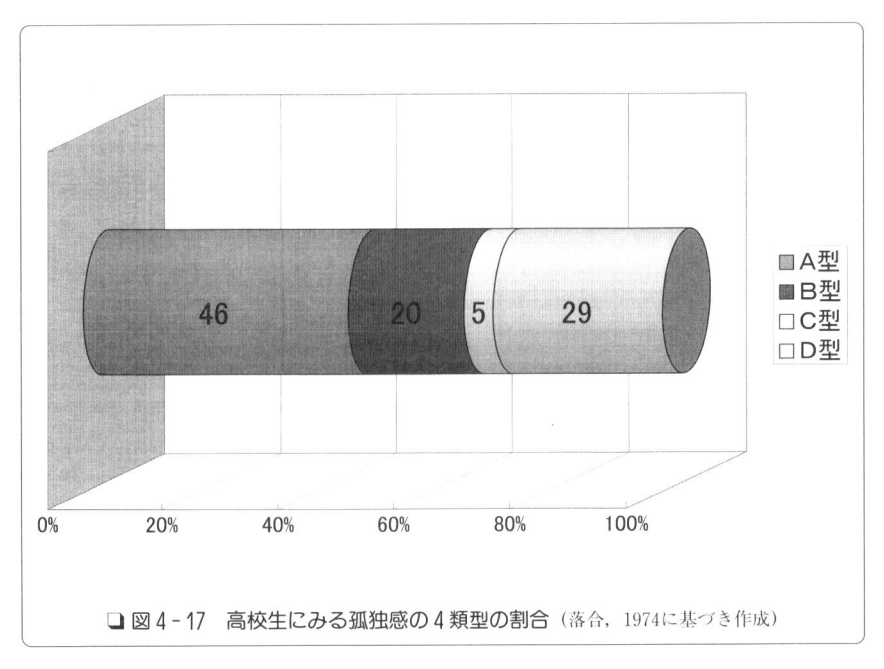

図4-17 高校生にみる孤独感の4類型の割合 （落合，1974に基づき作成）

5 中年期の孤独

孤独は青年期だけの専売特許ではない。たしかに，人間の一生にわたる**心理社会的発達**の諸段階について考えたエリクソン（1982）は，親密性と孤独との間の緊張を，思春期に続く成年前期の主要な心理的緊張としてとらえた。しかし，その緊張は形を変えて**中年期，老年期**まで持ち越されることも少なくない。

中年期は，青年期と老年期にはさまれた，30歳ぐらいから50歳代の後半にまでわたる長い時期であり，図4-18にみるように，人生で最も多様な役割をになって生きる時期にあたる。とくにその後半では，老いた親の養護，子どもの教育問題，仕事での単身赴任，中間管理職としての人間関係のあつれき，不運な場合はリストラによる失業，健康への不安，夫婦のコミュニケーションのずれといった問題が一気に噴き出して，強いストレスにさらされることが多くなる。また，自分の人生の通知表（到達点，結果）を否応なく突きつけられるような思いとともに，自己の生命の有限性を自覚し，死にゆく存在としての寂寥感をひしひしと感じるようになるのも，50歳前後の中年の多くが経験する共通の心理であろう。自殺がこの年代に多いことも故ないことではない。

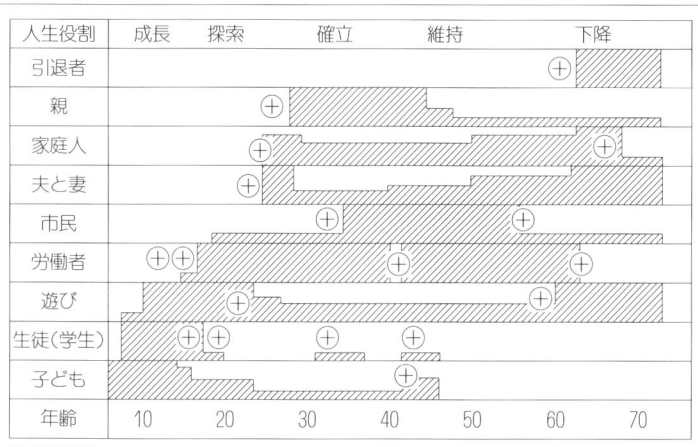

❏図4-18 中年期の役割の多様化 (Super, 1980；矢野，1995)

6　老年期の孤独

老年期の孤独は，さまざまな喪失と結びついている。何十年もの間従事してきた仕事からの離脱，子どもの経済的独立に伴う心理的離反，健康の悪化，さらには長年連れ添った配偶者や親しい友人との死別が訪れる。そしてついにいつかは，自己の死に向き合わなければならない。

ギリシャのアンゲロプロスは，中年期以降の人間の孤独の問題を自国の歴史の不幸と重ね合わせて重厚に描く映画監督として知られているが，1998年のカンヌ映画祭で大賞をとった彼の「永遠と一日」という映画は，とりわけ老人の死にゆく孤独を描いて悲しくも美しい。不治の病を患う老いた詩人が入院を明日にひかえ，家を出る。彼の心は，死を前にして「私は何一つ完成していない。あれもこれも下書き，ことばを散らしただけだ」との思いにとらわれている。激しい痛みに耐えながら街をさまよううちに，老人は難民である"よそ者"の子どもと出会う。彼は，過去の自分も親しい人たちと暮らしながら本当には心が通わないで"よそ者"だったことを振り返る。失われた時間。深まる孤独。闇の中を走るバスに入れ替わり立ち替わり乗り込んでは降りていく人々。だれも老人が切実に知りたい人生の問いには答えてくれない。しかし，次の日の朝，老人の幻影の中に亡き妻や親しき人々と過ごした海辺の一日が蘇る。老人はすべてが閉ざされる最後の日にやっと悟ったのだ。すべてが開かれていたかつての一日の幸福の意味を。老いの孤独が過去との和解によって癒される物語がここにはある。

映画「永遠と一日」より　写真提供：フランス映画社

コラム 鏡像認知成立のメカニズム

　自己鏡像の認知はどのようにして可能になるのだろうか。ザゾ（1993）は，マーク・テストに成功する以前の子どもの反応に注目する。表4-2からもわかるように，18か月ぐらいまでに自分の身体の動きと鏡の像の動きとの間に連動性のあることを理解したあと，今度は子どもは鏡を見るのをいやがるようになる。この忌避反応は，明らかに見知らぬ他者に対する「はにかみ」の反応ともちがう。子どもが鏡の中に見いだす（自己の）姿は，よく知った自分の身近にいる人の姿ではないから，子どもにとっては見知らぬ他者であるはずだが，しかし，その姿はどんな見知らぬ他者ともちがう「奇妙な他者」であることに子どもは気づきはじめている。ふつうの他者は，こちらが笑いかければ笑い返したり（同型的交流），ボールをころがせば受けとめて投げ返したりしてくれるが（相補的交流），鏡の中に見える「奇妙な他者」は瞬時に「私」の動作をそっくりなぞるようにして動く。これはどんな他者ともちがう存在だから，子どもは気味悪くなって鏡を避けるのであろう。こうした段階を経て，やがて，この「他のだれともちがう，世界にただひとりの奇妙な他者」こそ「私」なのだ，と子どもは気づくに至るのである。

　つまり，自己鏡像の認知には，他者という存在についての一般的な概念（同型的交流や相補的交流の相手としての他者）が前もって成立していることが前提なのである。このことは，ギャラップとマックリュア（Gallup & McClure, 1971）の秀逸な実験によっても明らかにされている。チンパンジーは何度も鏡に接すれば，人間の子どもと同じように自己鏡像認知が成立することが知られているが，彼らは1頭のチンパンジーを誕生後，親からも他の仲間からも隔離して育ててみた。すると，このチンパンジーは何度も鏡を経験しても，ついに自己認知を示す行動はみられなかったという。自己認知の成立に，他者との接触，およびそれによって形成される他者の概念が必須の要件であることがわかる。

　ちなみに，自己鏡像の認知が成立する種は，高等猿類と人間に限られているようである。チンパンジーは可能だが，ニホンザルのレベルになると一定の訓練をほどこした場合を別にして，自然には自己鏡像の認知はおこらないといわれている（板倉, 1999）。

　また，人間の場合に，自己鏡像認知は発達の途上で獲得されるものであるという事実は，それが崩壊する場合もあることを示唆している。老齢となり精神機能が衰えて，とくにアルツハイマー型痴呆にかかると，失語，失認などさまざまな症状が出てくるが，なかでも鏡像を見て自分とわからなくなる現象は，よく知られている。この種の痴呆患者では，洗面所の鏡やガラス窓に映った自己鏡像を友だちや身内の人と誤認して話しかけたり，日用品を手渡そうとする行為が頻繁にみられ，病状の進行にともなって鏡を鏡としてすら認識できなくなる場合もあるという（熊倉, 1983）。

　これらのことから，自己認識は人間という種（あるいは人間にもっとも近い一部の種）に固有のものであると同時に，最初の図4-1に示した3項の自他関係の豊かな質的発展を前提として，発達のなかで獲得されるものであることがわかる。また，その関係が縮小したり脳に病変が起これば，自己認識も後退あるいは崩壊を余儀なくされるのである。

第5章 自分をつくる

人格と自己意識の形成

　ここでいう「自分をつくる」とは，もちろん，身体的に自分をつくることではない。心理的な自己を成長，発展させていくことであり，人格を形成していく過程を意味している。

　われわれは毎日，自己の認知に基づき，判断し，行動する。取り巻く環境や生起する事象に対して，自分自身の見方や考え方をもち，価値観と判断力に基づいて行動する。

　この自分の考え方や価値観の基本には，自分に対する見方，自己意識が存在する。それは人格の中核を形づくっている。

　このような人格と自己意識は，どのように形成されていくのであろうか。この章ではその生涯にわたる形成，発達の過程をたどる。

　日常生活で，周囲の他人の考えや行動に引きずられ，追従している自分がみじめに思えるという経験はないだろうか。自分なりの考えや行動がとれないと自問することがないだろうか。こうした問題を考える手がかりを見いだしていただければと考えている。

第5章 自分をつくる

第1節 人格の発達と形成

1 人格と社会性

人は,日常生活のなかで,その人独自の思考や行動の傾向を示すが,その傾向は心身活動の統一的な組織体制に基づいている。この体制を**人格**といい,それは,知性,感情,意欲などから組織されている。

人格は生得的傾向（体格,遺伝）と獲得傾向（環境,教育）によって構成される。そこで,人格は,生物的成熟の影響を受けながら,それぞれの個人的経験を通して,形成され,変化を続けるのである。

人格は,その人が所属する集団の他のメンバーと共通した部分と,それぞれの個人が自己の経験を通して形成する独自の部分をもつ。この人格によって,人の周囲の世界への個別的な適応が規定されていく。

人は,一定の社会のなかで生まれ,その社会で生活する過程で,**基本的生活**

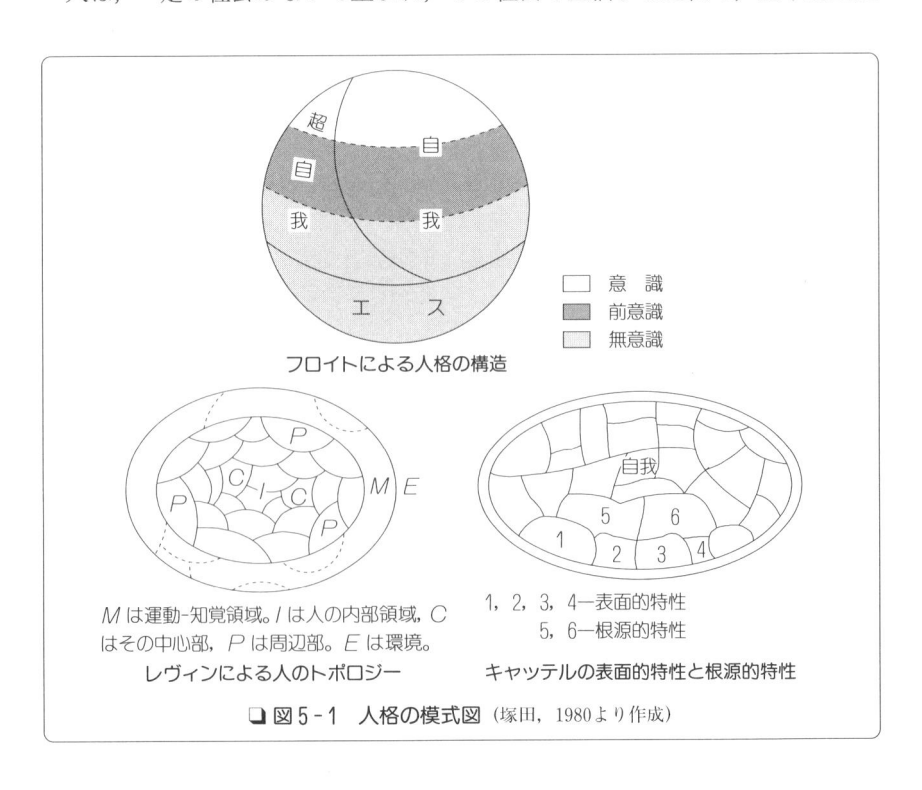

フロイトによる人格の構造
（意識／前意識／無意識／超自我／自我／エス）

レヴィンによる人のトポロジー
M は運動-知覚領域。I は人の内部領域,C はその中心部,P は周辺部。E は環境。

キャッテルの表面的特性と根源的特性
1, 2, 3, 4—表面的特性
5, 6—根源的特性

❏ 図5-1 **人格の模式図** （塚田,1980より作成）

習慣や生活様式，言語，技能，価値観，生き方を受容し，ときには反発しながら身につけていく。それは，その社会の規範や行動様式あるいは文化を身につけた大人や，同輩とのかかわりを通して行われる。これが社会化の過程であり，このようにして獲得される人格の特性が**社会性**である。具体的には他者との友好的な関係を保って，一定の自立した社会生活を送るための特性である。

これが獲得されないと，人は，他人や社会への関心が低く，望ましい社会的行動様式が習得されず，他人から孤立し，自分を他者に理解してもらうことができず，結局，社会生活を送れなくなる。

社会性の一部に**思いやり**がある。思いやりは，相手の立場になって考える気持ちのことである。相手の感情の理解ができることが前提であり，同情，協調行動，援助行動などへと発展する。成長するにつれて共感に重きをおいた思いやりから，価値や責任に裏づけられたより認知的な行為に変わる。時には，自己犠牲を含む判断にもなる。

2 個性化

社会性の発達と同時に，他者とは異なる独自の存在として発達し，**個性化**が

○ 表5-1　9つの気質的特徴 (Thomas et al., 1972；岩田ら，1995)

活動水準 　子どもの活動に現れる運動のレベル・テンポ・頻度，および活動している時間とじっとしている時間の割合，活発さの程度。 **周　期　性** 　食事・排せつ・睡眠-覚醒などの生理的機能の周期の規則性の程度。 **接近・回避** 　はじめて出会った刺激——食物，玩具，人，場所など——に対する最初の反応の性質，積極的に受け入れるか，それとも尻ごみするか。 **順　応　性** 　環境が変化したときに，行動を望ましい方向へ修正しやすいかどうか。慣れやすさの程度。 **感受性の閾値** 　はっきりと見分けられる反応を引きおこすのに必要な刺激の強さ。感受性の程度。 **反応の強さ** 　反応を強く，はっきりとあらわすか，おだやかにあらわすか。 **気　分　の　質** 　うれしそうな，楽しそうな，友好的な行動と，泣きや，つまらなそうな行動との割合。 **散　漫　性** 　していることを妨げる環境刺激の効果，外的な刺激によって，していることを妨害されやすいか，どうか。 **注意の範囲と持続性** 　この2つのカテゴリーは関連している。注意の範囲は，ある特定の活動にたずさわる時間の長さ。持続性は，妨害がはいったときに，それまでしていたことにもどれるか，別の活動に移るか。

■**人格**　個人それぞれの独自の思考や行動傾向などのもとになる心身の統一的組織体で，心理学的構成概念である。
■**社会性**　家族，学校や職場の友だちとの良好な関係を保て，社会的に一定程度自立した生活が送れる特性。

第5章 自分をつくる

進行する。個性化は，いわゆるその人らしさであり，個人の遺伝的要因と環境的要因が関係して形成される。

トーマスら（Thomas et al., 1972）は，個性の生物的要因として，活動水準，周期性，接近・回避，順応性，感受性の閾値，反応の強さ，気分の質，散漫性，注意の範囲と持続性の9つの気質的特徴をあげている（岩田ら，1995）。

この個人の生得的な気質が個性化に及ぼす影響は次のように考えられている。

それぞれの子どもによってちがう気質的な特徴は，子どもごとに異なった経験を積ませ，その結果それぞれに異なった個性が形成される。また，子どもの気質が親やまわりの人たちの養育態度に影響を及ぼすが，さらにその大人たちの養育態度が幼児自身に影響する。

こうして個性が形成されていくが，個性のベースにはその人独自の刺激の受け止め方とそれへの反応のしかたが想定される。それが**自我**である。

生後一定期間をへて自我は発生する（表5-2参照）。自我は，素質的なものに個人の経験が加わって形成され，さらには**価値観**も影響する。

価値観は教育や社会的経験に基づいている。それは社会的に尊ばれ，道徳的にも高いものを志向する。価値観は社会性が高いというだけではなく，**道徳性**の高さも求められるのである。

このように，職業や社会に対して，また家庭に対して責任をもつ社会人になること（社会化）と，自我を確立させ，それぞれに独自な個性を形成すること（個性化）の2つを軸にしながら，人はそれぞれの人格を形成していく。

○ 表5-2　自我意識の特性 (南, 1973)

自我の主観的な体験意識は次のような特性をもつ
① 独自性：自分が独自の存在であるという意識
② 連続性：自分という意識に断続がないという意識
③ 同一性：自分は部分的な変化が起きても全体としては同一だという意識
④ 統一性：外部，内部環境の変化にもかかわらず，統一された機能体系を保っているという意識
⑤ 動機性：つねに新しい行動への動機をもっているという意識
⑥ 能動性：能力を動員して行動しているという意識
⑦ 感情性：自分の精神的な状態について評価をしているという意識
⑧ 生活性：具体的，現実的な生活をいとなんでいるという意識

■思いやり　心理学的には向社会的行動や愛他行動を支える感情のこと。
■道徳性　行為の選択が善悪の基準に基づいて行われるとき，その行為の質が道徳性とよばれ，善悪の基準となる規範が道徳である。

3 人格形成の展開と自立

　人が活動することによって，**人格形成**が進行する。人格形成は，それぞれの発達段階における主要な活動（主導的活動）が原動力になって進むのである。
　主導的活動は，乳児期では大人との直接的な情動的交流である。幼児前期ではそれは対象的行為に変わり，幼児後期ではごっこ遊びになる。
　さらに，学童期になると，学習に変わる。青年期では，親密な個人的・人格的交流，職業・専門への準備活動であり，壮年期では労働である。こうして主導的活動がそれぞれの発達段階で人格形成をすすめるのである。
　さてこうして，社会化と個人化の2つを軸に，人格は主導的活動を行いながら形成されていくが，それは**自立**をひとつの目標として展開する。
　自立とは，他からの援助を受けずに，自分の力や意志で自分の生活を計画し，いとなむことであり，自己の主体性に基づく行動が尊重されることである。その結果なされる自己決定は発達段階を問わず人の動機づけをたかめ，**生きがい**を感じさせる。
　自立は，それぞれの発達段階によって形態が異なる。子どもでは基本的生活習慣を形成し，親の手をかりずに一人で生活できる方向をたどることである。青年期以降は，経済的独立を基盤にして，自分単独で，また家族が共同して，自立した生活をいとなむことである。それには，さまざまな社会的責任をにない，実行することが求められる。中年期では，結婚，昇進，転職や，病気，空の巣，離婚，配偶者の死などに遭遇することがある。この際，当然さまざまなストレスに見舞われる。これを他人の助力を仰ぎながらでも切り抜けることが，

○ 表5-3　各発達段階における主導的活動 (心理科学研究会，1990)

発達段階	主導的活動
乳児期	大人との直接的情動的交流
幼児前期	対象的行為
幼児後期	ごっこ遊び（役割遊び）
学童期	学習
青年期	親密な個人的・人格的交流，職業・専門への準備活動
壮年期	労働

この時期の自立であろう。

　高齢者では，自立のあらわれ方は，他の時期と異なる。高齢者では他者の援助は当然必要であり，援助を遠慮する気持ちを生じさせないことである。高齢者の主体性が尊重される環境を周囲がどれだけ用意するかである。高齢者がどの援助をどの程度求めるかを自己決定できる条件づくりが求められるのである。

　このように各発達段階でめざす自立は異なっている。

資料5-1　定年であわてない老後の準備

　絵に描いたような猛烈サラリーマンだったAさんに転機が訪れたのは3年前。「クローバープラン」と名付けられた「定年後を考える研修」を受けた時のことだ。55歳を迎えた社員全員に，会社が実施する研修だった。（中略）

　入社から60歳の定年まで，通勤時間も含めて「会社に使う時間」は約10万時間。「すべてが自分の時間」になる60歳から80歳までは10万時間強で，会社員人生より長いこと。定年後は，経済的基盤，健康，生きがいの三つがそろわないと満足な人生を送れないこと。「いつまでも若いつもりでいたので，この研修はショックでした」（中略）

　一昨年9月末，56歳で退社。昨年4月から9月まで，神奈川県の平塚高等職業技術校で，「植木職人」としての基礎を学んだ。（中略）

　Aさんが目指しているのは，大手の造園業者や本格的な植木職人に頼むほどではないが，「自分では難しい庭仕事」を引き受けることだ。お年寄りの一人暮らしで大きくなり過ぎた柿の木に困っている，というようなケースだ。

　職業技術校が休みの土日に，自治会で知り合った植木職人に教えを乞いながら，近所の人の庭仕事をやらせてもらい，自営独立への下地作りをした。

　自営にあたっての投資は，軽トラック30万円と道具類に10万円。

　下地作りが功を奏して，仕事はなんとか軌道に乗り始めた。（中略）

　技術訓練や，給料がなくなる不安より，Aさんにとっての大きな試練は，会社への思いをどう断ち切るかだった。　　　　（「アエラ」1999年3月8日号より）

■**自立**　　身体的，心理的，経済的なそれぞれの自立があり，生涯の各時期でその比率が異なる。

4　中年期から高齢期へ

　中年期は，青年期までの発達的上昇期と老年期からの下降期との中間の時期である。この期はこれまでの人生のプロセスの成果の結実した光の面とそれ以降の人生の衰退していく影の面をあわせもつ。しかし，人生における危機の時期とする見方より，中年期は人生の転換期という見方が有力となってきている。

　ニューガーテン（Newgarten）は，人生のなかで思いがけないイベントはスケジュール的なものより危機として受け止められやすいが，適切な心理的，社会的資源をもつ人においては適応の低下はないという。

　高齢期は，心身の健康，経済的基盤，社会的関係，生きる目的の喪失などという衰退がはっきり意識されてくる時期である。しかし，知能については，世代差と年齢による変化を混同し，高齢者の知能を低くみていた。近年では，結晶性知能はそれほど低下せず，経験を通して獲得した能力は十分に発揮でき，流動性知能は低下が大きいが，新しいことの学習は可能であり新しい環境に適応することも十分できることが知られるようになった。実際の例もあるように，高齢者も，優れた作家や芸術家，有能な経営者や政治家であり続けることができ，新しい学習に挑戦できる。

資料5-2　老婚の増加と変容

　高齢者同士の結婚を「老婚」とよぶが，再婚を中心にした老婚が最近着実に増加している。厚生省の人口動態統計によれば，男女とも60歳以上の高齢者の再婚は1995年で1338件。絶対数はまだ少ないが，この10年間で約2倍に増えた。老婚の第一の目的は，女性にとって従来は経済的安定であったが，曲がりなりにも年金が発達してきた今日では，男女とも「精神的な充実」といわれる。しかし男性の場合第二の目的は，今日でも「日常生活の世話への期待」であるといわれる。老婚では，家族の反対，財産問題などのために入籍しない場合も多い。

　千葉市で高齢者の結婚相談などを行っている民間福祉団体「生き活きふれあいクラブ」によれば，結婚成立組のうち入籍は7割強とのこと。しかしこれまで老婚の大きな妨げになってきた子どもの反対は減り，最近はむしろ子どもが勧めるケースも多いという。その背景には，親の老後の世話を子どもだけでは見きれないという現実的な問題もある。

（イミダス'99　p.602より）

第2節　自己意識の発達

1　自己へのめざめ

　自己に対する意識，**自己意識**はいつごろからどのような形でめばえてくるのだろうか。

　生後6か月から1年くらいまでの乳児は，自己刺激的運動をさかんに行うが，これは自己の身体領域を確認する行為とみられる。この運動によって自己と外界の区別ができ，身体的自己の境界線が明確になっていく。

　3歳ごろになると，自分と自分のまわりの人たちとの区別ができるようになる。自分と他人の所有物の区別ができ，自己の所有物に執着する。

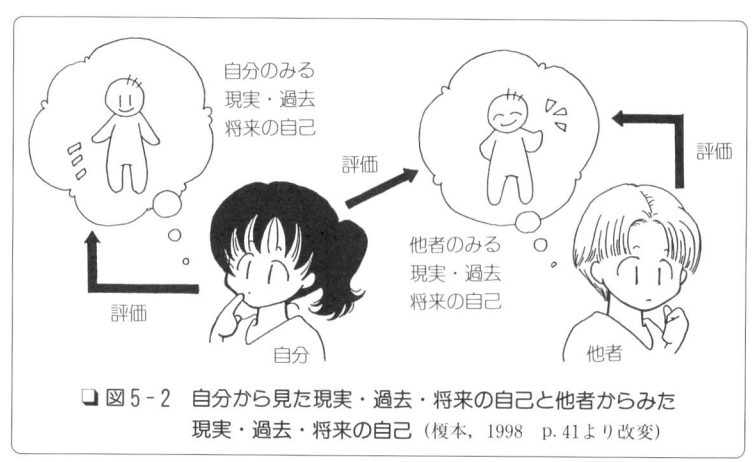

❏ 図5-2　自分から見た現実・過去・将来の自己と他者からみた現実・過去・将来の自己 (榎本，1998　p.41より改変)

❏ 図5-3　自分からみた理想の自己と他者からみた理想の自己 (榎本，1998　p.41より改変)

感覚を通して直接感じる内容受容的自己と鏡に映る自分の姿（鏡映像）で知る可視的自己という自己存在の二重構造を理解する。このとき可視的自己は他者の眼に映る自分の姿であることも理解される。

また，「わたし」，「ぼく」などの一人称を使いはじめる。子どもに基本的生活習慣を身につけさせるためのしつけは，子どもに欲求不満を生じさせる。それまでのように自分の思いのままが通らなくなる。友だちとのやりとりのなかで，自分の欲求がかなえられないことを経験する。能力の不足からできないことを体験する。この欲求不満は，第1反抗期を準備する。しかしこの期のなかで，自分自身の存在を知り，自己と他者との区別ができるようになるのである。ここで述べられたのは認識主体としての**自己**であり，思考し行動し観察するアクティブプロセスとしての自己であった。これは**自我**とよばれ，知る主体としての自己である。

2 自己の対象化

就学前後から，それまでは，自分中心の世界の見方から，他者からみた自分に気づく，つまり，**自己を対象化**してとらえることができるようになる。この

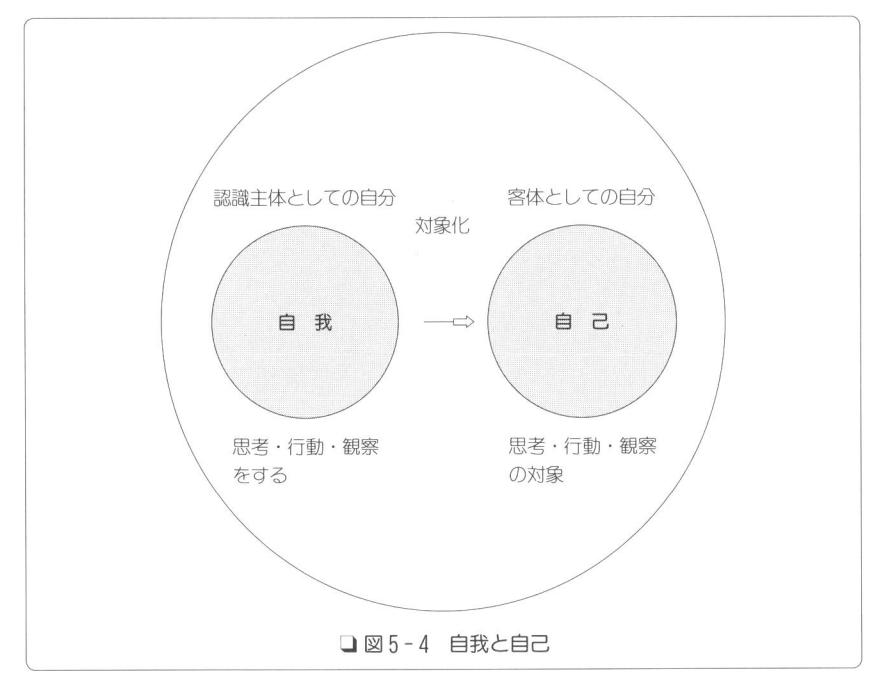

□ 図5-4　自我と自己

■**自我**　　意識する自分，認識主体である知る自分をいう。
■**自己**　　自我から対象にされる自分，知られる対象としての自分をさす。

ように認識された客体としての自分,知られる対象としての自分は自己とよばれる。それは,経験的ないし現象的自己であり,自分によって観察された自己である。

さて,自己を客観的に対象化してみられるようになると(図5-4参照),自分とは異なる他者の行動や態度に関心をもち,他者を意識しはじめる。自己の欲求や行動も,他者との比較において判断されることが多くなってくる。

自我の発見とは,自分を観察する自分と,この自分によって観察される自分とが分化して自己観察ができることである。このような自己観察ができるようになっていくことは,精神的な高次の個人化が始まり,成長していくことを意味する。中学・高校時代は,個人化の開始期であり,この時期の青年は,自己を閉じて孤独にひたり,ときには,日記をつけるなど,内省にふける。

3 生涯にわたる自己比較の変化

サルスとムラン(Suls & Mullen, 1982)は,発達のそれぞれの時期で用いられる自己評価のしかたを**時間的比較**(Temporal Comparison)と**社会的比較**(Social Comparison)とで説明した。

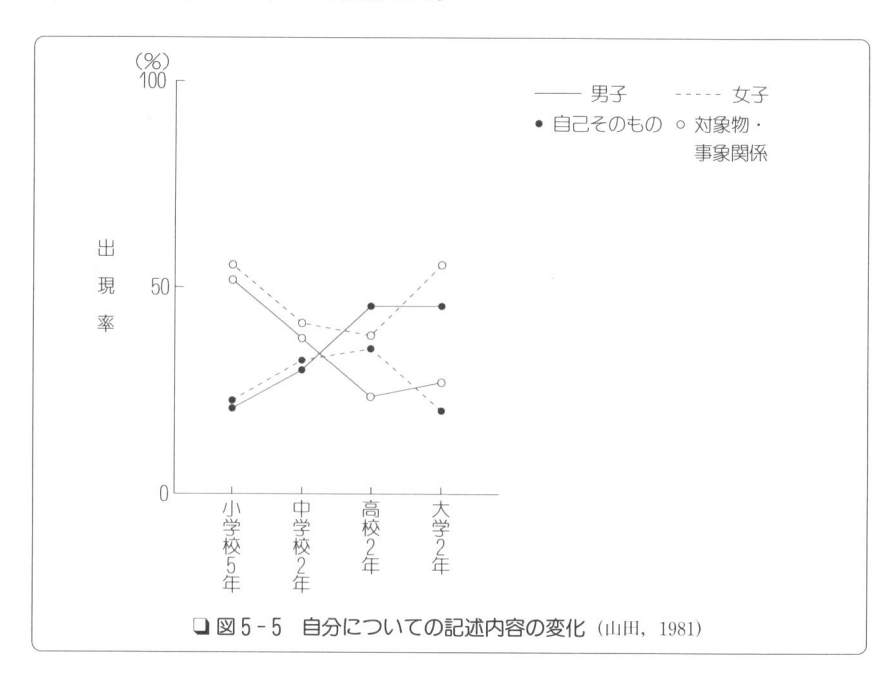

❏ 図5-5　自分についての記述内容の変化 (山田, 1981)

第2節　自己意識の発達

　時間的比較は自己の進歩や後退を知るために，同一の課題について自分の過去の達成度と今の達成度を比較することをいう。これに対して，社会的比較は他人の行動，信念，パフォーマンスと自分のそれを比較することをいう。

　子どもの最初の段階（1〜3歳）では，自己の能力は実際にあることができるか，できないかによって評価される。3歳以降になると，子どもは自分の過去と現在の達成度を比較して自己の能力を測る。

　3〜5歳になると，子どもは，認知的，身体的能力の点であまり進歩を見いだせなくなり，このころから社会的比較に目を向けはじめる。このときの比較は類似の人（similar）と非類似の人（dissimilar）の区別なしに他人と比べる。8歳以降には，関係のある類似の人との比較が有効であることに気づき，このやり方を，後期児童期，青年期，成人期のほとんどで多用する。けれどもこれらの時期でも，時間的比較や非類似の人との社会的比較がなくなるわけではない。

　40歳ごろに，人は肉体的にも達成度の面でも限界であることに気づき，自分の特別貢献とか，独自な存在を確認したくなる。そうすると，非類似の人との比較で励まされたりしてそれが意味をもってくる。しかし，類似の人との比較もいぜんとして行われ，両方が混在する。

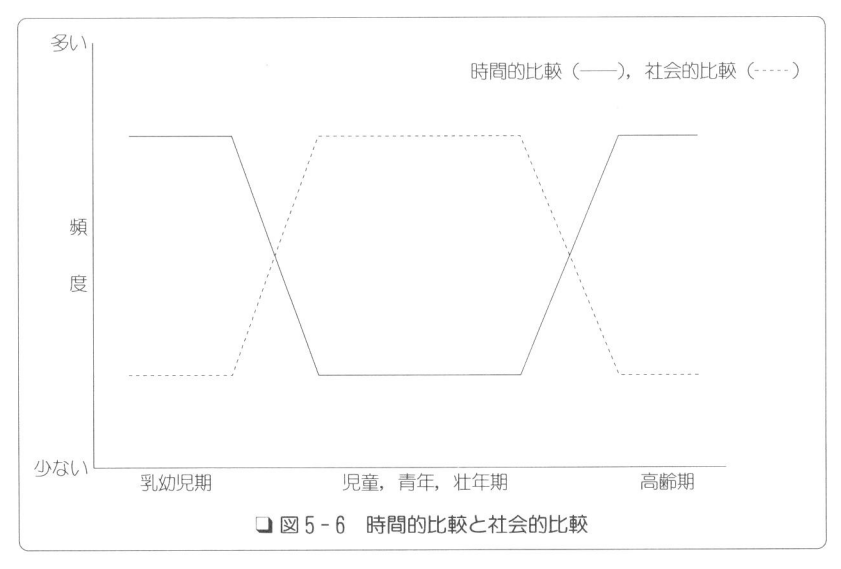

❏ 図5-6　時間的比較と社会的比較

■自己認識　　自分をみつめている意識，広義には自我と自己，狭義には自己に関する意識のみをいう。

第5章 自分をつくる

　さらに年齢が進むと，認知的，肉体的なマイナスの変化と同様に社会的対人的接触が減る。それは社会的比較に制限を加える。人は対人比較をしなくなり，時間的比較に頼ることが多くなる。前にできたことと今できることから評価をするのである。こうやったからといって，気が休まりはしないが，この評価のおかげで過去にやったことは引き立つのである。いわば，人は過去に生きはじめる。やがて，人は自己評価からまったく解放され，終わりを迎える。

　人の一生の自己評価のしかたの変化は，時間的比較から社会的比較へ，そして，再び時間的比較へという図式となる。そして時間的比較―社会的比較―時間的比較と変化する移行期には2つの比較がほぼ同じ比重で併存する時期がある。

　人は，自分の潜在的能力・可能性を十分開発し，自己の到達できる最高の状態をめざして，その人らしい生きがいのある人生を開拓することをめざす。これは**自己実現**とよばれるものである。

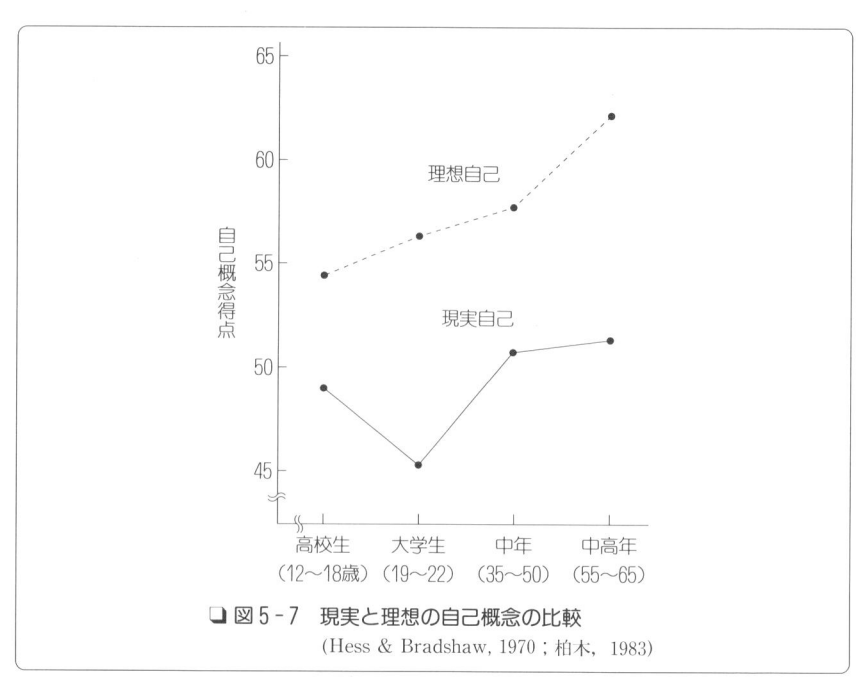

❏ 図5-7　現実と理想の自己概念の比較
(Hess & Bradshaw, 1970；柏木，1983)

■**自己実現**　　環境に対して積極的に立ち向かい，自己の潜在的な能力や可能性を実現すること。

第2節 自己意識の発達

マズロー（Maslow）は，**欲求の階層**を考えた。

彼は，欲求の階層は，1つのピラミッドの形をしているとした。土台となるのは，飢え，渇き，性的衝動などが基本となる生理的・生物的欲求であり，ピラミッドの底辺を支える。低次のものから順に，①生理的・生物的欲求，②安全に対する欲求，③所属の欲求，④自尊心の欲求となる。その頂点に自己実現欲求がある。①から④は欠乏動機であり，それらはより低次のものほど基本的であり，緊急性が高く優先的に満たされる必要がある。1つの欲求が満たされると，それは動機づけの力を失い，次の順位の欲求がはたらきはじめる。

4つの欲求が満たされると，自己実現の欲求が発動する。これは成長動機であり，欠乏動機とは対照的に，満足されるとますますその欲求が強まるのである。この自己実現の欲求の対象には，社会的に価値の高いものが求められ，そこには道徳性が付与されている必要がある。

人は自分の生きがいとして，社会に価値のあるものを設定する。道徳的に価値の高い行為を実践しようとする。人生の目標には，社会的，道徳的に価値の高いものが設定されるのである。

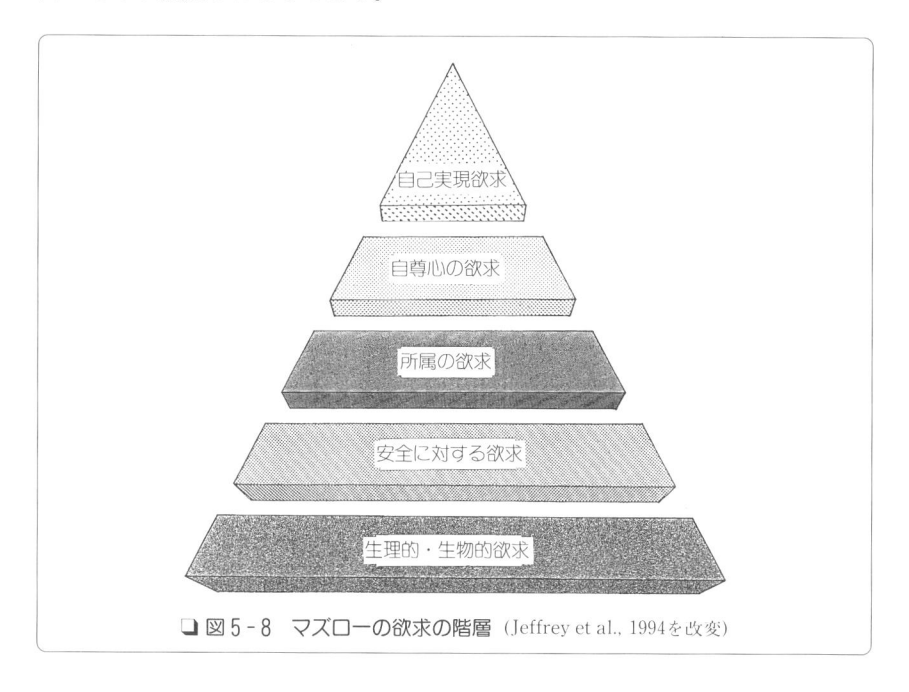

❏ 図5-8 マズローの欲求の階層 (Jeffrey et al., 1994を改変)

第5章 自分をつくる

第3節 人格形成における問題

1 適応障害

人は，社会環境のなかで人格を形成していくが，環境条件に合わせて自分を変化させ，適応する。ときには環境そのものを自分に合わせて変えていく。

人に心理的・生理的要求の不均衡な状態が生じると，それを安定した均衡状態へもどそうとして緊張が起こる。この緊張をうまく解消できれば適応的行動となるが，うまくいかないと，望ましくない状態が生じる。これを**適応障害**あるいは不適応という。

人が社会生活に適応できるためには，幼少期から基本的生活習慣の習得をはじめとして，青年期までには，社会生活に必要な行動基準を獲得することが必要である。

人は環境に応じて適切な行動をとり，必要な技能を学習し，要求阻止に耐えて適応するが，環境に能動的にはたらきかけ，それを自己に適合したものに変えていこうとすることも，適応的行動に含まれる。

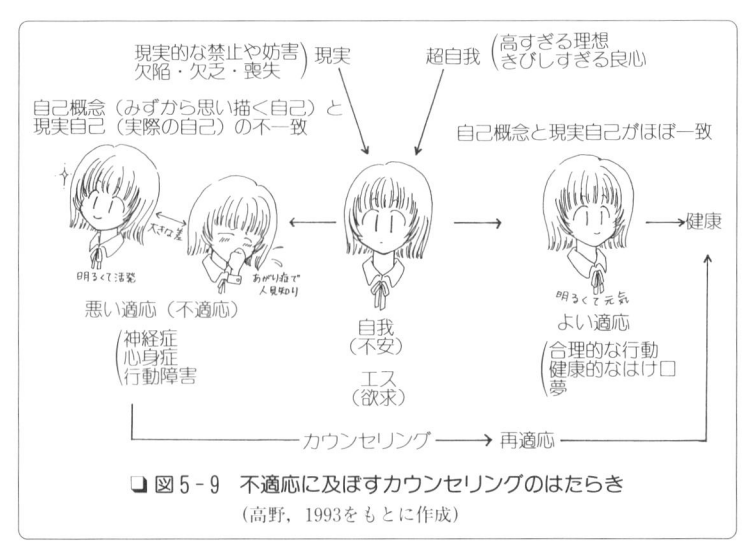

□図5-9 不適応に及ぼすカウンセリングのはたらき
（高野，1993をもとに作成）

■適応障害　さまざまなストレスや葛藤が過剰で，しかも長期にわたると生じる不適応行動。

第3節 人格形成における問題

しかし，人格の形成がすすむなかで，周囲の環境との間にひずみが生じ，さまざまな**ストレス**や葛藤が発生することがあるが，その程度が過剰でしかも長期にわたると，不適応行動が生じ，適応障害におちいる。

適応障害には，①心理的不快，精神機能不全，身体機能不全などや，②個人の行動が社会の規範や慣習に合致しないこと，がある。

適応障害を形成面からみると，①統合失調症・神経症・自閉症など病気によるもの，②知的障害など欠陥によるもの，③状況によるものに大別できる。

幼児・児童期における③の症状としては，心身症などの精神身体症状，学習面，情緒・性格面，多動・習癖・反社会的行動といった行動面，対人関係面でのさまざまな障害がある。

❏ 図5-10　さまざまなストレス（高野，1993をもとに作成）

第 5 章 自分をつくる

♥2　近年の問題行動

　近年，問題行動としてあげられるものに，**不登校**，**対人恐怖**，思春期やせ症，自殺などがある。

　不登校は，学校へ行きたい，あるいは行かなければならないという意識がありながら，学校に対する不快感や不安が強く登校できない状態である。原因には，緊張しやすい，刺激に対する過敏な反応，高い要求水準などの性格傾向，親の過保護，過干渉などの養育態度などの家族の問題傾向，さらに，学校教育のあり方，教師の指導と生徒の特性や性格傾向とのズレなどがあるが，多くはそれらが複合して生じている。

　対人恐怖は人前で緊張しそれを気にして苦しむ状態で，赤面恐怖や発汗恐怖などがある。この場合最も苦手なのは顔見知りの人たちで，親しい人や知らない人たちの前では比較的楽な状態でいられる。思春期やせ症は，思春期の女子に起こりやすく，神経性無食欲症と神経性大食症の症状を示す。前者は肥満することへの恐怖心に基づいて過度の食事制限を行い，著しい体重減少をきたす疾患で，後者は気晴らし食いという独特な食行動の異常を主要な障害とする病態である。

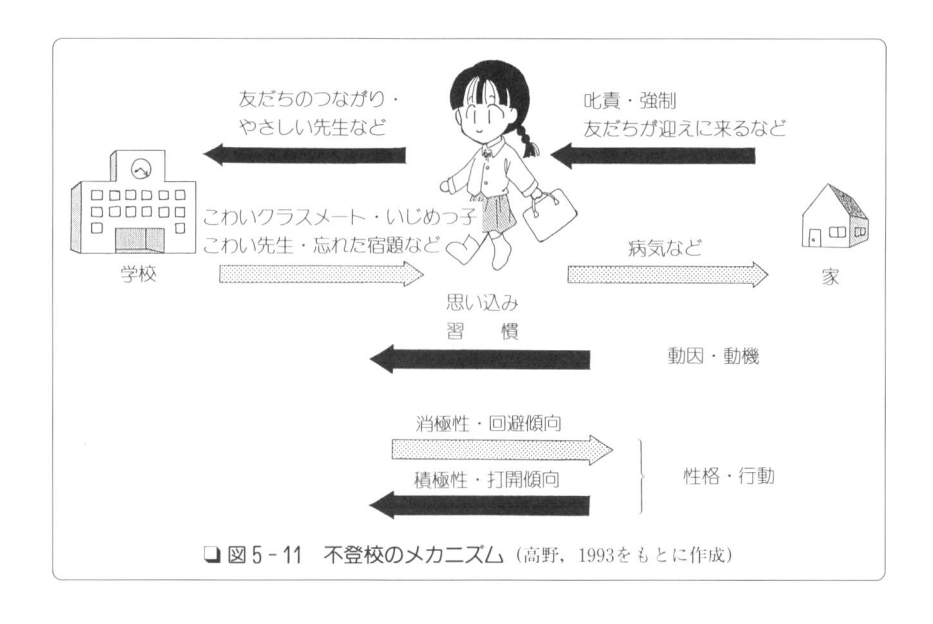

❏図5-11　**不登校のメカニズム**（高野，1993をもとに作成）

第3節　人格形成における問題

おちいりやすい人の病前性格として，①節食という禁欲的な手段に親和性がある，②自分の身体をコントロールするという身近な手段で達成感を得ようとする，③1つのことをやり遂げる精神的強さがある，などの特徴があげられる。

自殺は，自分の意図による，結果としての死を予測した行動であり，児童期から高齢期までの生涯のどの時期でもみられる。結果は既遂と未遂とがある。自殺の動機は，直接の動機と準備状態とに分けられる。自殺の心理と動機としては，①孤独感・絶望感が強い，②死を求める気持ちと生を望む気持ちの間で葛藤している，③自殺の意図を周囲に隠さない，などがある。

さてこうした適応障害の根底には，**欲求不満**があると考えられる。人が欲求に基づいて行動しても，それはかならずしも充足されない。欲求が阻止されると，そこに心理的，情緒的緊張が生じる。これが欲求不満である。この緊張状態は，人の問題解決能力や思考能力を低下させ，攻撃，退行，異常固着などの不適応が生じるのである。

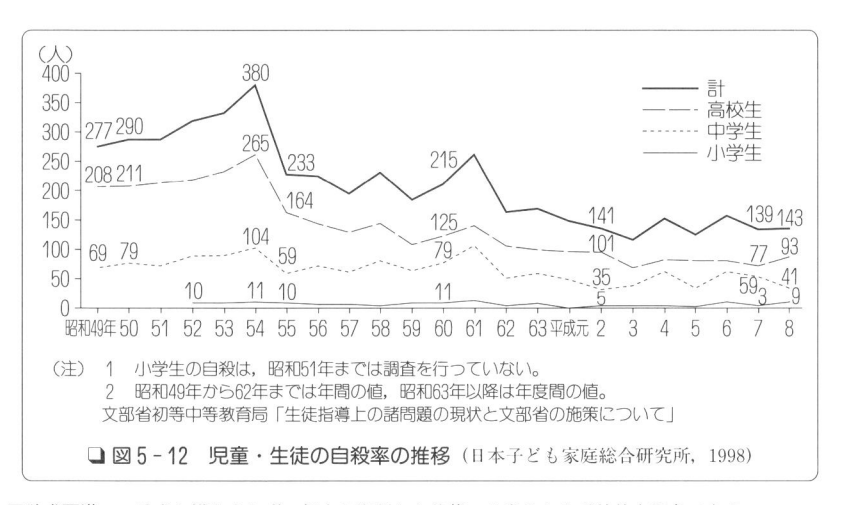

❏ 図5-12　児童・生徒の自殺率の推移（日本子ども家庭総合研究所，1998）

（注）1　小学生の自殺は，昭和51年までは調査を行っていない。
　　　2　昭和49年から62年までは年間の値，昭和63年以降は年度間の値。
文部省初等中等教育局「生徒指導上の諸問題の現状と文部省の施策について」

■欲求不満　　欲求が満たされず，個人が緊張した状態。日常生じる必然的な現象である。

第5章 自分をつくる

●3 適応障害の克服

　これを克服するひとつとして，**自己効力感**の生起をうながすことがある。自己効力感はセルフエフィカシーともいう。これはある課題場面で，解決行動が自分に遂行可能かどうかについての自己評価である。直面した問題を自分は解決することができるという自己に対する有能感，信頼感である。それは成功経験を経て自覚できるものである。われわれの生活は，さまざまな問題解決が迫られ，それを切り抜けることが生涯にわたって続く。適応障害におちいらないためには，生きている価値が認識され，生きるはりあい，**生きがい**が実感されることが必要である。人生を生き抜くためには，それぞれの生きがいをもつことが欠かせない。しかしそれにはまわりの人々によるソーシャル・サポートが必要条件である。

　適応障害の克服の具体的方法のひとつとして**自己コントロール**があげられる。自分自身で，自己，不安，怒りなどの情動を抑えることである。自分の意図で，心の悩みや身体による不調や不安などの心理的な障害を除くための自己訓練や鍛練の方法をいう。

○ 表5-4　セルフコントロールの応用領域 (内山, 1991を要約)

1　教育・矯正 　学習指導，生活指導，特別活動などの学校教育の分野で必要とされる。反社会的行動には，自己内部への攻撃，不満，不安に対するセルフコントロールができないことが負因の1つであると考えられる。 2　医療，精神衛生 　各種の心身症や精神疾患，肥満，痛み，要リハビリテーション症状等の治療・指導に必要とされている。また精神衛生領域におけるメンタルヘルス不全や過剰ストレスへの対応にも役立っている。 3　産業・スポーツ・家庭 　職場におけるストレスの軽減に必要とされている。また，スポーツ能力の養成と発揮，試合での精神的安定，あがり制止などで応用されている。さらに，家族関係の維持でも，自己の役割の遂行に必要とされる。

■自己効力感　　この場面で自分は期待される行動ができるという見通し。
■生きがい　　　それによって困難に耐えて生き抜く意欲が保持できるもの。
■自己コントロール　　自分で自分自身の行動を統制し，制御すること。

コラム　自己とカウンセリング

　カウンセリングとは，なんらかの不適応を訴え他者の援助を必要とするクライエントと，一定の心理学的な訓練を受けて援助者としての資質をそなえたカウンセラーとが，主として直接面接し，言語的あるいは非言語的な手法により，その問題の解決をめざして共同作業をすすめることをいう。

　不適応を訴えるとは，心が不安定で，その調和がとれていない。現実に経験している自己と自分自身についての認知である自己概念両者の不一致の度合いが大きいのである。もちろんだれでも両者にはある程度ずれがあり，それは向上心にもつながる。

　現実自己と自己概念の関係は，
① おおよその一致＝ありのままの自分
② 不一致（歪曲）＝思いこみの自分
③ 不一致（否認）＝受け入れられない自分

の3つの場合がある。

　この両者のずれが一定程度をこえて大きくなると，個人の中に不安，葛藤，緊張が生じて，行動障害などの不適応状態に陥る。

　カウンセリングは，こうした不適応状態にある個人に対して，現実自己と自己概念のずれを小さくして自己一致をうながし，再適応していけるようにはたらきかける過程ととらえることができる。

第6章 人との結びつき

家族の形成と展開

　近年，ネットワーク（network）ということばがよく使われている。パソコンの情報網や，放送関係ではもちろんのこと，福祉ボランティアや市民運動にいたるまで文字どおり網状組織が拡大し張りめぐらされていくようすを示す。
　人間関係も同様で，家族の一員として誕生したひとりの人間が生涯にわたって築いていく人間関係もまさしく網状で，ネットワークの形成といえる。
　各個人がどのような模様の，どのくらいの大きさのネットワークを形成していくかは，人生の多くの出会いに左右されることになる。
　この章では，家族から始まる出会いと，そこからひろがる人間関係，そしてその過程で生ずるさまざまな課題についてみていくことにする。

第6章 人との結びつき

第1節 配偶者の選択と結婚

1 定位家族と生殖家族

家族関係は一組の男女の出会いから始まり、世代的にくり返され、関係が拡大していく。われわれが自分の生涯に経験できる家族は、自分が生まれ育った**定位家族**、自分が結婚して築いていく**生殖家族**の2種類ある。定位家族は「裕福な家に生まれたかった」「ケーキ屋さんの家に生まれたかった」などというように、子どもが自分の意志で選択することのできない運命的出会いともいえる家族である。生殖家族は、結婚する男女の意志で選択し意志決定しながらみずから築きあげていく家族である。定位家族は子世代から見た家族で、生殖家族は親世代から見た家族ともみられる。この世代間の連続が、図6-1のように推移していく。

結婚により築かれる新しい家族は、その機能が最大限に果たされ、よりよい家族関係が築かれ、家族員の一人ひとりの生涯にわたる人間的成長の基盤となることが望ましい。

家族という集団は、小規模ながら、異なった世代、異なった性、異なった関係(夫婦、親子、きょうだいなど)を含んでいるので、集団内の人々が互いの

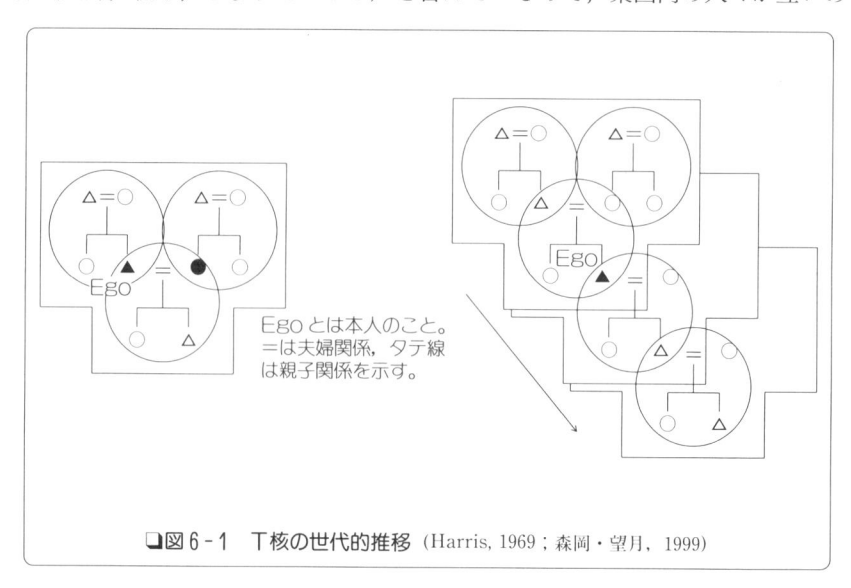

❏図6-1 T核の世代的推移 (Harris, 1969；森岡・望月, 1999)

Egoとは本人のこと。=は夫婦関係、タテ線は親子関係を示す。

■**近親婚の禁止** 民法734条により、三親等内の血族どうしの結婚が禁止されている。
■**外婚** 自分が所属する集団内のものどうしの結婚を禁止する (例：直系血族)。
■**内婚** 自分が所属する集団以外のものとの結婚を禁止や、回避する (例：人種、宗教)。

● 2 配偶者の選択

　配偶者の選択は、周囲の反応や、さまざまな社会的制約を受けながらも、最終的に当人どうしの意志決定によっておこなわれる。

　配偶者選択に影響すると思われる要因には、①**近親婚の禁止(外婚)**、②民族、宗教等、同一集団内での結婚（**内婚**）、③社会的・文化的属性が似ているか、否か（**同類婚・異類婚**）などがある。また、相互に魅力が感じられるとしても、コミュニケーションがとりやすい距離（物理的距離）や環境（通信手段等）にあるかどうかなども関係の継続に影響を及ぼす。

　初めて出会った男女が結婚を決意するにいたるまでには、図6-2に示すように、互いをよく知り、理解し、相互に魅力が深まる過程を経ることが必要である。しかし、順調にみえる経過にも終止符が打たれる場合の原因として多いのは、別の魅力的異性の出現と、周囲の人々（親や友だちなど）の非好意的介入である。

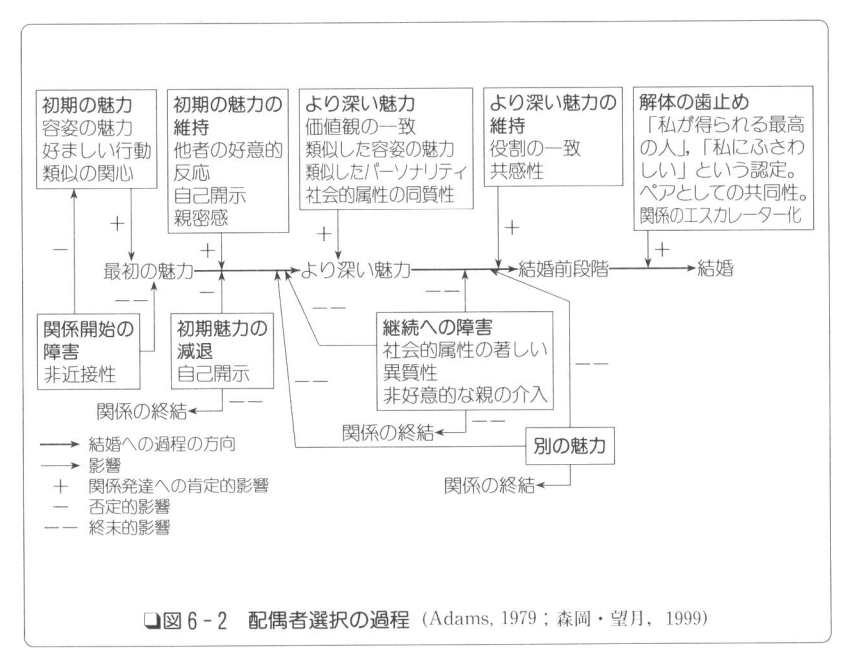

図6-2　配偶者選択の過程 (Adams, 1979；森岡・望月，1999)

■同類婚　　社会的文化的諸属性の似たものどうしの結婚（例：学歴，経済階層）。
■異類婚　　社会的文化的諸属性の異なったものどうしの結婚（例：国際結婚，玉の輿）。

第6章 人との結びつき

3　結婚の意義

　結婚は，配偶者の選択過程をたどり，互いが「人生において出会える最高のパートナー」と確信し，到達する配偶者選択のゴールである。しかし家族の生活としてみるとスタートであり，2人が周囲の人々と協力し，援助されながら果たしていくべき家族の機能は少なくない。人生の大半をよりどころとし，ともに過ごす家族は，構成員全員で協力してその機能を果たすために努力し合うことがたいせつである。

　家族の機能を家族内部に果たす機能（内：）と，同時に社会的にも果たす機能（外：）として示すとつぎのようになる。

① 性的機能（内：性的・愛情的欲求充足，外：社会秩序の維持）
② 生殖機能（内：種族保存・血族維持，外：社会構成員の補充）
③ 教育的機能（内：子どもの社会化，外：社会秩序の維持・文化の伝承）
④ 経済的機能（内：家族員の生活安定・扶養，外：社会の経済的秩序維持）
⑤ 休息・団らんの機能（内：個人の情緒的安定・健康の維持，外：社会全体の安定）

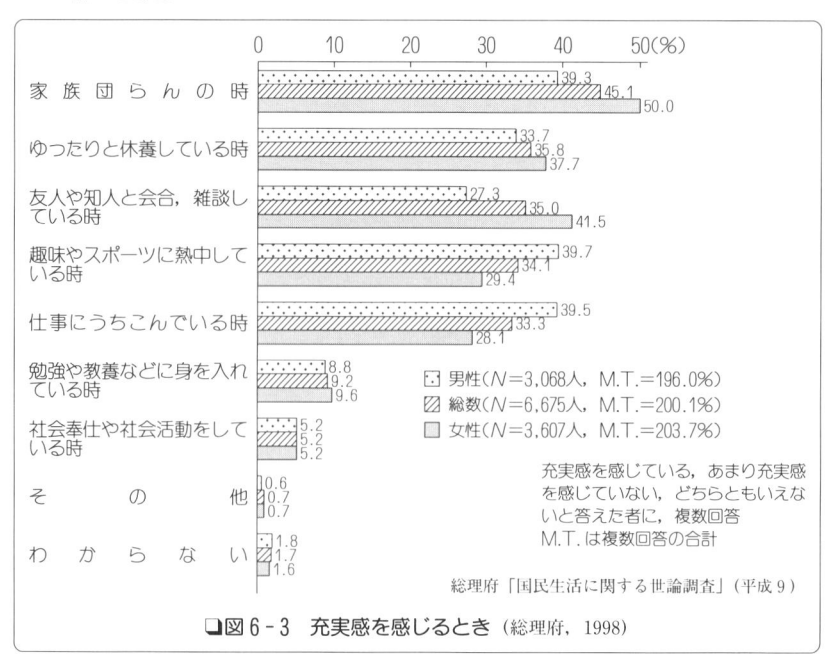

❏図6-3　充実感を感じるとき（総理府，1998）

このような機能のなかで，「安らぎやくつろぎ」「家族の助け合い」などのことばで表される家族員の情緒安定的機能が，現代社会ではとくに重視される傾向にある（図6-3）。

　近年，若者の未婚・晩婚化傾向が認められ，少子化の一因ともなっている。結婚による時間的・金銭的・労力的拘束によるデメリットの部分が強調・再認識されて迷いを生じさせているようである（図6-4）。自由を失わず，自分の生活を最優先する生き方もひとつのファッション感覚なのかもしれない。結婚するしないは自分の意志決定により選択することがらだが，いずれを選択するにしても，やがて生じる問題点は予測し，理解しておく必要がある。

　結婚はひとつの社会的制度であり，一定の権利義務が伴う社会的に承認された男女の関係である。社会的承認の形態は，婚姻届を出したか，結婚式をしたかによっても異なるが，家庭生活を維持継続するために，先に述べた家族の機能を夫婦および家族員どうしが協力して果たしていかねばならないことにちがいはない。

　「結婚をする」人生を選んだときには，配偶者である他者との生活の時間・金銭・労力的調整は少なからず必要になってくるので，「なにもかもが自分の思

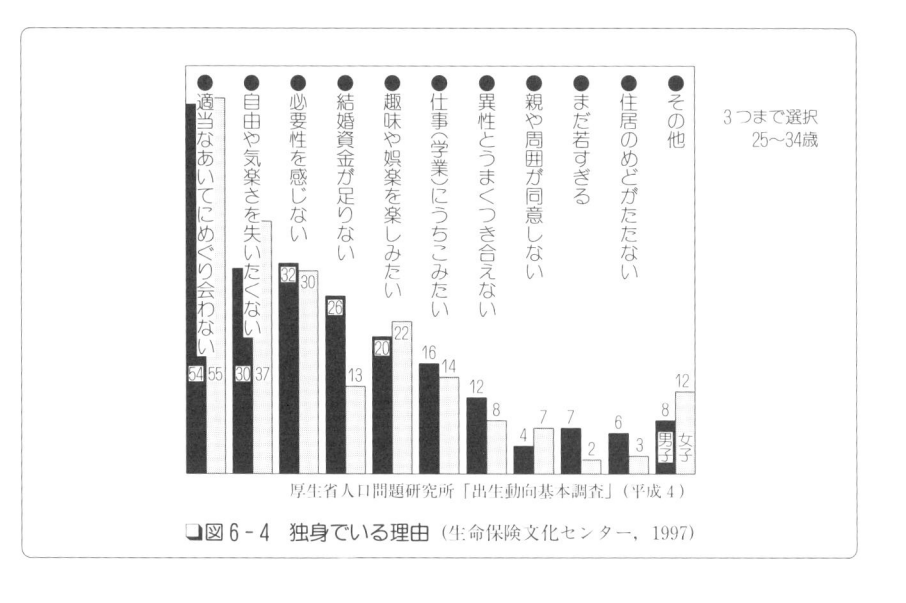

□図6-4　独身でいる理由（生命保険文化センター，1997）

厚生省人口問題研究所「出生動向基本調査」（平成4）

第6章 人との結びつき

いどおりになるわけではない」ことが不満になるとしたら，結婚についての認識が不足しているか，人間的，人格的成長が未熟であるのかもしれない。

結婚による生活状況の変化として，まず，①精神的な拘束，②時間的な拘束，③肉体的な拘束，④経済的な拘束の4つの側面からの拘束が予測できる。その他，⑤親への（精神的，経済的等の）依存から独立してみずからの生活を築くという状況の変化も起こる。結婚経過年数とともに認識が薄れる傾向もあるが，結婚のメリットとしては，⑥互いの人生を最良のパートナーとともに共感しながら乗り越える味方がいること，また，⑦人間の基本的欲求である性的欲求が愛情を伴い安定的に満たされること，さらに，デメリットとされがちな，拘束される部分も調整し合い，協力することにより，何よりも⑧人格的な成長が期待できることがある（図6-5）。

一方，「結婚しない」人生を選択する場合も，メリットやデメリットについてあらかじめ考えておかなければならない。

結婚するしないは個人の自由だが，面倒なことを避けたり，計画性のなさから「こんなはずではなかった」と後悔する結果になることは避けたい。

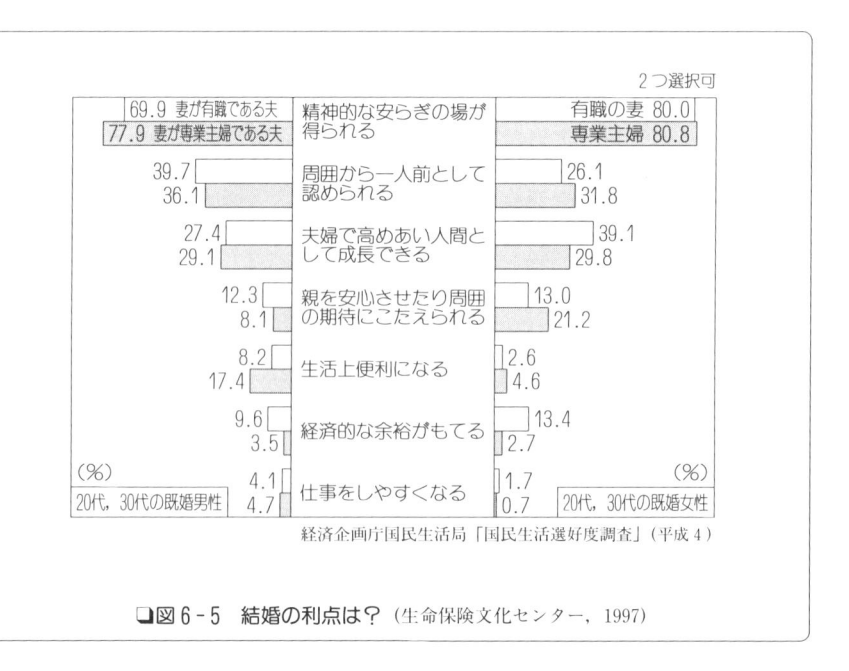

	2つ選択可	
妻が有職である夫 69.9 / 妻が専業主婦である夫 77.9	精神的な安らぎの場が得られる	有職の妻 80.0 / 専業主婦 80.8
39.7 / 36.1	周囲から一人前として認められる	26.1 / 31.8
27.4 / 29.1	夫婦で高めあい人間として成長できる	39.1 / 29.8
12.3 / 8.1	親を安心させたり周囲の期待にこたえられる	13.0 / 21.2
8.2 / 17.4	生活上便利になる	2.6 / 4.6
9.6 / 3.5	経済的な余裕がもてる	13.4 / 2.7
4.1 / 4.7（%）20代，30代の既婚男性	仕事をしやすくなる	1.7 / 0.7（%）20代，30代の既婚女性

経済企画庁国民生活局「国民生活選好度調査」（平成4）

❏図6-5　結婚の利点は？（生命保険文化センター，1997）

4 結婚により拡大する人間関係

　結婚を「いっしょに暮らすこと」とだけ考え，当人どうしの人間関係のみにとどめることは，現実的には困難なことである。両者が結婚するまでに築いてきた，家族，親族，友人，職場等の関係は2人分となって拡大することは明らかであり，この関係の維持のしかたに対する意見のちがいなどで，問題が生じたり，わずらわしくなる場合もあるが，結婚前から十分に話し合っておけば，この人間関係は2人を支える強いきずなともなりうる。そしてやがて，子どもが誕生し，子どもをとおしてひろがる人間関係も編み目のように拡大していく。これらを予測しながら，自分の人間関係を柔軟に拡大していくことが，ある意味で結婚の大きな課題となってくる。

　近年は，産業構造，都市化，高齢化等に伴う家族の分散や少子化等により，とくに世帯規模が縮小（1999年3月の全国平均で2.69人，矢野恒太郎記念会，1999）する傾向が著しいことから，家族構成員それぞれの人間関係が拡大しなければ，人間関係のネットワークは非常に小さなものにとどまってしまう。

　家族内のコミュニケーション回路は，図6-6に示すように，3人では3つ，4人では6つ，5人では10の回路ができることから，ひとりでも家族が多ければ，家族内はもちろんのこと，さらに家族外でも人間関係が拡大することがわかる。

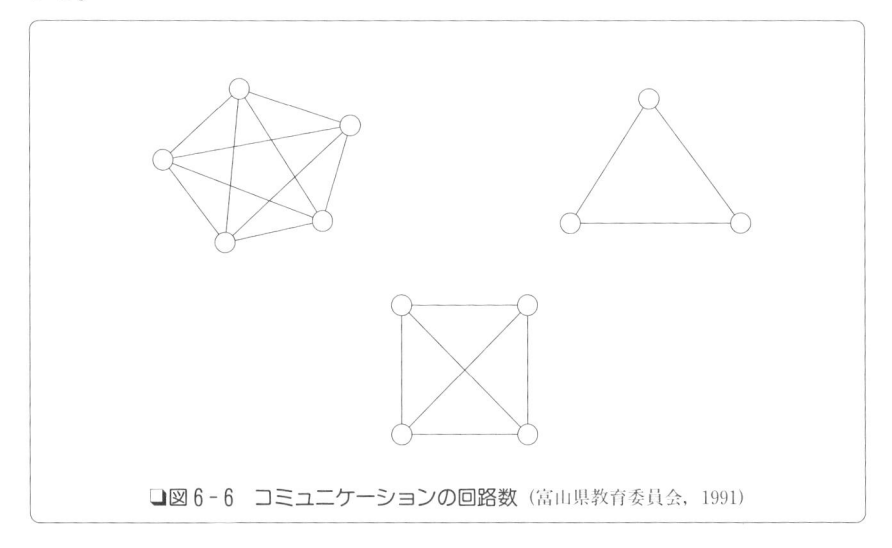

❏図6-6　コミュニケーションの回路数（富山県教育委員会，1991）

第2節 親になること・親であること

1 親になれない親

　子どもを育てていく親自身が未熟である場合がある。日本では，男女ともに平均初婚年齢が高くなる傾向があるにもかかわらず，親自身の**社会化**に問題がある場合も少なくない。牛島は，結婚生活を維持していくための社会的・心理的な成熟の必要性を唱えている（古畑・小嶋，1979）。「考え方の成熟」「社会的態度の成熟」「情緒の成熟」「性意識の成熟」などの面で，親自身が未熟なために起こっている事態が，近年では多く認められる。未熟さゆえに，親自身がしつけの基準を見失っていたり，自信を喪失し，目標や権威を失い，子どもに追随する傾向や，言動に一貫性を失ったりする傾向も認められる。

　このように親自身が未成熟であったり，精神的に不健康であると，家庭の教育力はますます低下し，教育態度の悪化を極端にし，**幼児虐待**や，子どもの問題行動の引き金になる場合も多い（表6-1）。

　小さいきょうだいや，近所の子ども，下級生の面倒をみるというような体験

○表6-1　精神的に健康な人の特徴　(堀野ら，1997)

●完全に機能する人間（ロジャース）	●自己実現する人間（マズロー）
1　体験に対して開かれている	1　現実をありのままに認知する
2　人生を実存主義的に生きている	2　自己受容し，他人や自然も受容する
3　自分自身を信頼している	3　自発性をもつ
4　自分に行動選択の自由がある	4　仕事に熱中する
5　創造的である	5　孤独と独立を求める
	6　自律的である
●成熟した人格（オルポート）	7　斬新な鑑賞眼をもっている
1　自己感覚の拡大（多くの活動に自分から積極的に関与する）	8　至高体験（生命力あふれ，人生の意味が開ける神秘的で圧倒的な恍惚感）
2　他人とあたたかい共感的関係をもつ	9　社会に対する関心をもつ
3　自己受容し，情緒的に安定している	10　親密な対人関係が結べる
4　現実をあるがままに知覚する	11　民主的な性格をもつ
5　仕事に没頭できる	12　目標を達成する経過自体を楽しむ
6　自分を客観化でき，ユーモアがわかる	13　敵意のないユーモア感覚がある
7　統一的な人生哲学（人生観）をもつ	14　創造的である
	15　慣習よりも自分の内面にしたがう
●自己超越した人間（フランクル）	
1　自分の行動方針を選択する自由をもつ	●生産的人間（フロム）
2　自分の態度に対する責任を引き受ける	1　愛情を通して他人と連帯しようとする
3　外部の力に影響されにくい	2　創造によって，生命の偶然性や受動性を乗り越えようとする
4　自分にあった人生の意味を見いだす	3　他者との根源的つながりを求める
5　人生を意識のレベルで統制している	4　自己同一性（個性）を確立せんとする
6　創造などにより自分の価値を表現する	5　一貫した世界観をもとうとする
7　自己への関心を超越しようと努める	

が少なくなった現代,「親になるため」や「健全な心を育むため」として,青年期の早い段階から父性や母性を育てる教育が必要と考えられる。

2 幼児虐待

近年,親による乳幼児の虐待事件がひんぱんに起こっている。子どもを虐待する親の多くは,かつて自分が育った家庭で虐待をうけたケースが多いともいわれている。親がぬくもりのある真の愛情で子どもを包み込めなければ,その子どももまた自分の子どもに同じような接し方をしかねない。親の養育態度の影響は,子どもにとどまらず,さらにその子へと,受け継がれていくと考えられる。

乳幼児虐待をするのは,社会的に未熟な親である場合が多い。未熟な親は,子どもをもつ心構えができておらず,子どもが生まれたあとも,セルフコントロールすることなく,身体的に攻撃したり,故意に放置したり,自分自身の情緒不安を子どもにぶつけるなどする。子どもの発達についての知識が乏しいために,思いどおりにならない子どもにいらだち,愛情をもって対応ができず**精神的虐待**をすることにもつながる。(表6-2,表6-3)。

子どもからみて,いやだと思う親のタイプは「すぐ口や手が出る」「期待しすぎる」「過保護・甘やかしすぎる」「厳しすぎる」「放任する」「無関心」「両親の仲が悪い」「見栄っ張り」「不道徳」「きょうだい差をつける」「病理的」「自己中心的」と思われる親であるという調査例がある。

反対に,子どもに尊敬され,好かれる親のタイプは「豊かな愛情」「思いやり」「筋の通った考え」「厳しさ優しさが調和」「偏らない養育態度」が示される親である。こうした親のタイプは明らかに成熟した大人の態度であり,子どもの心身の成長を助けるはたらきかけをしていることは確かである。

○表6-2 虐待に関する相談処理件数の推移 (日本子どもを守る会, 1999)

年度	1990年	1991年	1992年	1993年	1994年	1995年	1996年	1997年
件数	〈100〉 1,101	〈106〉 1,171	〈125〉 1,372	〈146〉 1,611	〈178〉 1,961	〈247〉 2,722	〈373〉 4,102	〈486〉 5,352

(注) 上段〈 〉内は,1990年度を100とした指数(伸び率)である。

○表6-3 虐待の内容別相談件数 (日本子どもを守る会, 1999)

	総数	身体的暴行	保護の怠慢ないし拒否	性的暴行	心理的虐待	登校禁止
件数	(100%) 5,352	(51.9%) 2,780	(32.3%) 1,728	(5.8%) 311	(8.6%) 458	(1.4%) 75

月刊「保育情報」No.267, 1999

■**幼児虐待** 幼児を身体的,性的,精神的に虐待すること,および保護者としての義務を放棄(拒否,放棄)すること。

3　親であり続けること

　親になることはたやすくても，親であり続けることはなみたいていではない。受精の瞬間からめばえた生命がやがて成人するまでの全過程に責任を負い，見守り続けなければならないからである。生物として生まれてきた未熟な子どもを「人間に育てる」ためには，父親，母親のきわめて人間的な能力と最大限の協力，努力が必要である。子育てに「これで絶対」という正しい方法や道筋があるわけではなく，親はみな子どもの成長とともに次つぎに出てくる子育ての悩みや不安に対応しながら，ともに成長していくのである（図6-7）。

　現代の子どもたちは，情緒的に不安定，人間関係を築くのが苦手，生活習慣が身についていない，生きる力が弱いなどと，さまざまな批判的見方がなされているが，それはすなわち大人社会の反映でもあると反省すべき点である。

　大人は親として子どもへ深い愛情をもち，子どもの心身の成長・発達を理解し，それを支える人間関係や環境の影響について学ぶ必要がある。そのためにも固定的な役割意識を捨て，家族員一人ひとりが人間として対峙し，夫婦，親子，大人と子どもが双方の尊敬できる点を確認し，互いの真価を認める努力がたいせつである。親は子どもがいくつになっても親であることにかわりはない。子どもを見守りかかわりながら，成長していくのが親であり続けることである。

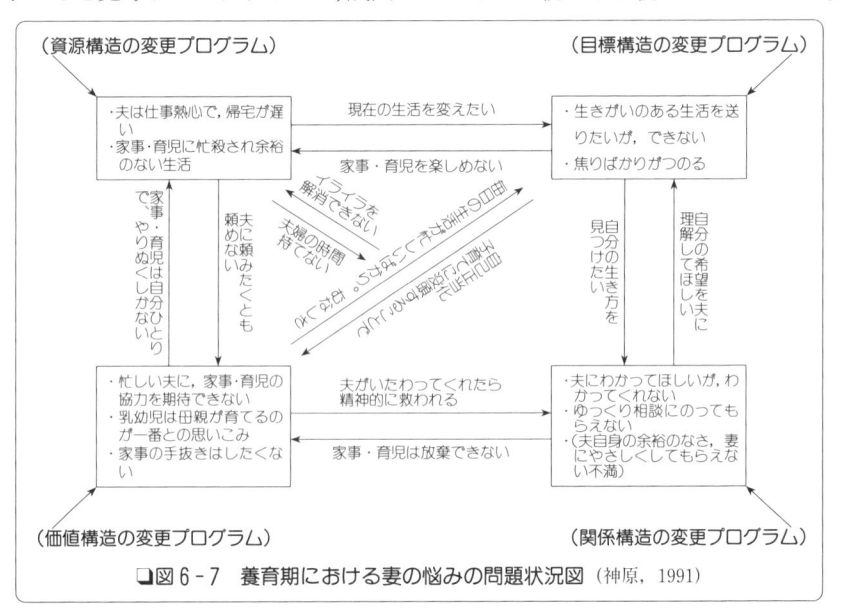

❏図6-7　養育期における妻の悩みの問題状況図 （神原，1991）

解説：図に示すような悩みが悪循環することを回避し，少しでも解決方向にむかうために，資源，目標，価値，関係の見直し，改善が図れないかを検討することが必要である。

第3節　養育意識と育児態度

1　今，子どもを取りまく環境

　家族の小規模化，核家族化，共働き化など，家族の多様化にともなって担い手が不足しているのが子育ての現状である。本来子育ては父母の共通理解のもとに，家族や地域社会，学校教育機関との連携を図ってなされることが理想であり，これからの社会情勢のなかで有効かつ健全な子育ての協力体制を考えていくことが急務である。ただでさえ子どもが育つ過程で経験できる人間関係は少なくなりがちであり，現代の子どもたちのなかには小規模家族の環境や，室内でテレビやテレビゲームという遊びの割合が多く（表6-4，図6-8），人間関係を築く方法がわからない，あるいは苦手だという状況も見受けられる。

❏表6-4　小学生がよく遊んでいる場所（清水ら，1998）

	1位	2位	3位	4位	5位
1984年男子	公園・グランド・広場　55%	学校の運動場（校庭）　43%	自分の家の中　31%	友達の家・近所の家　24%	自分の家の庭・家の回り　21%
1989年男子	公園・グランド・広場　50%	自分の家の中　39%	学校の運動場（校庭）　35%	友達の家・近所の家　25%	自分の家の庭・家の回り　20%
1994年男子	公園・グランド・広場　50%	学校の運動場（校庭）　46%	自分の家の中　46%	友達の家・近所の家　30%	自分の家の庭・家の回り　17%
1984年女子	公園・グランド・広場　47%	自分の家の中　42%	学校の運動場（校庭）　36%	友達の家・近所の家　35%	自分の家の庭・家の回り　25%
1989年女子	自分の家の中　46%	公園・グランド・広場　41%	友達の家・近所の家　31%	学校の運動場（校庭）　31%	自分の家の庭・家の回り　24%
1994年女子	自分の家の中　56%	友達の家・近所の家　41%	公園・グランド・広場　40%	学校の運動場（校庭）　27%	自分の家の庭・家の回り　19%

NHK「小学生の生活と文化調査」

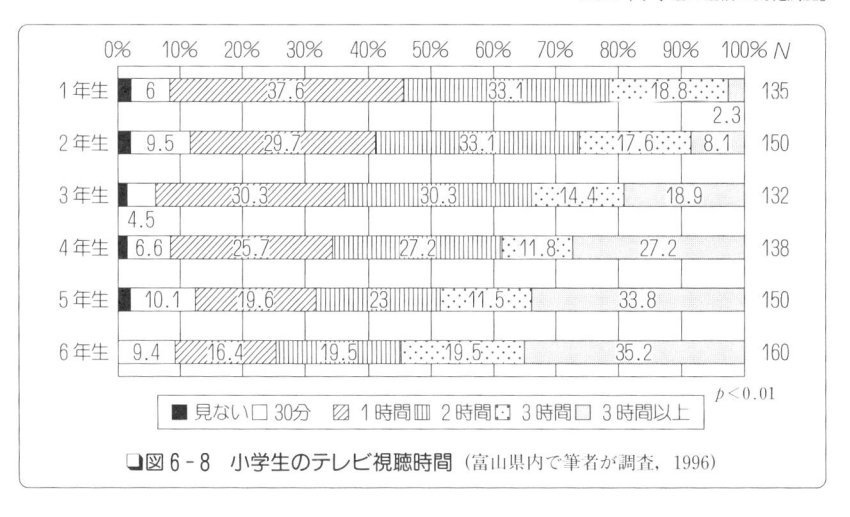

❏図6-8　小学生のテレビ視聴時間（富山県内で筆者が調査，1996）

$p < 0.01$

■見ない　□30分　▨1時間　▦2時間　▧3時間　▩3時間以上

2　子どもを育てる環境

「子どもの生まれた日から本当の生活が始まる。父と呼ばれ，母と呼ばれる日から新しい力が生まれる」詩人，高田敏子のことばである。家族という小さな集団のなかで人間が得る大きなエネルギーや力，可能性や夢が生まれる。子どもを育てることは，経済的，時間的，労力的にも，また親としての責任を強く感じるほど精神的にも想像以上にたいへんなものである。だが子どもの誕生によって夫婦や家族に新しいエネルギーが生まれ，さらに，相互理解や協力によって，親や家族が成長していく原動力になる。

さて，近年，子どもたちが生活している環境に大きな問題がある。それは，自然環境の減少・変化である。

高度経済成長期以降，日本の住宅事情の特徴としてあげられる「狭い」「高い」「遠い」「環境が悪い」という状況の中で，子どもたちの遊び場は年々減少し，生活環境から自然がなくなり，空き地や原っぱでチョウチョウやトンボ，バッタを捕まえたり，砂利道を歩いたり，自転車でよろけるなどの体験はほとんどできなくなってしまった。そして人工的なものが非常に多くなり，子どもたちから日常的な自然体験や生活体験のチャンスを奪っている（図6-9）。

子どもたちはますます，室内遊びやテレビゲームで室内に閉じこもり，外に

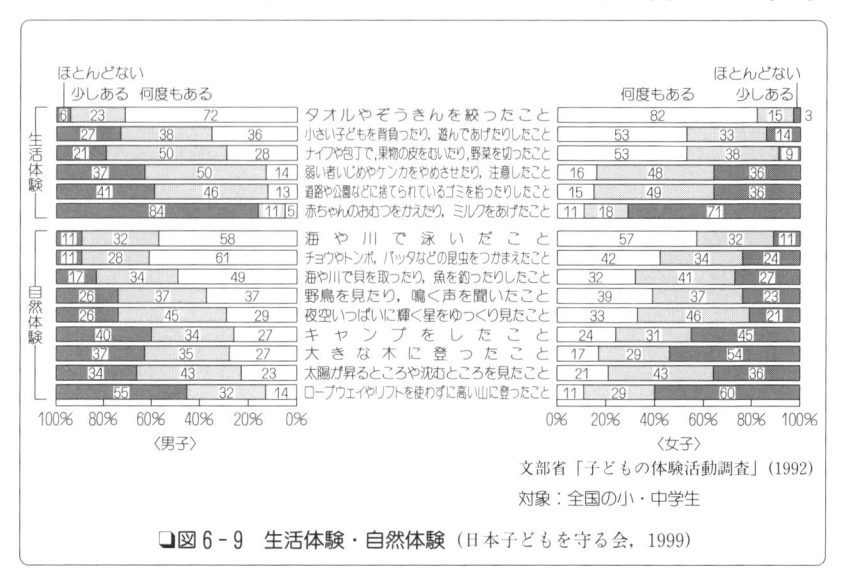

❏図6-9　生活体験・自然体験（日本子どもを守る会，1999）

文部省「子どもの体験活動調査」(1992)
対象：全国の小・中学生

出るのは学校以外には，夜間の塾通いやけいこごと，あるいは夜遊びということになり，大人のように疲れた子どもの割合も多くなっている（図6-10）。

　子どもたちに元気に遊び回れる環境や安全でのびのびできる場所，創造力や表現力が発揮できる環境，地域の人々の目が行き届き，危険に巻き込まれない環境をつくるという視点も重要である。

　人間の**五感**の豊かさは，生きる力の豊かさであり，多くの人や環境とかかわり，さまざまな感情や多くの感動を経験して育つ，人間性の豊かさである。われわれの視覚は，多くの自然や社会の人々の生活という現実の世界をみることによって研ぎ澄まされ，生活や行動範囲の拡大とともに心の（精神的）視野も拡大するが，今はどうであろうか。聴覚も機械音（テレビ，電子音等）や騒音に慣れ，自然のちょっとした音も聞き分けられない子どもたちがふえている。嗅覚は，消臭，芳香指向で生活臭に否定的になり，健康や環境の危険察知ができない，味覚は，人工的，画一的な食品によって季節感が失われ，硬い物が食べられないなど許容範囲も狭くなっている。皮膚感覚も年中温度差の少ない快適な環境に育ち，抵抗力のない子どもたちも増加している。

　子どもたちの育つ環境に多くの体験をする環境があるかどうか，また子どもたち自身の五感が刺激され育っているかどうかを確認しなければならない。

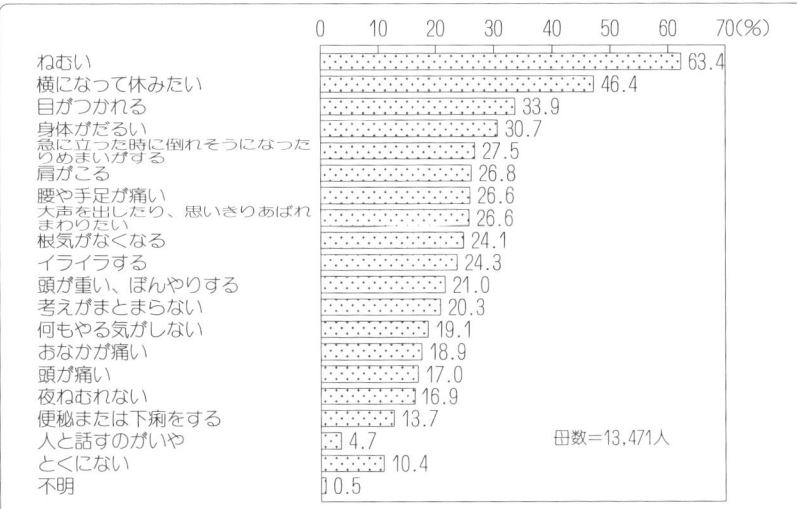

症状	%
ねむい	63.4
横になって休みたい	46.4
目がつかれる	33.9
身体がだるい	30.7
急に立った時に倒れそうになったりめまいがする	27.5
肩がこる	26.8
腰や手足が痛い	26.6
大声を出したり，思いきりあばれまわりたい	26.6
根気がなくなる	24.1
イライラする	24.3
頭が重い，ぼんやりする	21.0
考えがまとまらない	20.3
何もやる気がしない	19.1
おなかが痛い	18.9
頭が痛い	17.0
夜ねむれない	16.9
便秘または下痢をする	13.7
人と話すのがいや	4.7
とくにない	10.4
不明	0.5

田数＝13,471人

東京都教育委員会「東京都公立学校児童・生徒の健康実態調査」（1992年，6-11月）

❏図6-10　小4・中1・高1生の感じるここ1か月ほどの身体や心の状態（日本子どもを守る会，1999）

3 しつけ

　家庭教育というと，**しつけ**ということばがすぐに出てくるが，実際には，しつけは家庭教育のほんの一部にすぎない。

　ポルトマン（Portman）の指摘のように，人間の赤ちゃんは**生理的早産**児であり，周囲からの保護や援助がなければ1日も生きていけない。家庭は，こうした人間の子どもが心豊かに人間らしく成長するために不可欠なあたたかい愛情に満ちた環境を提供するだけでなく，子どもの成長とともに拡大していく人間関係，生活領域に適応していくこと（社会化）の重要な出発点でもある。

　社会化の基礎となる家庭教育でめざすことは3つある。1つは**基本的生活習慣**の形成で，食事，排せつ，睡眠等の生活リズムや，遊び，片づけ，あいさつのように日常生活のなかでくり返されることによって習得され，子どもの生活自立がうながされること，2つ目は**基本的道徳意識**の形成で，家族をはじめとして，人とかかわることを通して，人を愛する，善悪の区別，勤勉さなどを後天的に獲得すること，3つ目は，**主体性の確立**で，親への依存からしだいに自立・独立して自分の生き方を求めていく心の成長で，情緒の安定や情操の発達として達成されていく。

　この社会化は，いわゆる「しつけ」のみによって進行していくのではなく，図6-11のように親と子の「意図的」「無意図的」な行動によって，家庭生活全般のなかで互いに影響し合い，展開されていく。親の背中だけではなく，親の生活姿勢のすべてが影響しているといえる。

　子どもの社会化は，家庭だけでなく，遊び仲間，幼稚園，保育所，学校等，子どもの生活が展開される場全体つまり子どもが育つ環境全体で行われていく。

　愛情に満ちた環境で育つ子どもと，暴力や人権が尊重されない環境で育った子どもでは，心の育ちにちがいが生じることは当然のことである。

薫化：親も子も無意図
（例：良くも悪くも生活のし方全般が親子で似てくる）

感化：親は意図的　子は無意図
（例：子の前で，お年寄りにやさしく接する）

	主体（親）	
客体（子）	無意図	意図
無意図	薫化	感化
意図	模倣	しつけ

❑図6-11　社会化の諸形態
（青井，1974；森岡・望月，1999）

模倣：親は意図していないが子は意図的
（例：ままごとで，お母さんのまねをする）

しつけ：親も子も意図的
（例：あいさつをしましょう　手を洗いましょう）

■**しつけ**　子どもを社会化する手段のひとつで，親も子も意図的なかかわりをする過程でおこなわれていく。

4 養育態度

核家族化や少子化に伴う家族構成や規模の変化は，人間関係の量的，あるいは質的な低下をもたらす。しかも子どもの数が少ないことが親の子どもに対する過剰期待を生み出し，**過保護，過干渉**に耐えられない子どもも出てくる。また，子どもの社会化過程における**父親不在**（社会的風潮，職場の理解不足，両親の勢力関係等）も母親による過保護，過干渉を助長している。

さらに，親の命令的圧力は子どもの自発性の芽をつみ取ってしまう可能性がある。自発性は，自分で考え，実行する機会が多いほど発達することがわかっている。そのためには過保護，過干渉はできるだけやめ，子どもが自由に考え行動する機会をふやし見守るよう心がける必要がある。子どもに自分で考え，行動する意欲が現れてくれば，あとは信頼してまかせられることも多くなり，親子の信頼関係がさらに強くなる。

○ 表6-5　性格の発達に及ぼす外的要因の例（詫摩ら，1990）

1　生まれた家庭の要因 　親の年齢・教育歴・職業・収入・宗教・人生観・価値観・子ども観・性役割観 　その家庭の一般的雰囲気 　父と母の関係 　その家のある地域の諸特徴
2　家族構成 　家族構成員の人数や関係。三世代家族，核家族などの家族形態 　きょうだい数と出生順位。異性のきょうだいの有無。きょうだい間の年齢差。出生順位による親の期待内容 　家族間の愛情の程度 　親と子の心理的距離
3　育児方法や育児態度 　授乳や離乳のしかた 　食事，睡眠，着衣，排せつなどの基本的習慣のしつけ 　他人に対する態度，感情の表出（怒り，甘えなど）に関するしつけ 　親の子どもに対する一般的態度（保護的，拒否的，放任的，溺愛的，受容的，支配的など）
4　友人関係・学校関係 　友人の数・つきあいの程度。友人との遊びの時間や場所。遊びの内容。友人集団内での地位。幼稚園や学校の教育方針。担任教師との関係。
5　文化的・社会的要因 　その社会の生活様式・宗教・習慣・道徳・法律・価値基準・政治形態・歴史・地理・人間関係観・性役割観 　ほかの社会との関係

第6章 人との結びつき

このように、子どもを取り巻く人間環境によって子どもの育ちが変わることがさまざまな研究によって明らかにされており（表6-5）、とくに母親の養育態度と子どもの性格の関連については研究報告が多い（表6-6）。

物質的な豊かさを通り越しほぼ飽和状態になっている現代、大人も子どもあふれるものや情報のなかで、慢性的に欲求不満に陥り生活の充実感も得にくい状態となっている。子どもたちの心が満たされるために必要なものは、高価な物質よりも、本当は親と思いっきり遊ぶ体験や、力を合わせて目標に立ち向かうあたたかい経験のはずである。それがないために物質で補おうとしてもいつまでも満足感が得られないことに気づくのは、大人になってからかもしれない。

子どもたちがみずからの内面を充実させたいと感じる**自己実現欲求**は、基本的欲求が満たされていないと困難である。

マズロー（Maslow）によれば、生理的欲求、安全の欲求、愛と所属の欲求、承認と尊敬の欲求が満たされて初めて、自立し、自己実現欲求をもつことができる（第5章参照）。「勉強しなさい」「立派になりなさい」という前に子どもを認め、受けとめているか見直す必要がある。また、「成績が上がったらほしいものを買ってあげる」のようにほうびのためや、しかられないためなどの外的な力による自己実現欲求の動機づけは、子どもの内部から生まれる自己実現欲求ではない。こうしたことをくり返しているうちに、やがて報酬や交換条件がないと努力できない功利的な人間になる可能性があり、ボランティア精神や自立心は育ちにくくなる。

○表6-6 母親の態度と子どもの性格 （詫摩, 1967）

母親の態度	子どもの性格
1. 支配的	服従　自発性なし　消極的　依存的　温和
2. かまいすぎ	幼児的　依存的　神経質　受動的　臆病
3. 保護的	社会性にかける　思慮深い　親切　神経質でない　感性安定
4. 甘やかし	わがまま　反抗的　幼児的　神経質
5. 服従的	無責任　従順でない　攻撃的　乱暴
6. 無視	冷酷　攻撃的　情緒不安定　創造力に富む　社会的
7. 拒否的	神経質　反社会的　乱暴　注意をひこうとする　冷淡
8. 残酷	冷酷　強情　神経質　逃避的　独立的
9. 民主的	独立的　素直　協力的　親切　社交的
10. 専制的	依存的　反抗的　情緒不安定　自己中心的　大胆

支配　自分の意思命令で相手の思考、行為に規定、束縛を加える。
専制　独断で思いのままに事を決する。
■**自己実現欲求**　自分自身を成長させ、自分自身を豊かにしていきたいという欲求。

第4節　家事の共同と分担

1　運命共同体，家庭生活を支え合う

家族はひとつの船に乗り合わせた**運命共同体**にたとえられる。

船は小さな船から，豪華客船のような船までさまざまであるが，試練に満ちあふれた航海において，乗組員（家族員）の命が守られ，快適な航海になるかどうかは，乗り合わせた人々の人間関係や協力体制に負うところが多い。そして無事各人がめざす港にたどり着き，それぞれが自立して生きていく場所を見つけ，人生を築いていく。

行く先を見失うことなく，家族員のよりよい暮らしや，子どもたちのすこやかな成長という目的（港）をめざすためには，夫も妻も子どもたちも，老親も力を合わせて家庭生活にかかわっていくという基本的姿勢が必要である。

そして，家族のだれかが役割を担うことが困難になっても，他のだれかがピンチヒッターとなれる家庭は強力である。たとえば，おもに家事を担当していた母親が病気のときにも，父親に代わりができるとか，父親が職を失っても母親に家計が支えられるというように（表6-7）である。

家族員の一人ひとりが，家庭生活においても，社会生活においても自立していけるように成長することが，家族の生活における大きな目標である。そのような自立した人々が協力し合える家庭は，どのような試練にも強く，むしろ試練によってさらに家族のきずなが強くなる。

○ 表6-7　母親の帰りが遅いときの夕食の準備（文部省，1997）
対象：小学5年生

	父親	子ども	他の人	母親	外食	出前
東　　京	16.0	25.4	11.7	34.2	3.2	9.5
上　　海	50.0	14.5	17.7	9.2	4.4	4.2
ソ ウ ル	13.3	43.4	7.3	24.9	2.4	8.7
ロンドン	42.4	22.4	3.5	20.3	3.1	8.3
ニューヨーク	37.6	11.3	8.7	17.1	8.1	17.2

（東京には札幌，千葉，名古屋，岐阜，東京を含む）　　　　　（％）
㈱ベネッセコーポレーション／ベネッセ教育研究所「モノグラフ・小学生ナウ」（1993～94）「第4回国際比較調査「家族の中の子どもたち―上海・ソウル・ロンドン・ニューヨーク・東京」」

■**運命共同体**　家庭や国家など，人間が幸福に生活するために存在するものである。そのなかでは，一人ひとりがかけがえのない存在であり，お互いのおかれた状況が他の成員に及ぼす影響は大きい。企業などの利潤等追求の目的共同体に対応する。

第6章 人との結びつき

♥2　家事に積極的になれない？　日本人男性

日本の家庭における夫と妻の**家事分担**の現状は，図6-12に示すように1994年の国際比較で，日本の男性の平均は31分，女性は4時間41分である。この値から育児・買い物を除くと，男性の家事時間は10分程度となる。

国際比較で男性の家事時間が最も多いのはイギリスの2時間7分，ついでアメリカもオランダも2時間以上である。

これを妻の仕事の有無でみても（1991年総務庁の調査），日本では，共働き世帯の夫19分，妻が無職の世帯で24分と，夫の家事時間は30分にも満たず，むしろ共働きの夫のほうが短くなっている（清水・赤尾，1998）。日本人の男性は，まだまだ家事参加度が低く，家庭的自立が弱いと指摘されるゆえんである。

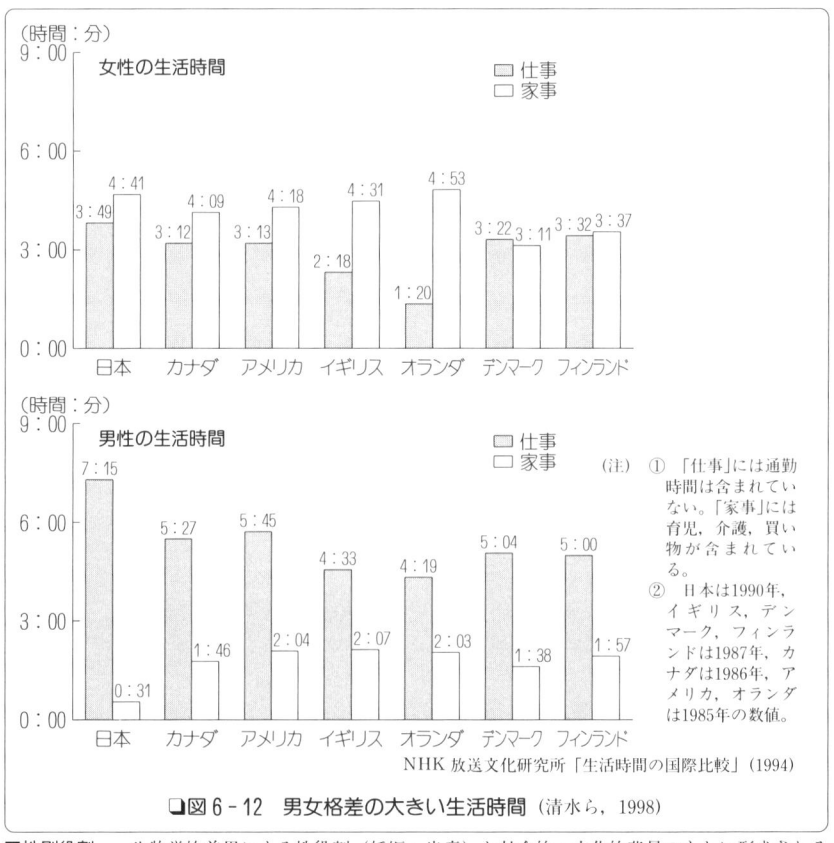

（時間：分）
女性の生活時間　□仕事　□家事

	日本	カナダ	アメリカ	イギリス	オランダ	デンマーク	フィンランド
仕事	3:49	3:12	3:13	2:18	1:20	3:22	3:32
家事	4:41	4:09	4:18	4:31	4:53	3:11	3:37

（時間：分）
男性の生活時間　□仕事　□家事

	日本	カナダ	アメリカ	イギリス	オランダ	デンマーク	フィンランド
仕事	7:15	5:27	5:45	4:33	4:19	5:04	5:00
家事	0:31	1:46	2:04	2:07	2:03	1:38	1:57

（注）① 「仕事」には通勤時間は含まれていない。「家事」には育児，介護，買い物が含まれている。
② 日本は1990年，イギリス，デンマーク，フィンランドは1987年，カナダは1986年，アメリカ，オランダは1985年の数値。

NHK放送文化研究所「生活時間の国際比較」（1994）

❑図6-12　**男女格差の大きい生活時間**（清水ら，1998）

■**性別役割**　　生物学的差異による性役割（妊娠・出産）と社会的・文化的背景のもとに形成される性別分業（炊事，力仕事など，本来男女で交代可能）がある。

第4節 家事の共同と分担

子どもから見て父親が家でしていることに対する認識は、図6-13のようで、子どもと遊んだり、家のことをしているようには見えていない。

働く女性がふえ、男女とも家庭の外に向かう一方、男性の家庭生活領域への入り方が遅れているため、そのギャップが夫婦や家庭の問題となっているケースも少なくない。家庭における父親の役割を見直してみる必要がありそうだ。

父親の役割の例としては次のようなものが考えられる。

1 **性別役割**のモデル（人間としての男らしさ、鍛え導く**父性原理**）
2 職業人、社会人としてのモデル
3 家族の大黒柱（妻の良きパートナー、子どもの相談相手）
4 優れた者に対する畏敬の念の原体験（強い、さすがという感動）

これらはもちろん母親が果たしてもよい役割であり、どちらかの役割が見えにくくなっているときは見えるように配慮することも必要である。

父親の存在感の希薄さを嘆くより家庭での役割がなされているか確認したい。

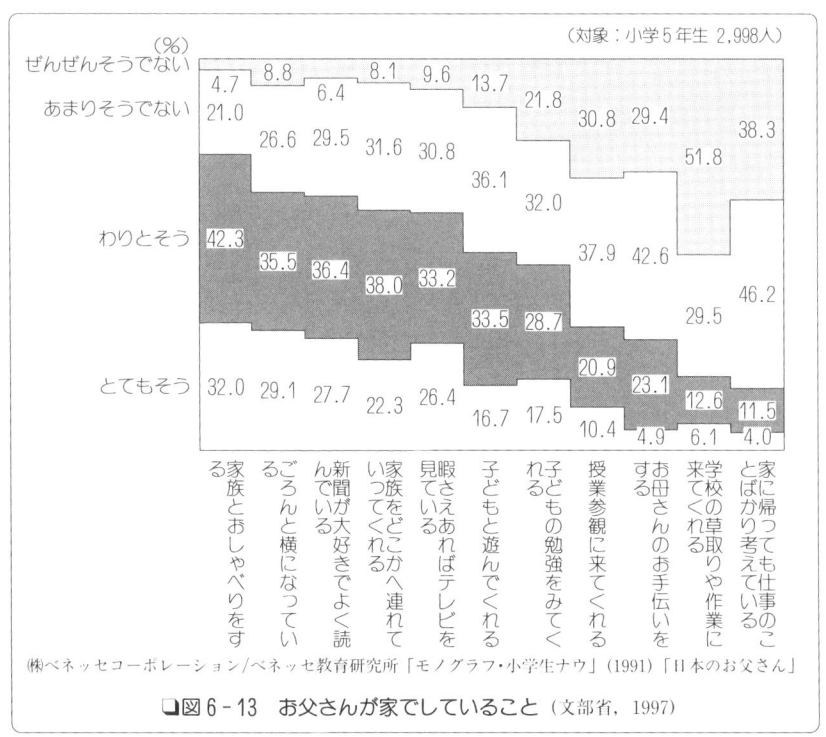

（対象：小学5年生 2,998人）

項目	ぜんぜんそうでない	あまりそうでない	わりとそう	とてもそう
家族とおしゃべりをする	4.7	21.0	42.3	32.0
ごろんと横になっている	8.8	26.6	35.5	29.1
新聞が大好きでよく読んでいる	6.4	29.5	36.4	27.7
家族をどこかへ連れていってくれる	8.1	31.6	38.0	22.3
暇さえあればテレビを見ている	9.6	30.8	33.2	26.4
子どもと遊んでくれる	13.7	36.1	33.5	16.7
子どもの勉強をみてくれる	21.8	32.0	28.7	17.5
授業参観に来てくれる	30.8	37.9	20.9	10.4
お母さんのお手伝いをする	29.4	42.6	23.1	4.9
学校の草取りや作業に来てくれる	51.8	29.5	12.6	6.1
家に帰っても仕事のことばかり考えている	38.3	46.2	11.5	4.0

(株)ベネッセコーポレーション／ベネッセ教育研究所「モノグラフ・小学生ナウ」(1991)「日本のお父さん」

❑ 図6-13 お父さんが家でしていること（文部省、1997）

■**父性原理** 子どもを社会化する過程で、善悪を見きわめる判断力を育てたり、自立をうながすために鍛え導くこと。いつくしみ、はぐくむ母性原理と対応する。どちらも、父親、母親のどちらが担ってもよい。

第6章 人との結びつき

● 3 人生を豊かにする家事, 育児

　男性も家庭生活面での自立や, 家事への貢献ができれば, 家庭内での居心地もよくなり, 不測の事態(妻の病気, 失業等)が生じた時でも比較的安定した生活が維持できる。老後の自立した生活のウォーミングアップにもなる。同様に女性もさらに社会的・精神的な自立をはかる努力が必要である。

　両親がそれぞれの生活の自立をめざし, お互いに協力を惜しむことなく, 誇りと自信をもって, 家庭生活や社会生活を維持していくために真剣に向き合うことは, 子どもにも生活の実感を与え, 家族を理解するよい機会となる。

　教育方針や養育態度は必ずしも一致しなくても, それぞれがどんな子どもに育ってほしいか話し合い, 子どもの成長発達を父母で見守っていく姿勢がたいせつである。両親がよい関係を築こうとすれば, 子どもの教育にもよい影響が期待でき, 夫婦の絆も強くなる。

　共働き家庭の増加にともない, 子育てに関しては, 夫婦で協力せざるを得ないことがふえてきた。母親も父親も子育てにかかわることは, 自分の人生を豊かにしてくれ, 学ぶことも多く, 自分のためにも重要なことという認識が必要である。子育てにかかわろうとしない父親は, 夫婦関係にも問題を生じさせや

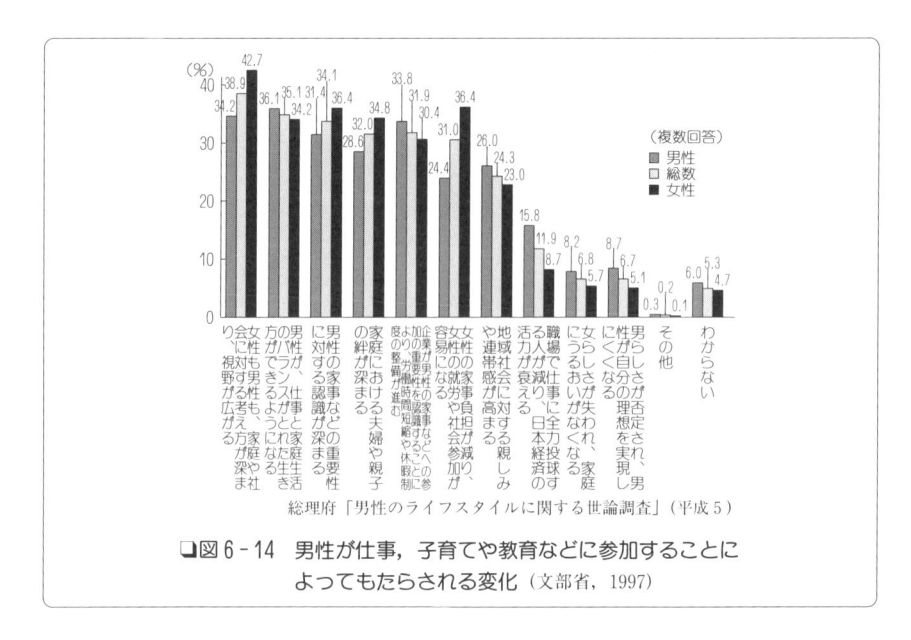

総理府「男性のライフスタイルに関する世論調査」(平成5)

❏図6-14　男性が仕事, 子育てや教育などに参加することによってもたらされる変化 (文部省, 1997)

すいだけでなく，みずから子どもという窓を通した多くの人間関係や成長のチャンスを逃しているともいえる（図6-14）。

4　育児の社会的支援

子どもを産む産まないの選択は個人の自由であり，政策的問題とはしにくいという見方もあるが，少なくとも生まれてきた子どもたちがすこやかに育つための環境的な支援体制は整えておく必要がある。そのためには，労働時間の短縮，**育児休業制度**等への積極的な取り組み，安心して子どもを産み育てられる環境づくり，男女がともに子育てを楽しめるゆとりや価値観の形成・啓発の機会が，家庭，学校，地域，職場等で必要である。

2002年からは，学校も**完全週休2日制**になる。この休暇制度が日本の子どもたちを育てる有効な時間となるよう，父親，母親はもちろんのこと，地域，学校，企業が連携をとらなければならない。

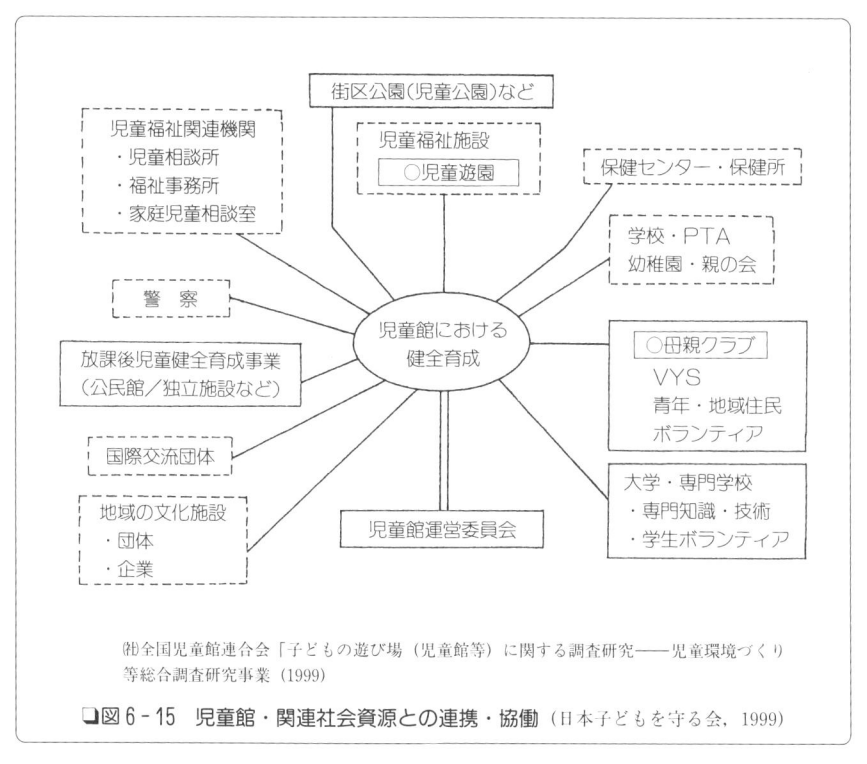

㈳全国児童館連合会「子どもの遊び場（児童館等）に関する調査研究——児童環境づくり等総合調査研究事業」(1999)

❏図6-15　児童館・関連社会資源との連携・協働（日本子どもを守る会，1999）

（注）VYS　ボーイスカウト

第5節　家族関係から生じる諸問題

1　続けていく人間関係

　人生において出会う人の数は，数えきれないほどである。毎日新しい出会いが1人でもあれば，1年で365人，人生80年としても29200人，約3万人と出会うことになる。もちろん道をたずねる程度の出会いから，生涯にわたってかかわる出会いまでさまざまである。

　そのなかで，長期間にわたって続く人間関係は，夫婦や親子の家族関係であるといってもよい。なかには，友人関係，近隣関係も長年にわたって継続している人も多い。一方で，どんな人間関係も続きにくく，短期間で続けられなくなってしまう人たちもいる。つまり，人間関係は続く，続かないではなく，続ける努力をするかどうかである。たとえ家族といっても，みな別の人格であるから，完全に理解しあえるわけではなく，だからこそ，理解しあう努力のもとに，関係が継続される。互いにがまんすることや，反省すること，そして自分の考えや不安，疑問についてもはっきり相手に伝え，改善のための方向を考え

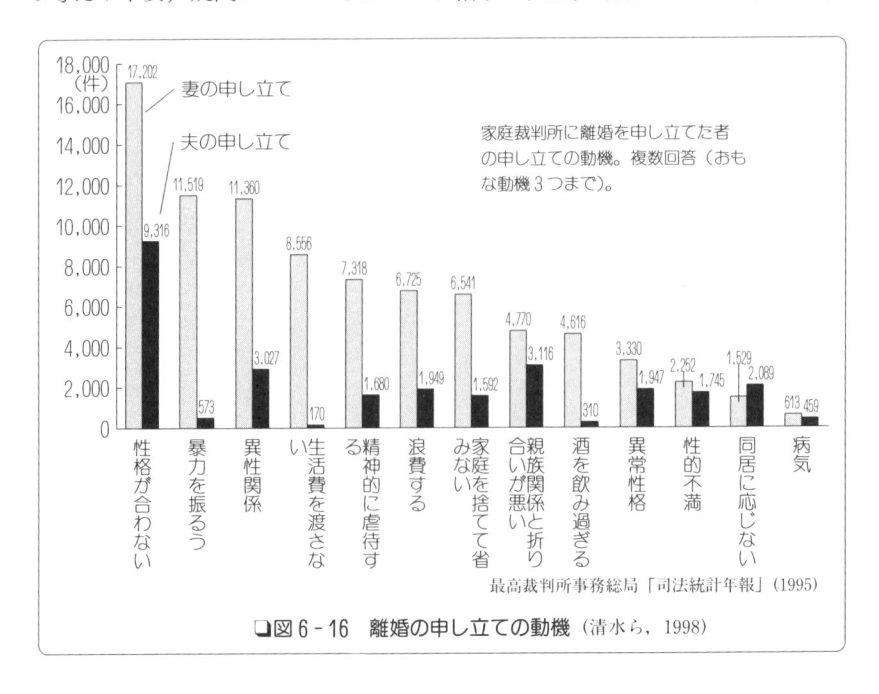

図6-16　離婚の申し立ての動機（清水ら，1998）

家庭裁判所に離婚を申し立てた者の申し立ての動機。複数回答（おもな動機3つまで）。

妻の申し立て／夫の申し立て

動機	妻	夫
性格が合わない	17,202	9,316
暴力を振るう	11,519	573
異性関係	11,360	3,027
生活費を渡さない	8,556	170
精神的に虐待する	7,318	1,680
浪費する	6,725	1,949
家庭を捨てて省みない	6,541	1,592
親族関係と折合いが悪い	4,770	3,116
酒を飲み過ぎる	4,616	310
異常性格	3,330	1,947
性的不満	2,252	1,745
同居に応じない	1,529	2,089
病気	613	459

最高裁判所事務総局「司法統計年報」（1995）

合う柔軟な姿勢が必要である．このくり返しにより，他者への理解を深め，自分も成長していくことになる．夫婦も親子も嫁姑も，世代や性別等異なることが多いからこそ，コミュニケーションが重要である．

2 離婚, 再婚

　厚生省の「人口動態統計」によると，1995年の離婚件数は，19万9016件で過去最高を記録した．とくに20歳代の離婚率の上昇が著しかった．「夫婦はもともと他人」とよくいわれるが，当然のことで，育った環境や習慣等すべてがちがっていても不思議ではない．ところが図6-17に示すように，性格の不一致が離婚申し立ての第1位である．いずれにしても，相手のせいというより，自己の責任でもあることに気づき，関係改善の努力は必要である．また，近年女性が社会的に自立して，かつての離婚後のような経済的な不安が少なくなったために，離婚が容易に決定されてしまう面もある．

　しかし，離婚をするまでに費やされるエネルギーは，結婚とは比べものにならないほど大きいこともよくいわれることである．

　多くの犠牲を払ってもしたほうがよい離婚であるかどうかを十分見極めるこ

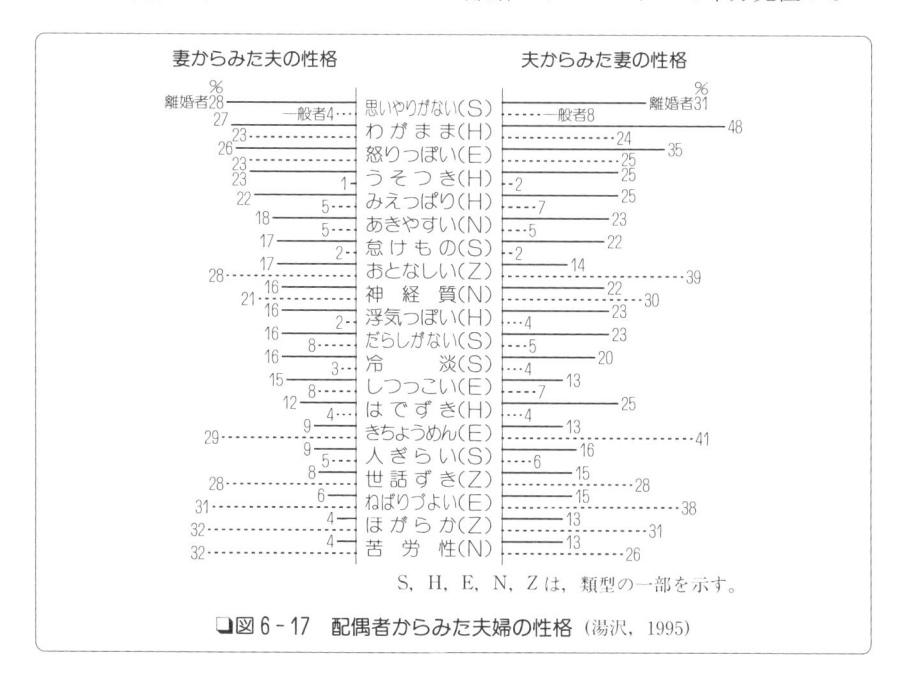

❏図6-17　配偶者からみた夫婦の性格（湯沢, 1995）

第6章 人との結びつき

とと，離婚後解決しなければならない問題点にもあらかじめ準備しておかなくてはならない（表6-8，図6-18）。とくに，離婚は当人どうしだけではなく，子どもをはじめとして，周囲の人々にも深くかかわってくる問題であるので，その影響も考えておかなくてはならない。

離婚に対しては，一般的には否定的見方が多いが，離婚によって生活不安が解消されたり，子どもの問題行動や情緒不安が解決する例もある。

近年，「バツイチ」，「バツニ」というように，本人またはまわりの人がこだわ

○ 表6-8 夫婦関係を破綻に導く10項目 (Geiss & O'Leary, 1981；村田, 1997)

(1) コミュニケーションの問題
(2) 結婚ないし配偶者に対する非現実的な期待
(3) 力の闘争
(4) 深刻な個人的問題
(5) 役割をめぐっての葛藤
(6) 愛情の欠如
(7) 愛情表現の問題
(8) アルコール依存
(9) 不倫
(10) 性生活

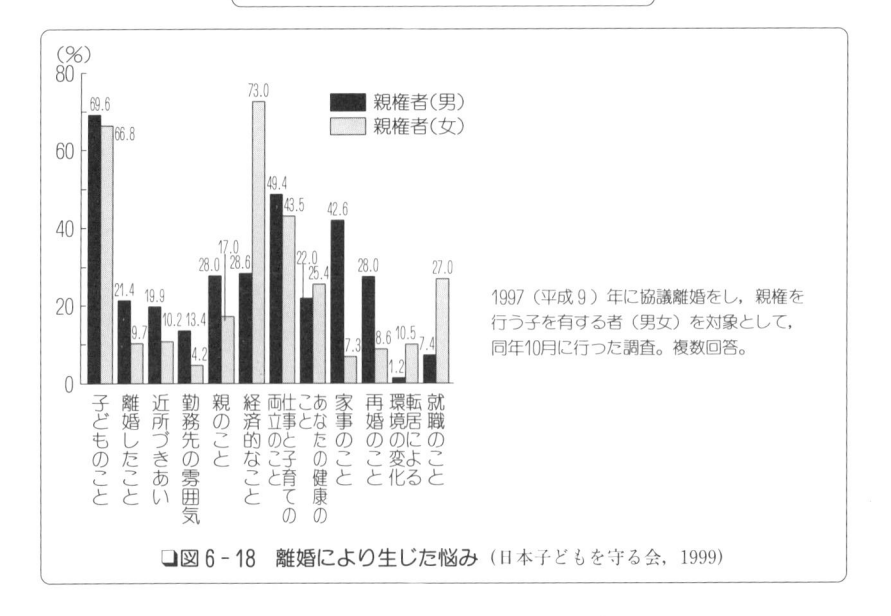

□ 図6-18 離婚により生じた悩み（日本子どもを守る会, 1999）

1997（平成9）年に協議離婚をし，親権を行う子を有する者（男女）を対象として，同年10月に行った調査。複数回答。

凡例：親権者（男），親権者（女）

- 子どものこと: 69.6 / 66.8
- 離婚したこと: 21.4 / 9.7
- 近所づきあい: 19.9 / 10.2
- 勤務先の雰囲気: 13.4 / 4.2
- 親のこと: 28.0 / 17.0
- 経済的なこと: 28.6 / 73.0
- 仕事と子育ての両立のこと: 49.4 / 43.5
- あなたの健康のこと: 22.0 / 25.4
- 家事のこと: 42.6 / 7.3
- 再婚のこと: 28.0 / 8.6
- 転居環境の変化: 10.5 / 1.2
- 就職のこと: 7.4 / 27.0

第5節　家族関係から生じる諸問題

りなく離婚回数を紹介する場面を見かける。このことに象徴されるように，かつての離婚に対するマイナスイメージは，薄れているようである。とくに，女性のほうが「不安」なイメージを持ちつつも，「勇気」「自立」といったプラスイメージを男性よりももつようである（図6-19）。

また，離婚後の再婚の意思については，図6-20に示すように，男性の半数以上は再婚を希望するが，女性の場合は再婚したくないとしている。

男女ともに，年齢が若いほど再婚希望は多くなるが，男性では子どもがいるほうが再婚希望は多くなるのに対して，女性は子どもがいると，再婚希望は少なくなる。また，死別の場合は，離婚と異なり，結婚生活が美化され，再婚希望は少なくなる。

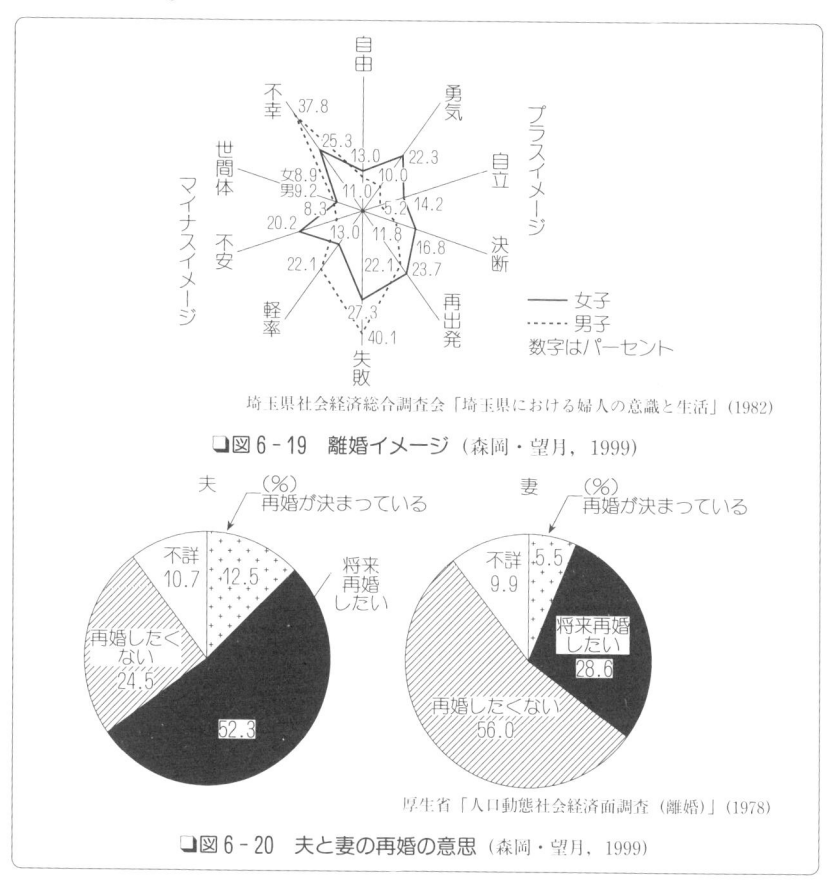

❏図6-19　離婚イメージ（森岡・望月，1999）

❏図6-20　夫と妻の再婚の意思（森岡・望月，1999）

❤3　親離れ，子離れ

　親子の問題は，生涯寄り添うことをめざす夫婦と異なって，いかに相互の依存から自立するかが，問われることになる。

　現代は少子化，核家族化による親の過干渉，溺愛が高じて，いつまでも**子離れができない親**（とくに母親）が子どもの問題行動の原因となったり，子どもが巣立ったあとに**空の巣症候群**に陥るなどの例がみられる。子どもの側では，発達段階に応じて順調に自立できず，**親離れ**ができない問題や，成人後，結婚後も母親の庇護のもとから自立できず**マザーコンプレックス**といわれる例も多い。2000年には**パラサイトシングル**という語も出てきた。いずれも，心理的な「離れる不安感」が事態を複雑にしている。

　親であれ，子であれ，自分の足で歩み人生を切り開き，成長している実感がもてれば，離れることへの不安感は最初だけのもので，あとは自分の人生の充実をめざして生きていくことになる。

　そのためには，マズローの欲求階層（第5章参照）でも述べたように，生命の安全や所属や愛情といった基本的な欲求が満たされること，つまり安心感が必要である。いついなくなるかわからない親のそばでは安心して遊びに没頭できない子どものように，基本的欲求が満たされないと，いつまでも離れられないのである。とくに核家族の中で，仕事もなく生きがいも感じられず，友だちも少ない母親に，子離れがむずかしくなっている傾向がある。

　このような母親が子育てのあとに空の巣症候群にならないためにも，子育てに代わる自分の生きがいを早い段階からもつことが有効である。**生涯学習時代**といわれる現代，平均寿命ものび，どのような生き方をするか，子育て，仕事だけではない生き方も考えていきたい。たとえば，地域活動やボランティア活動，趣味等を通して喜びを感じられる生き方を模索することである。

■空の巣症候群　　子どもが独立して家を出たあとに，生きがいを失い，こころにぽっかりと穴があいたようになる心理状態。母親に多い。

4 親世代とのかかわり

2000年4月から，**介護保険法**がスタートした。親の老後は子どもが面倒をみるのが当たり前と思われた時代から，少子高齢化の時代にあって，「面倒はみたいけど，自分の家庭や仕事も犠牲にできない」「老後は不安だけど，子どもに負担はかけたくない」など，親子の思いもさまざまに交錯する。親世代と子世代

○表6-9 三世代同居の良い点，悪い点 （神川ら，1991）

同居の良い点（姑調査）	%	同居の良い点（嫁調査）	%
安心して生活できる	63.9	子どもの面倒がみてもらえる	46.4
孫の顔がいつでもみられる	61.7	安心して生活ができる	36.2
健康状態の悪い時心強い	54.9	安心して仕事ができる	34.4
家の中が楽しい	50.0	家事分担ができる	32.4
困った時すぐ相談できる	45.7	困った時すぐ相談できる	32.2
頼られている感じがする	36.7	健康状態の良くない時心強い	31.2
家の中のことが任せられる	32.6	生活上のアドバイスが受けられる	30.4
自分の時間ができた	30.4	頼りにされている感じがする	21.7
年中行事をするようになった	28.8	金銭的無駄が省ける	17.5
家事分担ができる	27.2	食事内容がよくなった	16.0
食事内容がよくなった	22.8	家の中のことがまかせられる	12.5
自分も若々しくなった	20.9	自分の時間ができた	11.0
金銭的無駄が省ける	20.7	年中行事をするようになった	9.0
家族で外出が多くなった	18.5	親夫婦が元気になった	4.2
その他	3.5	家族で外出が多くなった	4.0
とくにない	6.0	その他	0.7
		とくにない	15.0

同居の悪い点	姑調査(%)	嫁調査(%)
気を遣って生活しなければならない	22.7	58.4
言いたいことが言えない	16.5	39.1
気苦労がふえた	10.5	33.8
子どもの教育しつけで合わない	17.0	32.8
食事の献立が合わない	9.7	24.8
自分の時間がもてない	4.8	22.6
生活のリズムが合わない	7.4	21.8
寝起きの時間が合わない	12.5	17.5
家事のやり方がちがう	5.7	17.0
会話の内容が合わない	6.8	16.8
親戚づきあいのしかたがちがう	2.8	12.5
近所づきあいのしかたがちがう	2.8	6.5
その他	2.6	1.8
とくにない	52.6	18.5

■**パラサイトシングル**　成人後も親と同居し，生活自立をせず，親に食事や洗濯などの身の回りの世話を依存し，自分の収入は自由に使っている未婚者。

の，長く続くこの関係のなかで，自分たちにとって一番長続きし，お互いの人生を尊重しながらかかわっていける方法を探ることがたいせつである。

それを見つけるためには親世代，子世代で十分なコミュニケーションをはかり，老後の介護の方法にいたるまで本音で話し合っておく必要がある。周囲に左右されず，自分たちなりの親世代，子世代のかかわり方を築き，心身ともに豊かに暮らせるような生活スタイルを新たに模索してもよいだろう（表6－9）。

今の社会では，人間関係を築いていく練習場面が少ない家庭や地域社会環境になってきていることは第1節で述べた。

ここで，新たな親世代とのかかわり方を考えることは，人間関係の少なくなりがちな子どもたちにとって，異世代との交流による広がりをもたせることにつながる。子どもたちが，祖父母との同居，別居にかかわらず，高齢者と積極的にかかわったり，父母，祖父母が仕事や地域の活動に積極的であるほど，子どもの他者への理解や思いやりの心を育てるためには効果的である（表6－10）。

子どもたちが高齢者と日常生活のなかで接することは，「人間の生き方」「生活の知恵」「命の尊さ」などを肌で感じることにもつながる。

○ 表6-10 父母・祖父母の活動度等と児童・生徒の福祉・高齢者観の関連
(神川ら，1994)

父母・祖父母の活動度 \ 福祉・高齢者観	高齢者への親しみ・関心	高齢者のイメージ	他者援助意欲			福祉学習への関心		
			高齢者手伝い経験	席をゆずる	迷子の世話	テーマへの関心	方法への関心	
別居祖父母との接触頻度	*							小
	***		*	**			***	中
	*					**		高
父母の活動度			***		***			小
	***	***	*	***		*	***	中
	***		*			***	***	高
祖父母の活動度		***						小
	***	***	***			***		中
	*	*			*		**	高
祖父母との同居経験	同居経験は福祉・高齢者観と全く関連がみられなかった							

上段　小学生　　　　　　　有意差判定 *** $p \leq 0.005$
中段　中学生　　　　　　　　　　　　** $p \leq 0.01$
下段　高校生　　　　　　　　　　　　* $p \leq 0.05$

■**介護保険**　被保険者が認知症あるいは寝たきりとなって介護を必要とする状態になった場合に，被保険者や家族の経済的負担を軽減することを主な目的とする保険（イミダス，2007より）。

5　新しい家族の人間関係

　これからの家族は，若者の一人暮らし，高齢者の一人暮らしという**単身世帯**がふえる一方で，少子化，核家族化，あるいは離婚などによりいっそう多様化・細分化が進むだろう。しかし，少人数では心理的，経済的，生活面でも支え合う力が弱くなるところから，離婚や死別した家族どうしが新しい家族を再構成する**ステップファミリー**，親族ではない高齢者どうしの共同生活，痴呆性老人の治療も目的とした**グループホーム**，若者の異性，同性を問わない共同生活など，再び，新しい家族のあり方も提案されてきている。本来の家族の定義とは異なるかもしれないが，新たな運命共同体が模索されていくことになる。そして，新たな関係のなかから，これまでと異なった法律的，人間関係的課題が生じてくることも予測できる。今後，どのような形態の家族が生じてきても，それが別々の人格をもつ者どうしの共同生活であるかぎり，人間関係を築いていく力は，生涯を通じて培っていかなければならない。

　これからは，人間関係を生涯発達的な視点からとらえ，子育てや家庭生活，学校生活，地域や社会生活や老後の生活をより意義のあるものにするための社会的スキルとして，人間関係を築く力を，育むことを目標にすべきだろう。

　そのために，子育てや青少年の育成も母親や父親だけの重い使命ととらえずに，家族のみならず，地域や保育所，幼稚園，学校との緊密な連携を図りながら，発達段階に応じた子育てのネットワークをはりめぐらし，育てる側も育てられる側もともに成長する実感をもちながら展開していくことが望ましい。

　同様に，高齢者や障害者の支援も，家族，地域，社会の連携のもと，一人ひとりができるかぎり自立して生活できるよう見守るネットワーク，支援や世話をするネットワークというように，生活者のニーズに見合った段階的ネットワークを張る必要があると考える。

　家族は，どの発達段階にあっても重要な家族員である。そして，一人ひとりの家族員がさまざまな人間関係の可能性をひろげてくれる。子育て，学校，仕事，友だち，地域，ボランティア，介護などなど。いずれも人生を豊かに彩ってくれる人間関係としてとらえていけば，家族が多いほど，人生が波瀾万丈であるほど，多くの出会いを体験することになる。

　人間関係は人生の豊かさの重要な指標であるといえるのである。

○ 表 6-11　生涯発達の展望

人 生 段 階	発 達 課 題	心理社会的危機
胎児期（受精～誕生）		
乳児期（誕生～2歳）	1．社会的愛着 2．感覚運動的知能と原始的因果律 3．対象の永続性 4．感覚的・運動的機能の成熟	信頼 vs. 不信
歩行期（2～4歳）	1．移動能力の完成 2．空想と遊び 3．言語の発達 4．セルフコントロール	自律 vs. 恥・疑惑
学童前期（5～7歳）	1．性の同一視 2．具体的操作 3．初期の道徳性の発達 4．集団遊び	積極性 vs. 罪悪感
学童中期（8～12歳）	1．社会的協力 2．自己評価 3．技能の習得 4．チームプレイ	勤勉性 vs. 劣等感
青年前期（13～17歳）	1．身体的成熟 2．形式的操作 3．情動の発達 4．仲間集団における成員性 5．異性関係	集団同一性 vs. 疎外
青年後期（18～22歳）	1．両親からの自立 2．性役割同一性 3．道徳性の内在化 4．職業選択	個人的同一性 vs. 役割拡散
成人前期（23～34歳）	1．結婚 2．出産 3．仕事 4．ライフスタイル	親密性 vs. 孤立
成人中期（35～60歳）	1．家庭の経営 2．育児 3．職業の管理	生殖性 vs. 停滞
成人後期（61歳～）	1．老化にともなう身体的変化にたいする対応 2．新しい役割へのエネルギーの再方向づけ 3．自分の人生の受容 4．死にたいする見方の発達	統合 vs. 絶望

(Newman & Newman, 1984；伊藤ら，1994)

中心的過程	研究テーマ	応用トピックス
	1．遺伝と発達 2．胎児の発達への心理社会的影響	中絶
養育者との相互性	1．臨界期	両親の役割
模倣	1．社会化の過程におけるコミュニケーションの役割 2．いろいろなしつけのしかた	託児所の計画
同一視	1．自尊心の発達	テレビの影響
教育	1．達成動機 2．社会的期待	性教育
仲間の圧力	1．青年と親との関係 2．青年前期に親になること	青年のアルコール飲用
役割実験	1．パーソナリティの確立と同一性 2．大学生活	職業の決定
仲間との相互性	1．夫婦間の相互作用 2．人生コース	離婚
人と環境との相互作用と創造性	1．閉経 2．アメリカ人の精神的健康観 　（例：うつ症状，自殺防止など）	成人と老いた両親
内省	1．老化にともなう認知機能の変化 2．老人の自己態度	かよわい老人のための世話

（　）内筆者加筆

コラム　幸せに結婚生活をつづけるためには？

　金婚式を迎える夫婦の記事を見ても，若ければ若いほど実感がわいてこない。
　こんなにおじいさん，おばあさんになったときの夫婦ってどんなものなんだろう……と想像もつかない。
　しかし，50年間夫婦関係を維持しつづけるということは，人生80年の6割以上，親と過ごす年数の2倍近くを，離婚も死別もせずにともに歩んできたことになる。2人にとって人生が波乱万丈であればあるほど，そのきずなの強さに驚かされるし，大きな波風も立たず，平穏無事で過ごせてきたとしたら，それはよほど2人のコンビネーションがよかったのか，奇跡に近い状態といえるような気がする。
　結婚後の家族の生活は，課題や問題が生じるたびに，2人が前向きに話し合い，検討し合って築いていけば理想だが，実際は「こんなはずではなかった」「そんなこと聞いていない」などの水掛け論に展開していく場合も多い。
　「釣った魚に餌はやらない」がその典型で，お互いに恋愛期間中の努力をおこたりがちになるケースはたくさんある。
　そこで，意外に有効なのが，結婚前の話し合いである。たとえば，
「結婚しても友だちはたいせつにしたいので，家に連れてきても歓迎してほしい」
「結婚しても，親はなく，きょうだい2人なので，妹が大学を出るまでは面倒をみたい」
「財布のひもは私が握りたい」
「将来は自分の店を持ちたい」
「私の趣味についてはぜひ継続させてほしい」
「親戚づきあいは大事にしてほしい」などなど
　結婚後にこれらの課題が次つぎに出てくると，「そんなつもりではなかった」ということになりがちであるが，結婚前に話し合っておくと，その条件で結婚を決意したことになり，契約が成立しているととらえやすい。
　結婚前は，とかくデートの場所や，プレゼント，気を引くことばかけなど互いにいかに自分をよく見せるかということにエネルギーを費やしがちであるが，結婚後，本当に末永く関係を維持していこうと思えば，相手への思いやりから，勇気をふりしぼって，本当の相互理解を深めておくことがたいせつではないか。
　無理をしてお互いに偶像をいだかせていると，結婚後は不信感が募ることになりはしないだろうか。
　結婚前に話し合っておいたほうがよい項目をあげておこう。
　健康状態，嗜好，趣味，将来の希望・夢，友だちや親戚の交際範囲，生活の面倒をみる必要のある家族，家計のやり方，生活習慣……
　自分が望む条件をすべてクリアする人などまずいないであろう。
結婚してから，お互いに足りないところを2人で築いていく楽しみは残しておいたほうがいいかもしれない。

第7章 働く

職業選択から生活の充実・向上へ

　われわれが最も量質ともに力を注ぎ，またそれによって生活が規定される活動を主導的活動とすると，生涯にわたって最も重要で長期に及ぶ主導的活動は労働である。その労働に従事するための職業を選択し決定する時期は青年後期ないし成人初期である。その労働に従事しながら，職場と家庭の生活の充実・向上を図るのは中年期である。

　この時期では，会社の中堅として働いている場合が多く，転職者は相対的に少ない。職業によって生活の物質的基盤をつくり，それを通してそれぞれに自己実現をめざそうとしている。けれども，目標に到達しようとしながらも，時間が残り少ないことに気づき，目標の見直し，再体制を図る必要に迫られる。いわゆる中年の危機である。しかし，この危機は若いころからこうありたいと願っていた人生と自分の現実の姿とにズレがある人の不満の表現であり，適切な心理的，社会的資源をもつ人では，適応の低下はないという見方が生まれてきている。

　中年期から老年期への境には，定年退職がある。それは中年期の主導的活動であった仕事が，別のものにとって代わることを意味する。この変換をいかにスムーズに行い，新しい仕事に適応していくかという課題が，この時期には提起されるのである。

第7章 働く

第1節 職業生活の開始

1 働くことの意味

　職業をもち，働くことは，人生のあり方を規定する重要な課題であり，子どもから大人への移行の決定的な契機である。働くことで，自分の興味を追求し，それによって社会に貢献する。それを通して，自分は何者で，何がしたいのか，どうやって生きていくのかが明らかになっていく。働くことにわれわれの人生の大半は費やされ，その選択した職業の影響のもとで人格形成が進む。

　働く目的は，経済的基盤を築き，社会的地位を確保し，さらに自己実現を図ることである。経済的に自立した生活は一人前の大人としての存在証明である。そうした自力による生活の物質的基盤づくりが，依存的な心理的特性を自立したものにつくり変えるのである。

　フリードマンら (Friedman et al., 1978) は，「自分の仕事に対して感じる満足は，その人の生活全般への幸福感と拡大され，職業での成功は自尊心を高めるのに大きな力を発揮する」と述べている。このように働くことは，職業上の達成だけではなく，生きがいをもたらし，その人の幸福感につながる場合が多い。それにより価値観と自尊心が形成されるのである。

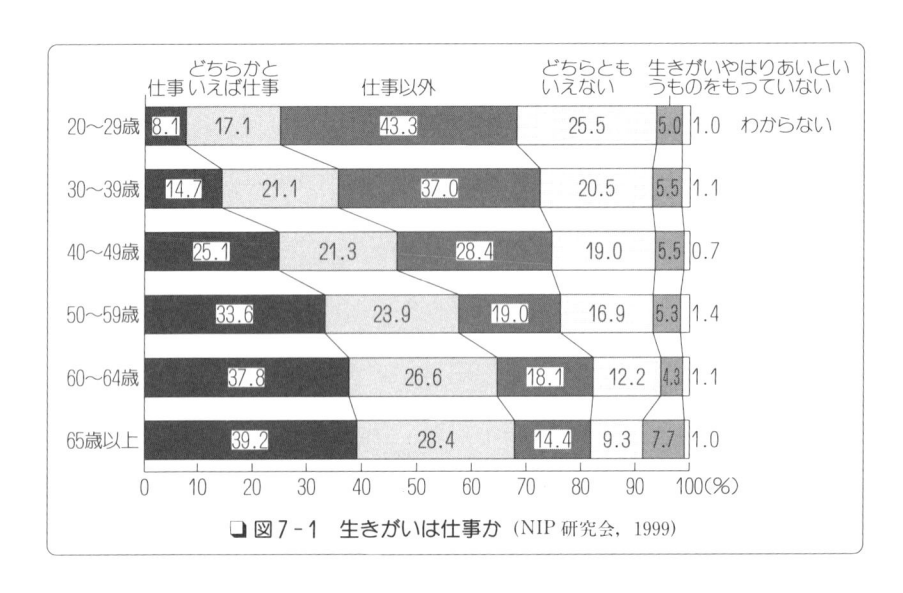

年齢	仕事	どちらかといえば仕事	仕事以外	どちらともいえない	生きがいやはりあいというものをもっていない	わからない
20～29歳	8.1	17.1	43.3	25.5	5.0	1.0
30～39歳	14.7	21.1	37.0	20.5	5.5	1.1
40～49歳	25.1	21.3	28.4	19.0	5.5	0.7
50～59歳	33.6	23.9	19.0	16.9	5.3	1.4
60～64歳	37.8	26.6	18.1	12.2	4.3	1.1
65歳以上	39.2	28.4	14.4	9.3	7.7	1.0

図7-1　生きがいは仕事か (NIP研究会, 1999)

第1節　職業生活の開始

就職して、自分自身の人生を社会の構成員として歩みだす。それまでの家庭、学校などの親しい人々を中心とした保護的依存的な生活（長いモラトリアム）に別れを告げる。自立・独立した生活、甘えの許されない厳しさをもつ、仕事を中心とする生活が始まるのである。

2　現代の青年の働く意識

現実にはより高い給料、安定した企業・施設を就職先に考える場合が多く、生きがいや社会的価値のあるもの、趣味に合致したものを基準に職業を選ぶことは少ない。

1999年春の四年制大卒者の就職率は過去最低を記録した。こうした厳しい就職状況を乗り切って入社した新入社員の意識調査から、「いろいろな仕事や持ち場を経験させて、ゼネラリストとしてきたえる職場」より、「一つの仕事や持ち場を長い間経験させて、スペシャリストとしてきたえる職場」を、有利な転職や独立をめざしたキャリアアップのために、望む傾向がみられている。

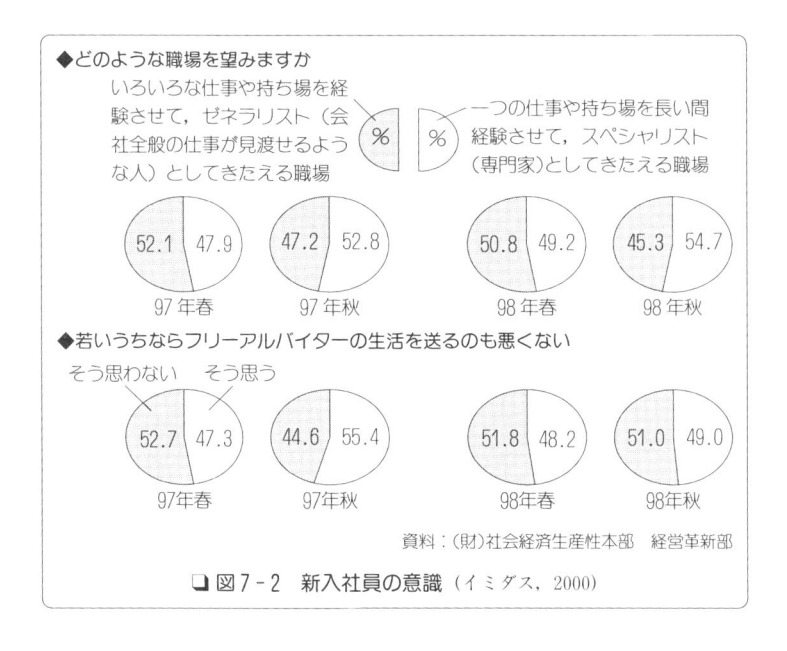

◆どのような職場を望みますか

いろいろな仕事や持ち場を経験させて、ゼネラリスト（会社全般の仕事が見渡せるような人）としてきたえる職場　％　％　一つの仕事や持ち場を長い間経験させて、スペシャリスト（専門家）としてきたえる職場

97年春	97年秋	98年春	98年秋
52.1 / 47.9	47.2 / 52.8	50.8 / 49.2	45.3 / 54.7

◆若いうちならフリーアルバイターの生活を送るのも悪くない

そう思わない　そう思う

97年春	97年秋	98年春	98年秋
52.7 / 47.3	44.6 / 55.4	51.8 / 48.2	51.0 / 49.0

資料：（財）社会経済生産性本部　経営革新部

❏ 図7-2　新入社員の意識（イミダス、2000）

しかし他方で，職にとらわれない自由な生き方を模索する傾向もある。大学生の企業イメージ調査では，「卒業したら，すぐ社会に出て働くのが当然だ」は46.0％にとどまり，「すぐに就職しなくてもよい」が35.0％となっている。また若い世代では，アルバイトが職業のひとつとして定着している。両群ともに会社組織への帰属意識が薄い点で共通している。

　学生アルバイトや卒業間もないころのパートタイマーとしての就労には，心理的なマイナス面も指摘されている。アルバイトやパートタイムの仕事は，単純で訓練や技能を必要としないものが多く，打ち込んで意義を見いだせるような職種が少ない。また，一時的雇用であるため，身分は不安定で責任感をともなうことが少なく，仕事における自主性，主体性が発達することは望めない。そこで**職業アイデンティティ**の達成にはつながりにくい問題点がある。

　また学生がアルバイトに打ち込みすぎて学業がおろそかになるという事実も少なからず，以前から指摘されている。

❏ 図7-3　学生アルバイト

近年，仕事を生きがいとするのではなく，自分の趣味や趣向に打ち込んだり，友人・仲間といるときに生きがいを感じる者もふえている。社会に対する関心より，自分に対する興味のほうが強い者も多くなっている。これまで日本の社会を支えてきた「滅私奉公タイプ」や「仕事が生きがいタイプ」は減少し，私生活重視・個人趣味志向タイプがふえてきている。

女性の意識の変化は著しく，女性の社会進出にはめざましいものがある。女性は仕事と家庭の両方を追求する傾向がふえている。けれども，職業人，母親，妻としての役割のはざまでしばしば葛藤が生じるのも現実である。

3 アイデンティティの確立と職業選択

エリクソン（Erikson）が提唱した**アイデンティティ**とは，自己の存在証明，主体性，自覚などをいう。このアイデンティティは，ひとたび形成されると，職業の選択基準や倫理的な選択，結婚，宗教，政治参加などの決定に大きくかかわる。

職業選択は生き方の選択でもあり，職業生活が人格発達に及ぼす影響力は大きい。主体性をもって働くことは，働くことの価値，充実感，自己評価を高め

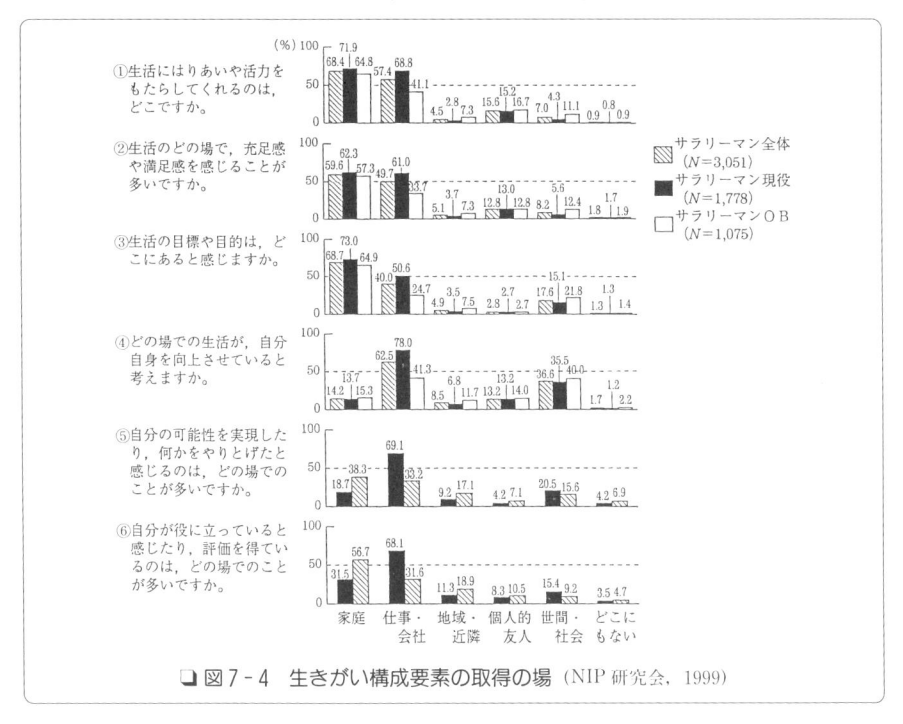

□ 図7-4　生きがい構成要素の取得の場（NIP 研究会，1999）

るなど，アイデンティティの形成に貢献する。

しかし，出勤拒否や離職，たび重なる転職などの職場不適応は，青年期におけるアイデンティティの拡散につながる場合がある。

現在の日本社会では生まれた家の都合で子どもの職業の決定がなされることは少なく，青年には比較的自由選択の余地がある。**職業選択**は，青年期に至るまでの人の発達・教育の総決算ともいうべき特徴をもつ。つまり，遺伝的要因，家庭環境，子どもの知的能力などが相互に結びつき，学歴のちがいとなって結実し，その大きな規定のもとで職業選択が行われているのである。偏差値教育，受験競争の結果が職業選択に影響している。そこでそうした競争がさらに激化するという悪循環がくり返されている。職業選択は，自分の能力や個性の伸展を考えてではなく，過去の学習成績からみて無理だと思われる職業を除く消去法によってなされることが多いのである。

それは，青年たちの職業に関する知識のほとんどが，学校の就職指導，マスコミの情報によるものであること，その情報の内容が，選択した職業がどれほど自己実現を可能にし社会貢献ができるかを伝えるものではないことにもよる。

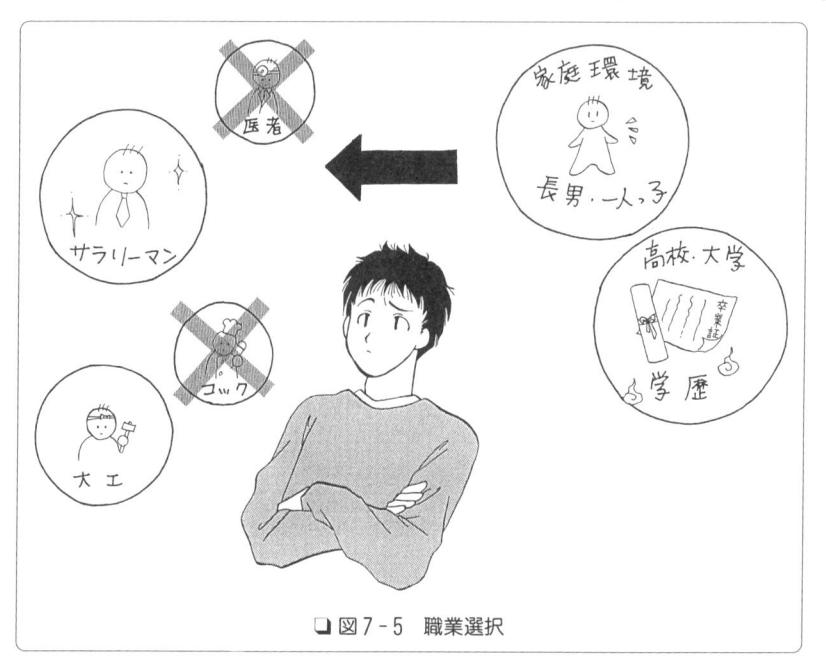

❏ 図7-5　職業選択

■**職業選択**　職業が人格発達に及ぼす影響力は大きいが，職業選択は自分の生き方を理念から現実におろすときの接点ともいえる。現実にはいろいろ制約があり，消去法でなされることが多い。

4 青年たちの職業選択に及ぼす親の考え方の影響

　青年の職業選択には，親の希望や価値観が影響している。日本では母親の希望は，おおむね高望みせず，教師や会社員，公務員などの安定した職業などにあり，現在の青年たちが職業選択の際に取る安定志向と関係している。

　家庭や親の影響は，とくに女子青年において大きいことが指摘されている。大学生の場合，両親から**性別役割的行動**のしつけを受け，所属する階層が高く，両親とも娘の職業継続を望まないとき，娘は専業主婦を志向する。しかし，両親から性別役割的行動を積極的に奨励されなかった娘は，職業選択でも女性役割にとらわれないことが明らかにされている。

　また，職業をもつ母親は娘に対して経済的・社会的自立を奨励する傾向がみられる。

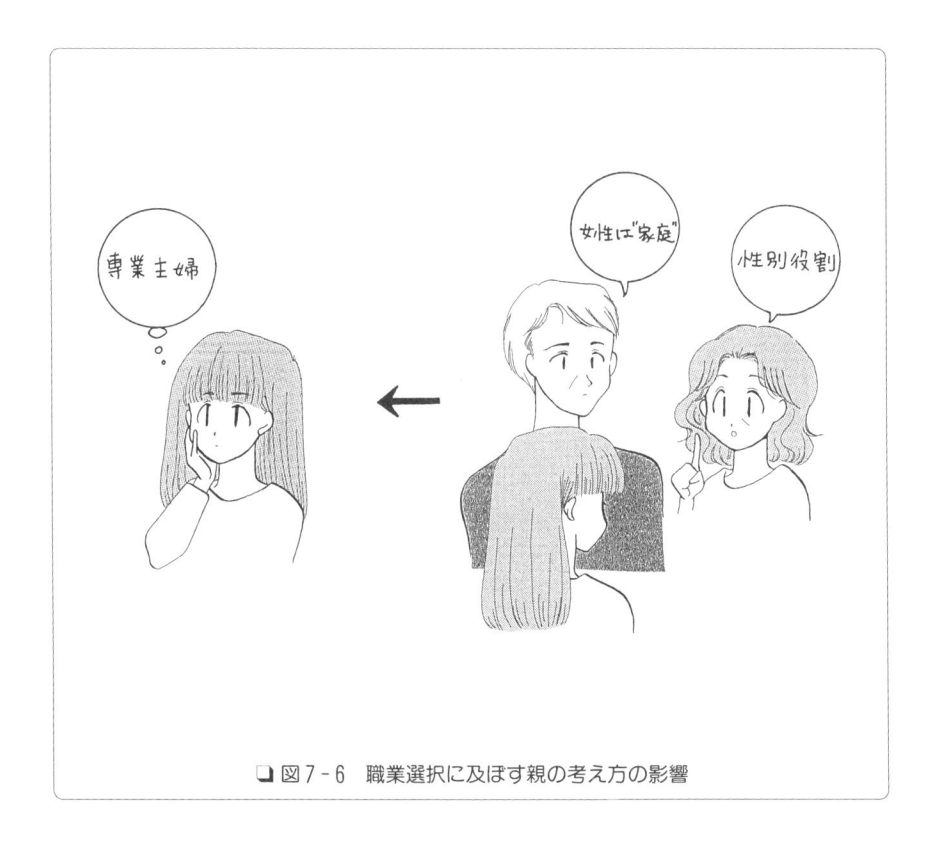

❏ 図7-6　職業選択に及ぼす親の考え方の影響

第7章 働く

第2節　職業との適応

1　職業アイデンティティ

　職業アイデンティティ（occupational identity）とは，自分を職業人としてどのように決定し，どのように職業にかかわっているかである。人は職業を通して，自分らしさを確かめ，自分らしさを生かしていくのである。職業に就くことは，社会に対する公的な自己定義であるとともに，大人として社会的に承認されるための必須要件である。

　マーシャ（Marcia, 1976）はアイデンティティ・ステータスを危機（模索）と参加（打ち込み）との2つの基準で規定した。これを職業アイデンティティに適用すると次のようになろう。

　職業アイデンティティの達成は，職業を模索し決定し，自分の職業に深く打ち込んでいる場合である。自分でさまざまな職業を検討し，体験したりして悩んだ結果，ひとつの職業を選択決定するのである。職業的モラトリアムとは，職業選択に関して模索の最中にあり，試行錯誤している場合である。目下さまざまな職業のなかから自分に合うものを検討しているが，まだ決めていない状態である。

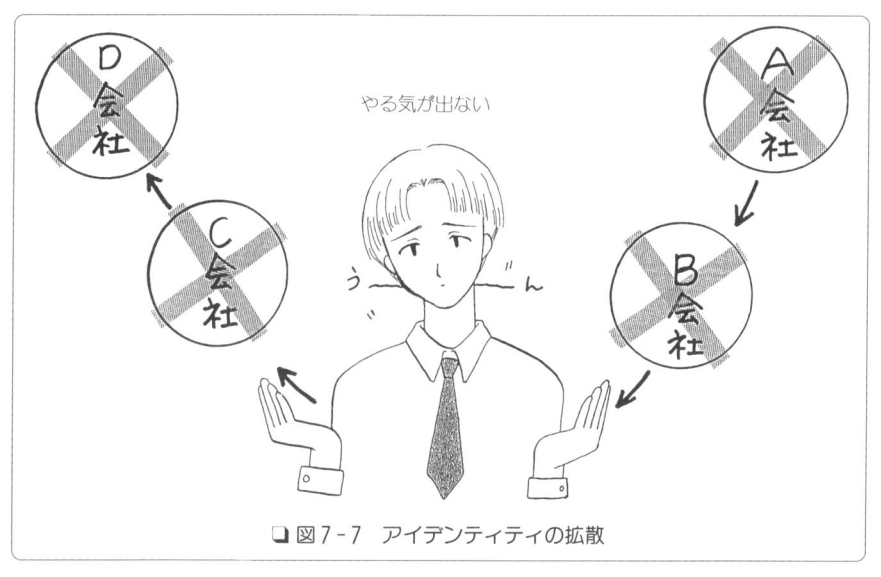

❏ 図7-7　アイデンティティの拡散

■アイデンティティ　　自己の存在証明，主体性，自覚のことである。個人の行動や価値の選択に大きくかかわる。

職業的早期完了は，早期に特定の職業に力を注ぐ場合である。子どものころから親に進められ自分もそれがいいと思って決めてしまったのである。この場合は，職業に対して積極的で職業アイデンティティを達成した場合と見分がつかない。だが仕事のなかで悩みがでると，自分で模索し決定した経験がないので，ほかに自分に合う職業があるのではと考えこむことになる。職業アイデンティティの拡散とは，ある一定の職業に力を注ぐことがない場合である。ひとつの職業が長続きせず，転職をくり返していく。

　オーロフスキー（Orlofsky, 1973）は，もうひとつのタイプとして疎外的アイデンティティを考え，ヒッピーのように共有文化から疎外されたものに傾倒している場合を加えている。それは，企業に就職せず，フリーアルバイターとして働く青年たちがふえ，職にとらわれない自由な生き方をとろうとする傾向がみられることからも肯定できよう。また，就職するときの意識が本当にその仕事をしたいとか，仕事につくことで社会に参加するというものではなく，いったん就職しても，「自分にはふさわしくない」「もっと働きがいのある職場があるはずだ」などといったものであり，転職や退職を願う青年もいる。

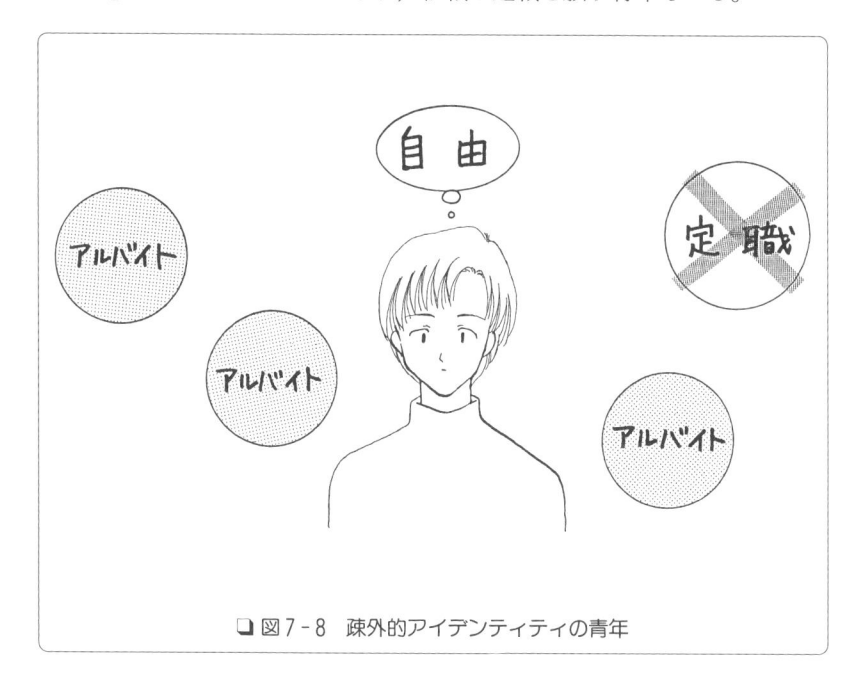

❑ 図7-8　疎外的アイデンティティの青年

第7章 働く

● 2　職業への適応

　たいていの会社員は，会社訪問，採用試験に合格，入社式などの通過儀礼のあとで，会社組織のメンバーになる。その後新入社員研修などをへて，先輩の指導を受けながらベテランになっていく。

　入社後，だれでもが積極的に会社のために働くわけではない。やる気になれない，職場の雰囲気から疎外されるような気持ちだったり，さらに家庭や趣味のほうがたいせつという場合もある。また一人の社員の入社から退職までのコミットメントの程度をみていくと，図7-9のように示される。このようにコミットメントは時間の経過とともに変動するのである。

　シェイン（Shein）は円錐体状のキャリア・モデル（図7-10）を考えた。職階が縦，職能が横である。職階は下から上へと上昇する。職能は周辺から中心に行くに従って重要性が増すのである。ふつう人は周辺から中心へ，下から上へと向上しようとする。最近はこうした職階，職能の移動に試験を課す会社がふえ，係長代理から，係長，課長補佐，課長代理，課長，部長までの昇格のたびに試験が行われたり，実力評価のためのスキル認定制度があり，これも検定試験が課せられている。

　しかし数のうえでは，下の地位，周辺の役割に就く人が多いし，それを享受する人も多いのである。

● 3　職場の人間関係

　職場とは，上司や同僚，部下というヒエラルキーはあるものの，ともに助け合うことによって成り立つ社会である。職場の人間関係は，密接な相互作用が長く続くような社会集団であり，職場の内外で濃密な関係が築かれる情としての関係である。また同時に，それ自体がシステムとしてはたらきかける力をも

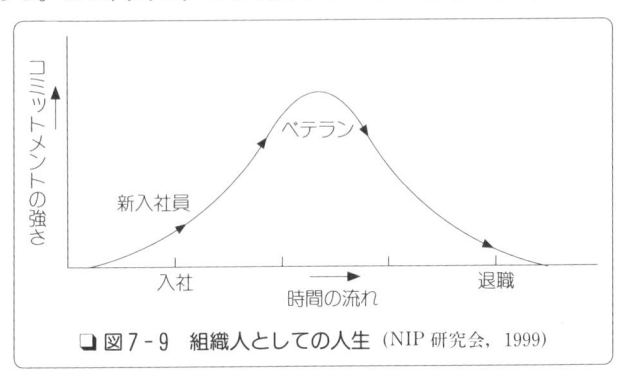

❏ 図7-9　組織人としての人生（NIP研究会，1999）

つ道具としての関係でもある。

会社では，仕事を進めるときにいくつかの単位を構成する。それが**職場集団**である。それはまたいくつかの小集団から成り立つ。このフォーマルのなかのインフォーマルな小集団の人間関係が人には重要かつ決定的な意味をもつ。

職場集団は，メンバーを目標達成に動員する。そこでメンバーを規範に同調させることが必要となる。その同調には，強制されてやむを得ず従う服従，規範が自己の行動や判断の一部になっている内面化，規範が自己の行動や判断とまったく一致している同一視の3つが考えられる。目標を効率的に達成するには規範の同一視が最もよく，それについで内面化，最も悪いのは服従である。

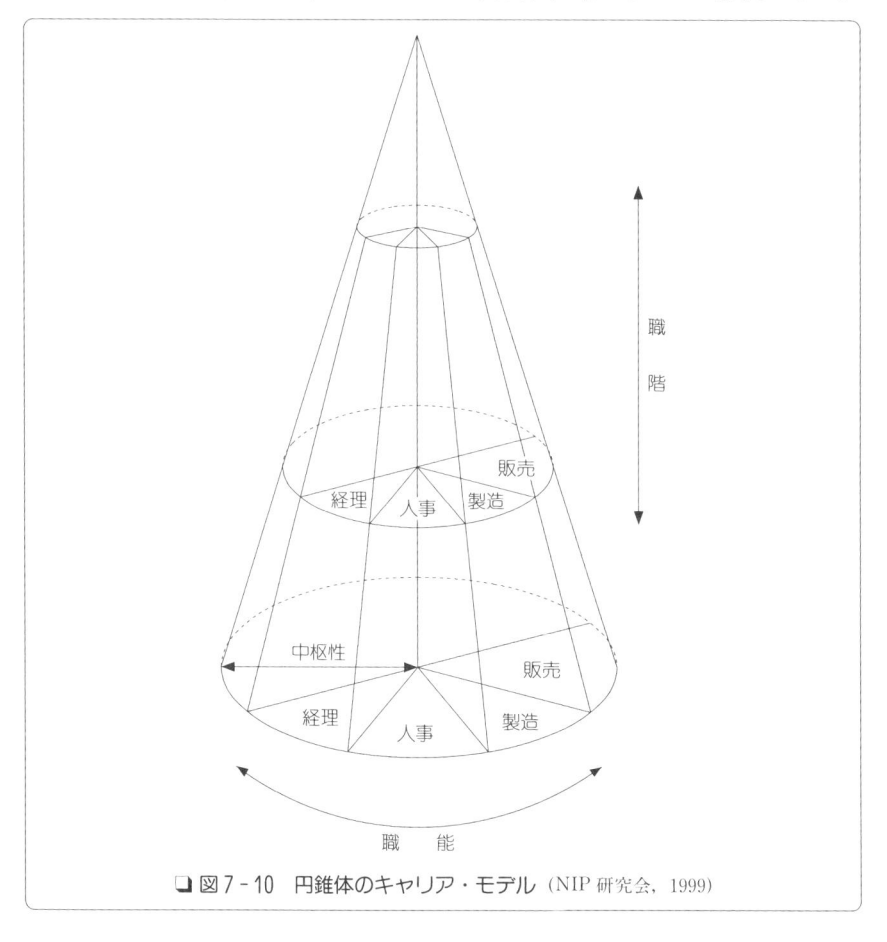

❏ 図7-10　円錐体のキャリア・モデル（NIP 研究会，1999）

第 7 章 働く

　職場集団では，人と人とのコミュニケーションが基本的となって活動が行われる。仕事は対人関係のうえに進められ，また，仕事を通して対人関係がつくられていくのである。よい対人関係が築かれている職場にいるときは，毎日の仕事が多少厳しくても，働くことに喜びを見いだしやすい。しかし悪い対人関係の職場にいるときは，たとえ仕事が楽でも，満足感は得にくい。対人関係の不調は，**職場不適応**の原因となりやすく，とくに女子社員でいえることである。

　職場の対人関係で，最も重要なものは，上司と部下の関係である。両者は上下の一種の権力関係で，対等の対人関係ではない。上司は，ゴマをする部下を嫌悪したり，対照的に反抗的な部下を嘆いたりする。

　これに対して，部下は，上司に対して有能な管理者という期待をいだくが，少し期待が裏切られるとたちまち上司に不信をもちやすい。とくに若い部下では，上司は簡単に反抗の対象になる。

　同僚は，対等な関係で，アドバイスをくれる貴重な存在である。すぐれた上司でも，評価がかたよっていることもあるが，その上司の評価を是正するような素材を提供することもある。反面，最も強力なライバルでもあり，本人を熟知しているゆえに，マイナスにはたらくと職場の位置を不安なものにする。

❑ 図7-11　よい対人関係の職場は楽しい

■**同僚**　同じ職場の同一な地位にある人。最も身近な存在であり，本人を熟知しているがゆえに，力強い協力者にもなれるし，最も強力なライバルともなりうる。マイナスにはたらくと，職場の位置を不安なものにする。

現在の中堅社員の世代（40歳代）は，戦後のベビーブームの団塊世代（50歳代）と団塊ジュニア（20歳代）のポスト団塊世代であり，「谷間の世代」とよばれる。世代人口は少なく，めだたず損をしている被害感情が強い。さほど生活は苦しくもなく，将来への不安もないが，不満が強い世代である。会社の仕事中心志向の上の世代と個人の生活中心志向の下の世代にはさまれ，両者からの板ばさみになることが多い。部下との関係に気をつかい，適切な指導，育成を自覚しながら，他方で部下に評価を下すことへのプレッシャーも強く感じる。昇進への展望が見え，責任も果たそうとする。なかには自分の管理職としての適性を疑い，意欲低下，不眠，心気症状を訴える者もいる。これは昇格や転勤など，新しいポストに就任したときに始まることが多い。最近では，人間関係上の摩擦を避けたいために，管理職に魅力を感じない30歳代がふえている。

　近年，職場において，相手の意に反した性的な性質の言動を行い，それへの対応によって仕事を遂行するうえで一定の不利益を与えたり，それをくり返して就業環境を著しく悪化させること，いわゆるセクハラが問題になってきている。男女雇用機会均等法の改正によって，事業主にセクハラ防止の配慮義務が課せられ，経営者側も防止対策に取り組みはじめた。

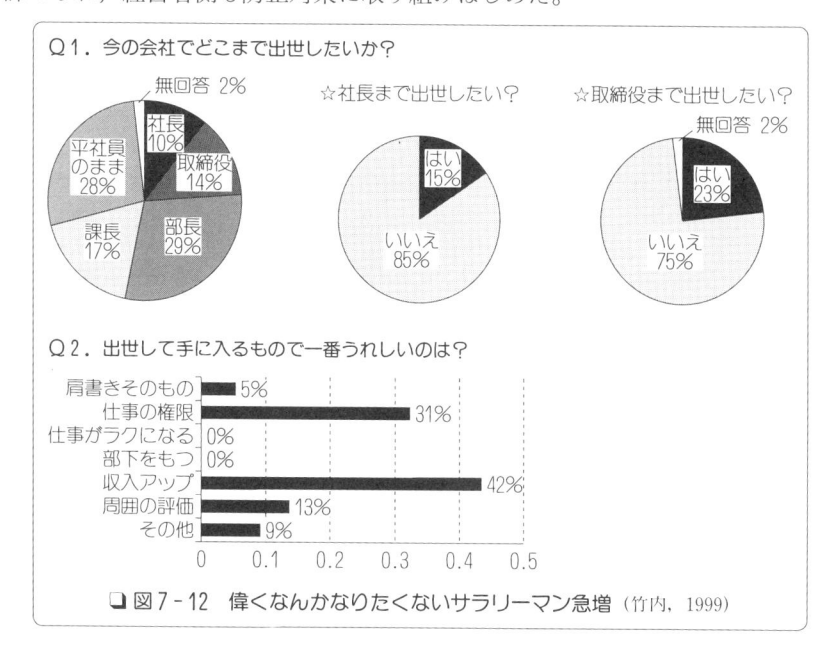

Q1. 今の会社でどこまで出世したいか？

- 無回答 2%
- 社長 10%
- 取締役 14%
- 部長 29%
- 課長 17%
- 平社員のまま 28%

☆社長まで出世したい？
- はい 15%
- いいえ 85%

☆取締役まで出世したい？
- 無回答 2%
- はい 23%
- いいえ 75%

Q2. 出世して手に入るもので一番うれしいのは？

- 肩書きそのもの 5%
- 仕事の権限 31%
- 仕事がラクになる 0%
- 部下をもつ 0%
- 収入アップ 42%
- 周囲の評価 13%
- その他 9%

❏ 図7-12　偉くなんかなりたくないサラリーマン急増（竹内，1999）

第7章 働く

第3節　職場不適応とメンタルヘルス

1　ストレスと職場不適応

　職業生活に関して，従来は，問題はあっても，職業満足度はある程度保たれていて，中年期の人々は勤続意識も比較的高く，青年たちをしのいで働いていた。しかし近年では，職場環境が大きく変化し，技術革新によって仕事量が多く，複雑になり，加えて時間的に切迫した労働環境にある。職業への満足度は，全般的に低下の傾向もみられ，転職志向もふえつつある。

　こうしたなかで**ストレス**によって発症するさまざまな病気がみられるようになった。ストレスとは，物理的環境あるいは人間関係などの圧力によって生じる情緒的な緊張または心理的な負担のことである。ストレスの程度は，その質と継続時間によって，また，ストレスに対処する適切な手立ての有無によって変わる。さらに，ストレス反応には個人差があり，フラストレーション耐性も人によって異なる。長時間にわたり責任感を強いたり，展望がなく危険にさらす仕事は，強いストレスを起こさせる。しかし，関心があるとか，自分の資質や技能を活用でき，積極的に取り組める仕事は，ストレスを生じさせにくい。

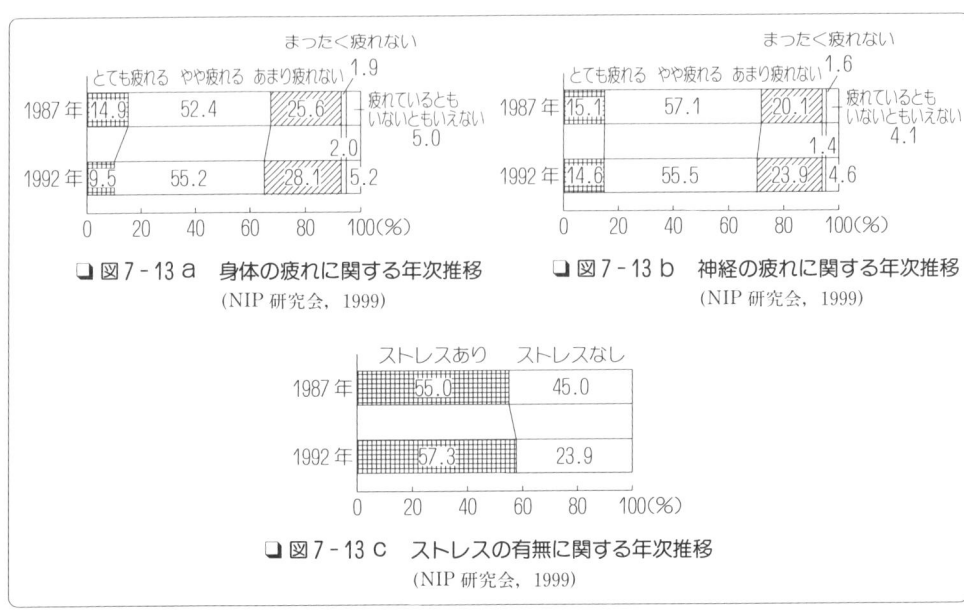

❏ 図7-13 a　身体の疲れに関する年次推移
(NIP 研究会, 1999)

1987年: とても疲れる 14.9　やや疲れる 52.4　あまり疲れない 25.6　まったく疲れない 1.9　疲れているともいないともいえない 5.0
1992年: 9.5　55.2　28.1　2.0　5.2

❏ 図7-13 b　神経の疲れに関する年次推移
(NIP 研究会, 1999)

1987年: とても疲れる 15.1　やや疲れる 57.1　あまり疲れない 20.1　まったく疲れない 1.6　疲れているともいないともいえない 4.1
1992年: 14.6　55.5　23.9　1.4　4.6

❏ 図7-13 c　ストレスの有無に関する年次推移
(NIP 研究会, 1999)

1987年: ストレスあり 55.0　ストレスなし 45.0
1992年: 57.3　23.9

■**職場不適応症状**　職場の諸要因に個人の適応力が耐え切れなくなると生じる職場のさまざまな不適応症状。
■**休日神経症**　仕事が生活のすべてになり，仕事をしていない時間は居たたまれなくなり，休みになると不安定な気分になる。

仕事に対する負担，業績評価，会社内の人間関係など，職場の諸要因に個人の適応力が耐え切れなくなると，さまざまな**職場不適応症状**を示す。

面倒なこと，いやなことを回避しようとする精神的人格的未熟さがあり，対人的スキルが未発達で，人間関係が結べない。周囲から注意されたり，しかられたりすると，萎縮して欠勤するようになるのが出社拒否症である。

休日はなんでもないのに，出勤日の朝は吐き気がし，食欲も出ない。遅刻もふえ，仕事の能率も低下し，ミスが増加する。週末から休日にかけてはすっきりするというのは部分的うつ症状である。

中年期の会社員はおおむね，職業生活の責任感が強く，意欲的である。ところが自分で決断するときや見通しがむずかしい課題を前にすると，逃避する。しかし職場以外の活動には活発というのはサラリーマン無気力症である。

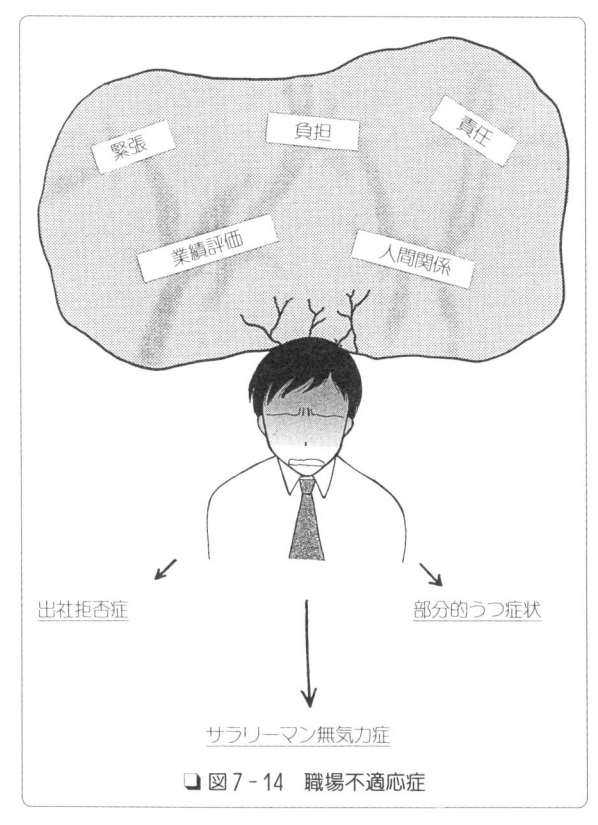

□ 図7-14 職場不適応症

■**ストレス**　現代人は直接体験するできごとや変化に加え，間接的な経験も多くなってきている。こうした環境の変化，複雑さに，人間の適応機能や環境を制御する機能が対応できず，さまざまな心身の反応が生じる。情緒的な緊張，または心理的な負担のことである。

♥2 過剰適応

職場不適応になる人は，仕事熱心でまじめ人間であることが多い。懸命に緊張に耐え，会社や他人の意向と期待にいつもこたえようとする。仕事をしていない時間，休みになるといらだち，不安定な気分におちいる。休日神経症とよばれる症状である。会社と自分を一体化させて職業における連帯感に心理的安定を得るようになる。夫婦間・子どもとの対話や家庭サービスも欠如し，夫婦の危機や家庭崩壊の危機にも気がつかない。

また，アメリカのフリードマンとローゼンマン（Friedman & Rosenman, 1974）は，猛烈社員で仕事をどんどんこなし狭心症や心筋梗塞になりやすいタイプを見いだし「**タイプA**」とよんだ。タイプAの特徴として，競争心の強さ，仕事熱心で責任感が強い，仕事を通じたつき合いだけしかないなどである。自分から会社をとったら何も残らないと思い込み，自分の生活のすべてを会社に注ぎ込む。これも過剰適応といえるであろう。

キャリア・ウーマンが男性に対等，またはそれ以上の仕事をこなそうとし，家庭でもすべての役割を完璧にこなそうとする。そうした過剰適応の結果，激しい疲労感，無気力，睡眠がとれず頭痛や立ちくらみをおぼえるなどの身体的変調を示すのがスーパーウーマン・シンドロームである。

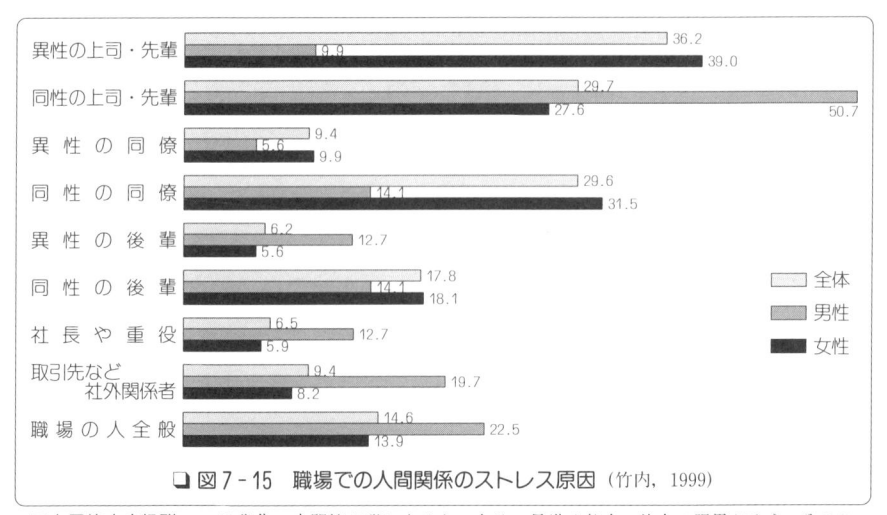

職場での人間関係	全体	男性	女性
異性の上司・先輩	36.2	19.9	39.0
同性の上司・先輩	29.7	27.6	50.7
異性の同僚	9.4	5.6	9.9
同性の同僚	29.6	14.1	31.5
異性の後輩	6.2	12.7	5.6
同性の後輩	17.8	14.1	18.1
社長や重役	6.5	12.7	5.9
取引先など社外関係者	9.4	19.7	8.2
職場の人全般	14.6	22.5	13.9

❏ 図7-15　職場での人間関係のストレス原因（竹内，1999）

■**上昇停止症候群**　40歳代の中間管理職になると，自分の昇進や能力，体力の限界がみえ，そのことによって，心の動揺が生じる状態。
■**タイプA**　タイプA行動パターンのこと。絶えず時間に追われ，緊張し，焦りの気持ちが強く，行動が速い。目的遂行には熱中し精力的にあたる。他者へは競争意識が強く，攻撃的でもある。フリードマンとローゼンマンはこのタイプは冠状動脈疾患の形成に関与していると考えた。

3 心身症とアルコール依存症

身体症状を主とするが、その診断や治療に心理的因子についての配慮がとくに意味をもつ病態を、**心身症**という。近年は次のものが注目される。

VDT症候群は、VDTに向かって同じ姿勢で長時間仕事をしている人に慢性的な肉体疲労や心身の不調がみられるものである。

テクノ依存症は、コンピュータを使う人々の間に起きるストレスをテクノストレスといい、その症状のひとつである。コンピュータに過剰適応したために、人と触れ合う能力を失い、機械人間化し、会社や家族から逃げ出し、家庭崩壊などにおちいりやすい。

これと反対に、コンピュータを使いこなせない中高年期の人々がおちいりやすいのが**テクノ不安症**である。会社で取り残されるという不安をいだいたり、コンピュータとのかかわりが避けて通れないときには、頭痛、吐き気、腹痛などの症状があり、情緒不安定におちいる。

❏ 図7-16 テクノ依存症とテクノ不安症

アルコールの消費量は 1965 年と 1993 年を比較すると，2.27 倍にふえ，なかでも女性の飲酒量がふえている。こうしたなかで，ある期間飲酒を続けていると，やめようと思っても飲酒するようになり，精神的依存にとどまらず身体的依存を生じるアルコール依存症が増加している。とくに女性ドリンカーの増加がめだつ。これは家庭や職場でのストレスが女性に重くのしかかっていることの反映とみることができる。

4 ストレスへの対応

ストレスへの対応としてたいせつなのは，なしとげた仕事量ではなくどういう気持ちで仕事を遂行したかという自己評価をもつことである。自分の人生や生活の中での仕事の位置とそれと同価値のものの存在を問うことであろう。

また，独力でやることにこだわらず，まわりに援助してくれる人が存在することに気づくことである。

労働者がふだんとっているストレスの解消法は図 7-17 のとおりである。男性，女性ともに「睡眠や休息をとる」が最も高く，ついで男性は「酒を飲む」，女性は「外食・買い物をする」である。

職場では，職場適応の改善のため，人事・労務担当，福利・厚生担当などの部門が連携して社員の心身の健康づくりを図ることである。

最近，健康保持と体力の増進を目的とした，フィットネス施設に力を注ぐ企業が出はじめている。従業員の気分を転換させ，ひいては会社の活性化をめざ

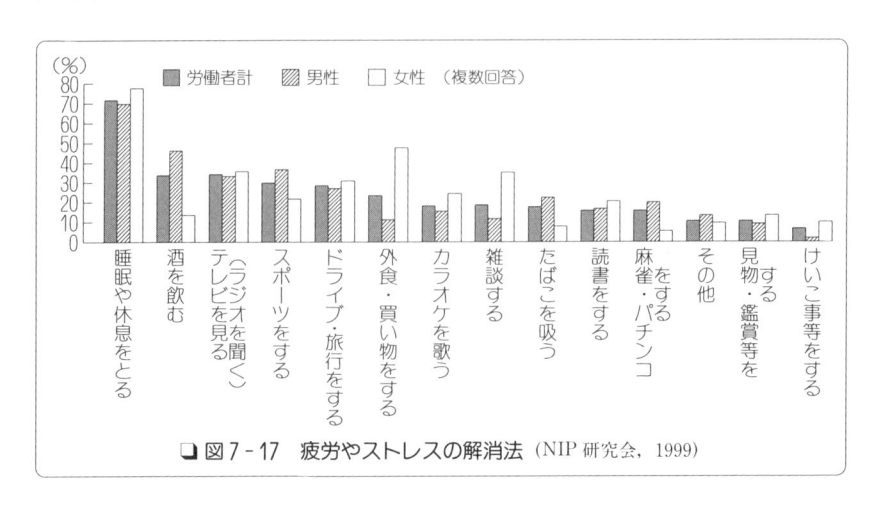

❏ 図 7-17　疲労やストレスの解消法 (NIP 研究会, 1999)

そうとの試みであり，転勤者や長期欠勤者を減らす効果も期待されているようである。このような会社側でのハード面での対応ももちろん必要なことである。

個人で行うストレスの解消法はいくつかあるが，ひとつだけ紹介しておこう。

ストレス反応が生じているのは，自律神経系に含まれる交感神経系が過剰に機能している状態である。これを変容させる技法に**リラクセーション**がある。

まず生理的な過剰緊張を除き，さらに心理的緊張を取り除く。この原理を使って，心理的な原因と考えられる生理的変化を，心理的変化へつなげていくことができる。心から身体へ，身体から心へのアプローチである。個人で行う対応法には，自律訓練法，筋弛緩法などがある。

リラクセーションによって，交感神経系が優位な興奮の状態から，副交感神経系が優位な安静の状態への移行が，かなりスムーズに行えるようになる。

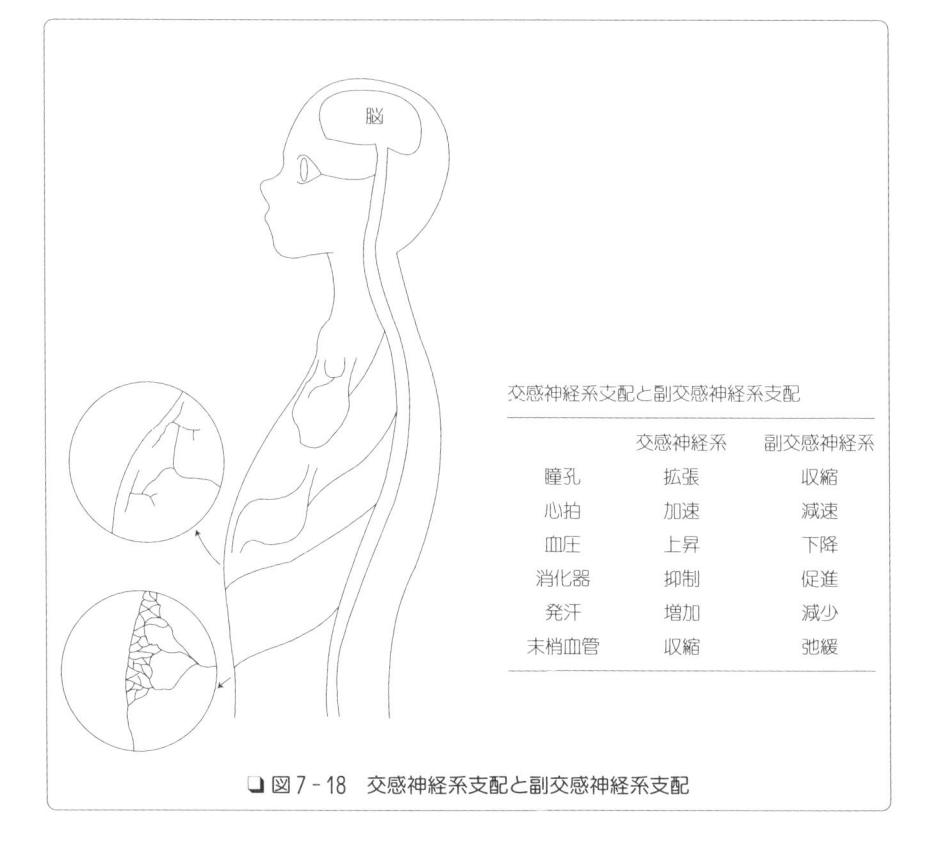

交感神経系支配と副交感神経系支配

	交感神経系	副交感神経系
瞳孔	拡張	収縮
心拍	加速	減速
血圧	上昇	下降
消化器	抑制	促進
発汗	増加	減少
末梢血管	収縮	弛緩

❏ 図7-18　交感神経系支配と副交感神経系支配

第4節　高齢期の労働と生きがい

1　定年と高齢労働者

中年期から老年期へと移行する段階では，**定年退職**がある。それまでの仕事を中心にした生き方を固守してきた職場中心の生活態度を一変させることを余儀なくされる。現状では，組織のなかで働くことから，個人単位で働くという形にかわる。個人の能力や資質，個性などに応じた働き方が求められる。第5章でみたように，発達段階における主導的活動は，壮年期では労働である。しかし，壮年期でも，**中年期**と定年退職以後の**高齢期**では労働のもつ意味は異なってくる。退職以後の労働は，その人の意欲，準備され形成された能力などから選ばれるべきで，職場組織との関係はほとんど考慮しないで，やりたいことをできるだけやるのが高齢者の労働であるべきであろう。けれども現実は，家庭の経済的事情が優先したり，仕事に必要な能力も準備されないまま就業することが多い。

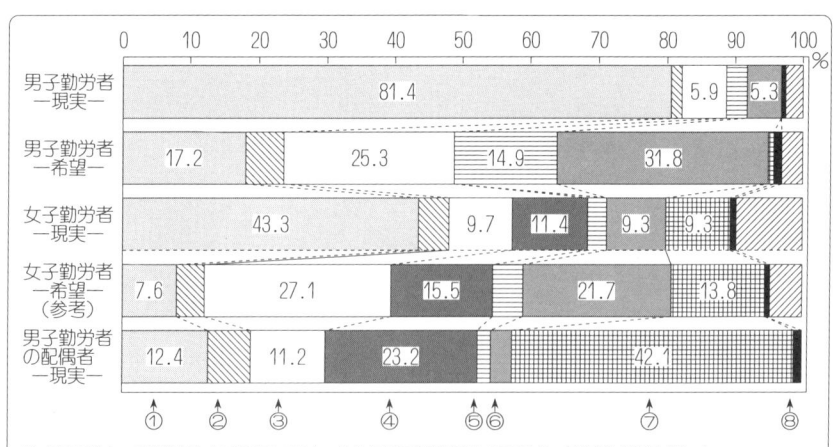

① 「従来型」…20代前後まで教育を受け，社会に出て60歳前後まで働き，引退後余暇を楽しむ。
② 「くり返し型」…仕事を何回か中断し，新しい知識や技術を習得したり，家事育児の時間をもつ。
③ 「私生活パラレル型」…1日の労働時間を短くし，働きつつ学んだり，家事育児をすることを継続する。
④ 「育児中断型」…育児のため一時仕事を中断した後仕事にもどる。復帰後は労働時間を短くする。
⑤ 「第2のキャリア型」…40～50代まで働き，人生の後半で別の職業につく。
⑥ 「先憂後楽型」…若いうちに仕事中心に働き，早く生活の基礎を作り，その後は好きなことをする。
⑦ 「こしかけ型」…結婚や出産まで働き，そのあとは家事・育児や好きなことをする。
⑧ 「モラトリアム型」…できるだけ長く遊学し，その後に働く。

❏ 図7-19　生涯の時間配分の現実と希望（NIP研究会，1999）

■**定年退職**　中年期から老年期への移行を画するイベントである。それまでの仕事を中心にした生き方を一変させることが余儀なくされる。
■**中年期**　おおよそ40歳ころから始まり，65歳ころまで続く時期。

退職後も，それまでの生活の中心を占めていた活動の代替はすぐには見つかりにくい。このとき，それまでの活動にこだわり新しい生活にうまく適応していけないタイプ，活動性のレベルを高く保ちつつもボランティア活動などそれまでとは異なるものにエネルギーを注いでいくタイプ，社会的活動全般から身を引き安楽いす的な生活に満足を覚えていくタイプなどいくつかのパターンがある。人はそれぞれに自分の特性や環境を見すえ，自分に合った適応パターンを見いだし，それまでとは異なった意味での心理的幸福感を確立する必要がある。

　退職による影響は，日々の人間関係も変える。職場の人間関係は失われ，その喪失は大きな空虚感をもたらす。とくに，自分の人間関係のネットワークのなかに妻しかいない男性は，その幸福感が友人などを含む豊かなネットワークをもつ人に比して有意に低いといわれる。

　退職や転職，引退もまたストレスの原因となりうる。しかし，それは十分な心の準備をもつとか，引き換えに与えられる休息を待ち望むといった姿勢に補われることがある。

❏図7−20　ハッピー・リタイアメント

■**高齢期**　65歳以上。80歳以上をさらに超高齢期ということもある。年齢の幅は今後さらに変動が予想される。

第7章 働く

●2　余暇ということ

　物質的豊かさがある程度実現すると，生活の質の向上が求められるようになる。従来，**余暇**は労働による疲れ果てた身体をいやし，明日への英気を養うものであった。余暇は労働の余りものであったのである。しかし，近年労働と余暇のバランスがやっと考えられるようになってきた。

　余暇はいろいろな拘束や義務から自由な時間のことである。必ずしも使うわけではないが，使おうとすれば，いつでも使える時間である。労働の義務から開放された時間であり，自分自身の裁量で使い，自分自身の選択に従って使える時間でもある。

　またこの余暇のなかに位置づけられる労働もある。余暇は拘束—自由の対極のうえでは自由の範囲にある。労働は拘束の範囲にある。しかし，余暇のなかの自由の範囲の労働と拘束の範囲の労働は同じ活動であることもある。同じ登山でもガイドにとっては労働である。アマチュア登山家には余暇である。

　大学でのゼミ旅行は，教師にとっては余暇でも，学生にとっては勉強であるかもしれない。しかし，学生とのコンパは，学生には余暇であっても，教師には義務であるかもしれないのである。

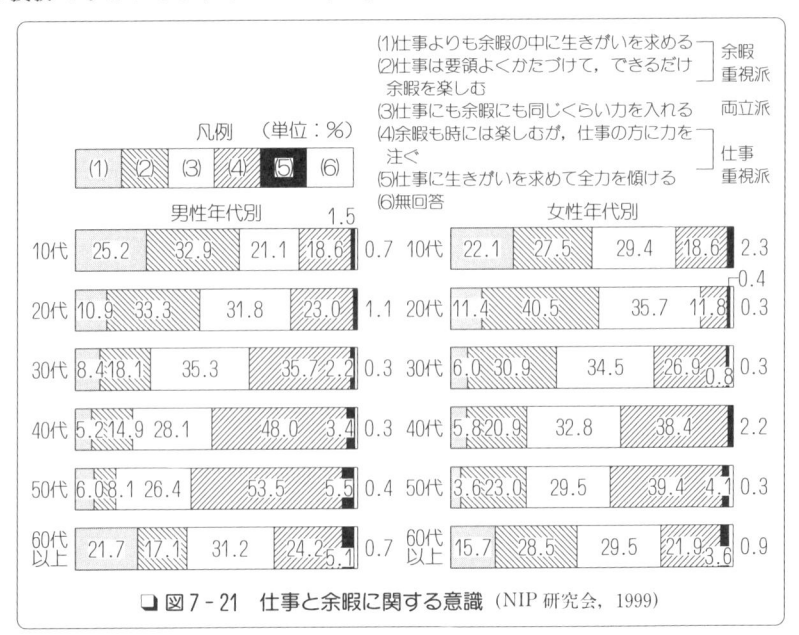

❏ 図7-21　仕事と余暇に関する意識　(NIP研究会，1999)

■**余暇**　従来，余暇は労働による疲れ果てた身体をいやし，明日への英気を養うものであった。余暇は労働の余りものであったのである。近年，労働の義務から開放された時間であり，自分自身の裁量で使い，自分自身の選択にしたがって使える時間であることの意味が再評価されてきている。

3　自己実現としての高齢者の労働

　定年退職は，肉体的精神的老化の進行に個人差が大きい事情を考えると，適正な制度とはいえない。多くの人たちは，まだ十分に仕事をやりこなせる力をもちながら退職を余儀なくされる。高齢者は義務ではなく本人の意思で選択した仕事に従事できることが望ましい。そこで選択し，従事する仕事は，自分の資質を生かし，興味を追求し，それによって社会に貢献する。それを通して，自分は何者で，何がしたいのか，どうやって生きていくのかを明らかにする。まさに自己実現としての労働となる可能性をもつのである。

　しかし，現実にはそれぞれの家庭の経済事情や家族の人間関係などで青年期の職業選択の際と事情は似通うことになる。それに加齢による体力の衰えはまぬがれ得ない。日本の社会的現状では，自己実現をめざす労働を求めるにはかなりの努力と家族の協力が必要とされるのである。

　それでも今日では，多くの人々が生きがいのある仕事を求め，また実際に従事してその成果を見せてくれている。

❏ 図7−22　高齢者は生きがいのある仕事を選ぶ

4 生涯現役として

　人の身体のあるシステムが使用され続けると，習慣化される。それにはたえざる開発の努力と向上心が必要である。こうしてあるシステムが習慣化されると，人はそのシステムを比較的容易に使用できるようになる。その原理は加齢をしても適用される。

　脳を使うことで，脳細胞に新しい神経伝達路が形成される。使うから新しく開発される脳と使わないから衰える脳とが，高齢期には交錯する。高齢者は，自分のなかに何かまだ使いうるもの，開発すべき脳があり，使える手足があることを考えて，心と身体を使い続けることが望まれる。できるだけ多くのシステムを使用し，その使用を習慣化することで，かたくなな高齢者ではなく，環境に応じてしなやかに変化する高齢者になる。

　老いて長い人生で遭遇する悲劇に心身を傷つけられながらも，心健やかに生き，人々の配慮や援助のもとで，たとえ身体が病んでも，心は穏やかなまま旅立っていくことが望まれるのである。

資料7-1　高齢期の就労希望

　日本労働研究機構が首都圏に住む40～59歳の男性を対象に行った「働き方と生活設計調査」（1998年4月報告）によれば，60～64歳の生活設計では，「何らかの形で働き続ける」という就労派が89.5％と圧倒的に多く，「仕事をせずに年金・貯蓄などで暮らす」という年金派は8.0％と少なかった。65～69歳の生活設計では，年金派が30.3％と増えるものの，就労派も69.0％と依然多数を占めた。さらに70歳以上の生活設計では，年金派が60.5％とようやく多数を占めるが，就労派はなお38.7％もあり，わが国の高齢期における就労希望がいかに根強いかが分かる。失業の全般的な深刻化の中で高年齢層の雇用状勢は特に厳しさを加えているが，中長期的には高年齢層を労働力として組み込んだ経済・社会の仕組み作りが欠かせない。

（イミダス'99　p.602より）

人は，多くの人々の精神的な支え，具体的な援助に支えられて生きるが，また人々の支えとなって生きてもいる。みずからのまわりに築いた親しい人間関係を**社会的ネットワーク**という。このネットワークが豊かな人ほど，同世代の仲間，同胞，配偶者などの重要な他者の死に遭遇したときの痛手を乗り切ることができる。これが乏しい人ほど，危機に対して抵抗力がなく，立ち直るには多くの時間が必要になる。会社勤めで，職場以外の人からなるネットワークを築いてこなかった男性が配偶者の死にひどい痛手をこうむったという。また，ネットワークに妻しかいない男性の幸福感は低いものであったという。

　この社会的ネットワークは，ふだんから，人々に交わり，積極的に情緒的きずなをつくる努力を続けることによって豊かなものになる。これをカーンとアントヌッチ (Kahn & Antonucci, 1980) はコンボイとよんだ（第8章参照）。待つ姿勢では自然発生的なもの，その人の仕事や家庭の生活の場のみの関係にとどまるのである。生涯現役を続けるためには，働くことでも人間関係でも，生涯を通して，積極的にまわりにはたらきかけ，自分のもつシステムを最後まで開発し続ける努力が求められるのである。

■**社会的ネットワーク**　　自分の周囲に築いた親しい人間関係をいう。これが豊かな人，乏しい人によって，危機の乗り切り方が異なる。ふだんから，人々に交わり，積極的に情緒的きずなをつくる努力を続けることによって豊かなものになる。

コラム 手軽にできる情動のセルフコントロールの例

1. イライラするときに
   ① 読むとき声を出して読む。
   ② 話すとき，代名詞「アレ」「ソノ」などといわず，主語，述語をはっきりさせる。
   ③ 考えを書いたり，チャート化してみる。
   ④ 仕事の合間に，自分に対して「よくやった」「ご苦労さま」という。
   ⑤ ストレスは自己研鑽の機会だと考える。
   ⑥ 「たいへんだ」ではなく「まあこんなもの」と考える。
   ⑦ しなければならない仕事ではなく，やりたい仕事だと思う。
   ⑧ スケジュールの過密を避ける。
2. 抑うつ，無気力なときに
   ① 部屋の整理を10分だけする。
   ② 明るくほがらかな人といっしょにいる。
   ③ まえに楽しんだことに，おもしろくなくてもチャレンジする。
   ④ 身体を動かして汗をかく。
3. 敵意，反発を覚えるとき
   ① 相手のことを考えると時間が惜しい，とほかのことを考える。
   ② 相手との接触時間をふやす。
   ③ 相手の長所をほかの人に話す。
4. 不安，恐怖，緊張を感じるとき
   ① 息を止めて，苦しさで思考が止まるまで続ける。ただし，思考が止まったら，息をすることはいうまでもない。
   ② 仕事は不完全でもかまわないと考える。
   ③ 断る勇気をもち，自分からの誘いを実行する。
   ④ マイペース，知らないことは知らないという。
   ⑤ 人目を気にしない。
   ⑥ 人の欠点を，3か所見つける。
   ⑦ 長期の不安には，なわとび，ウオーキング，ジョギングなどで筋力をつける。

情動のセルフコントロールは，長い対応する習慣があって効果があげられる。

（松原秀樹 「情動コントロール法」 内山喜久雄編著『セルフコントロール』日本文化科学社 69-71頁より作成）

第8章
人々とのかかわり
地域での人間関係

　急激に高齢社会を迎えた日本では，平均寿命が80余歳となり，定年後の20年以上をどのように過ごすのかが，男女を問わず大きな問題となっている。
　この章では，高齢期にある人々の現状を知り，「老いる」とはどのような人生上の変化なのかを考える。また，高齢期にある人たちへのかかわり方や，人生の最終章を迎えるために考えておくべき課題についても取りあげていく。

第1節 子どもから大人へ，そして高齢者へ

1 子どもから大人へ，そして高齢者へ

　人間の一生涯は，子どもから大人へと発達し続ける一過程である。その過程の最終章は高齢期とよばれる。現在，人類は，生活の豊かさや医療の進歩により，かつてなかった長寿社会を迎えている。

　わが国では，1994年に65歳以上の高齢者人口が全人口の14％以上を占めた。いわゆる**高齢社会**に突入したのだが，他の国に例を見ないほどの急激なスピードだったために，「老後」をめぐってのとまどいが生み出されている。

　定年後の生活時間の長さについてのとまどいを，河合（1991）は，人生50年と教えられてきた人たちが，そろそろゴールかと思ったら，あと30年あるといわれたようなものだと述べている。

　高齢者自身の過ごし方の模索とともに，子や孫の側からのかかわり方もたいせつである。お互いのあいだの距離については，年齢の多い者のほうが相手とのあいだが近いと感じるという。若い年代からの高齢者との**相互の距離**のとり方など，向かい合い方が課題となっている（図8-1）。

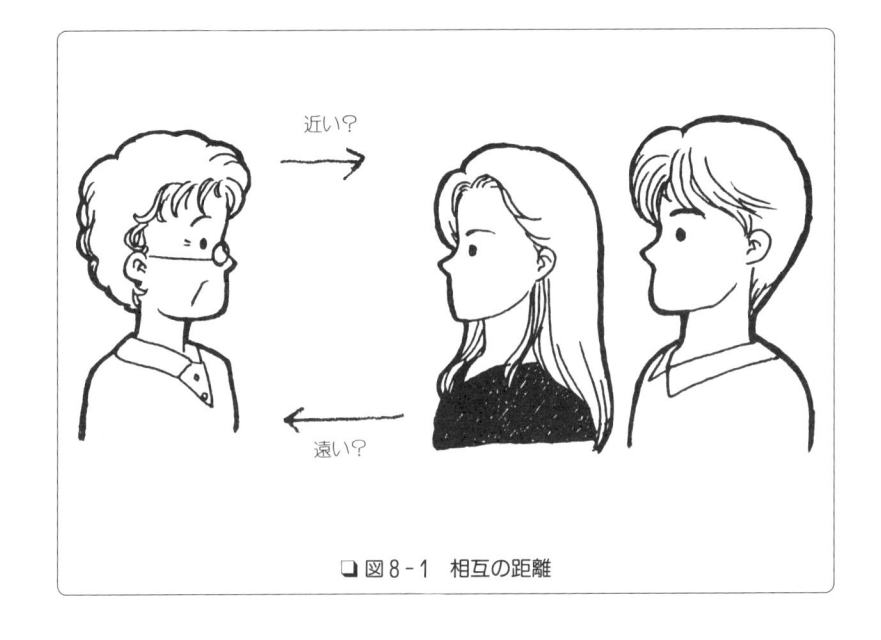

□ 図8-1 相互の距離

エリクソン (Erikson, 1959) はこの高齢期の**発達課題**を「統合性」と位置づけた（表8-1参照）。これまでの人生の総決算の時期である。青年期が社会への旅立ちならば，高齢期は第2の人生といってもよい。これまで経験してきたこと，年をとらないとわからないことの意味をゆっくりと考える時期であるともいえよう。しかしまたこの時期は，仕事や肩書きを失い，同年代の親しい人を失うといった「絶望」につながる部分をもっている時期でもある。

「死」は絶望へとつながる最大のできごとである。昔から人間は不老不死を願い，老いと死とをおそれて過ごしてきた。しかし，死は高齢者にのみ訪れるものではない。災害や事故に巻き込まれれば，だれもが同じように死に直面する。その意味でも人間という生物は，有限の時間を生きることを自覚して生きるものである。人生の終わりの「死」と，死の前の「老い」とを，発達を考える道筋のなかに組みこんで考えていくことがたいせつである。

○ 表8-1　エリクソンの同一性漸成図 (Erikson, 1968；鑪訳，1988より)

	1	2	3	4	5	6	7	8
I 乳児期	信頼 対 不信							
II 幼児前期		自律性 対 恥, 疑惑						
III 幼児後期			自主性 対 罪悪感					
IV 学童期				勤勉性 対 劣等感				
V 青年期	時間展望 対 時間拡散	自己確信 対 同一性意識	役割実験 対 否定的同一性	達成の期待 対 労働麻痺	同一性 対 同一性拡散	性的同一性 対 両性的拡散	指導性と服従性 対 権威の拡散	イデオロギーへの帰依 対 理想の拡散
VI 成人前期						親密性 対 孤立		
VII 成人期							世代性 対 停滞性	
VIII 老年期								統合性 対 絶望

第8章 人々とのかかわり

2 「老い」の問題

これまでの時期と異なる高齢期の問題は「老い」である。

老いは，老化・加齢・エイジング（aging）とさまざまに表現されている。

柴田（1999）は，「老い」は従来の老化モデルにみられるよりもずっと遅くゆるやかにやってくるという(図8-2)。新しい健康モデルに示されるように，現在の高齢者としての60歳代，70歳代は老いを自覚することがあるにしても，元気で活躍しているといえよう（図8-3）。

発達過程というと，図8-4のように，一直線に上昇していくプロセスとみられがちだ。しかし，人間の発達は，だれでも一様に展開するのではない。進む速さにちがいがあったり，立ち止まりや後もどりなど，方向や順序にもちがいがあったりする（図8-5）。発達過程はすでに「老化を内包している」（三好，1988）ともいえる。「老人力」（赤瀬川，1998）ということばにみられるように，加齢によってこそ蓄えられる「豊かさ」も忘れてはならない。

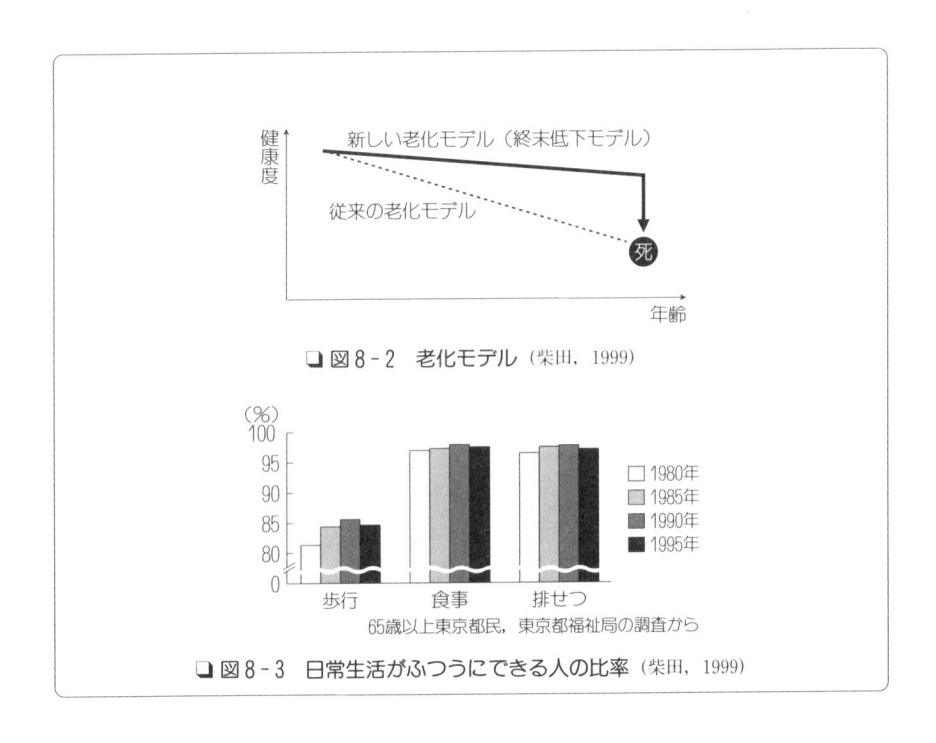

❏ 図8-2　老化モデル（柴田，1999）

❏ 図8-3　日常生活がふつうにできる人の比率（柴田，1999）

3 「老化」の問題

だれにでも，加齢にともなって器質的・機能的変化がみられるようになる。

下仲（1997）は，老いを正常老化と病的な老化とに分けて考えている。正常老化とは，年をとるにつれだれにでも現れる変化であり，より自覚的に受け止めて対応を考えやすい変化である。これに対し病的な老化とは，年をとることでかかりやすくなる病気によって起こる変化をさしており，医療や福祉の視点からの対応を必要とする変化である。

老いの現れ（図8-6）は，中年代から始まっている。ここでは正常老化としての変化を身体面と精神面とに分けてみていこう。

（1）身体面の変化

身体面の変化（生理的な変化）は，目がかすんで針に糸を通しにくくなった

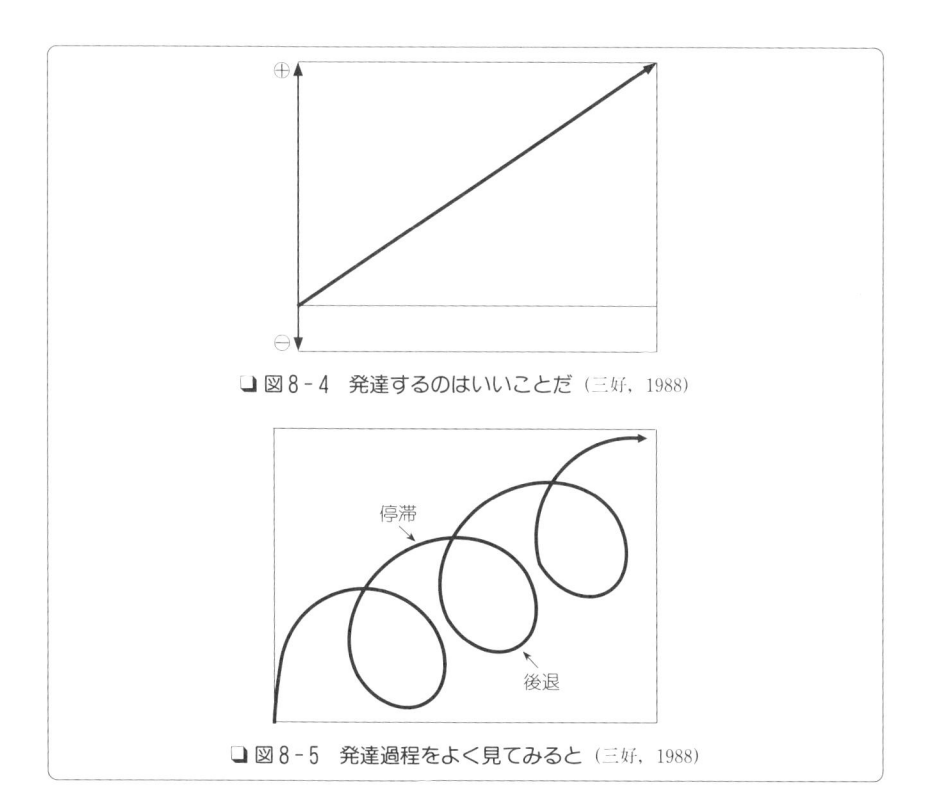

❏ 図8-4　発達するのはいいことだ（三好，1988）

❏ 図8-5　発達過程をよく見てみると（三好，1988）

り，耳の機能の変化により聞き取りにくくなったり発語が不明瞭になったりすることで，高齢者自身にもまた周囲の人にも認識されるようになる。運動能力の面ではバランスの乱れが起こり，階段を下りるときや靴を履くときの片足立ち動作の不安定さなどがみえてくる。また，動作全体が緩慢になってくる。「1センチの段差にもつまづく」と，笑いを喚起しながら語られていることは，こ

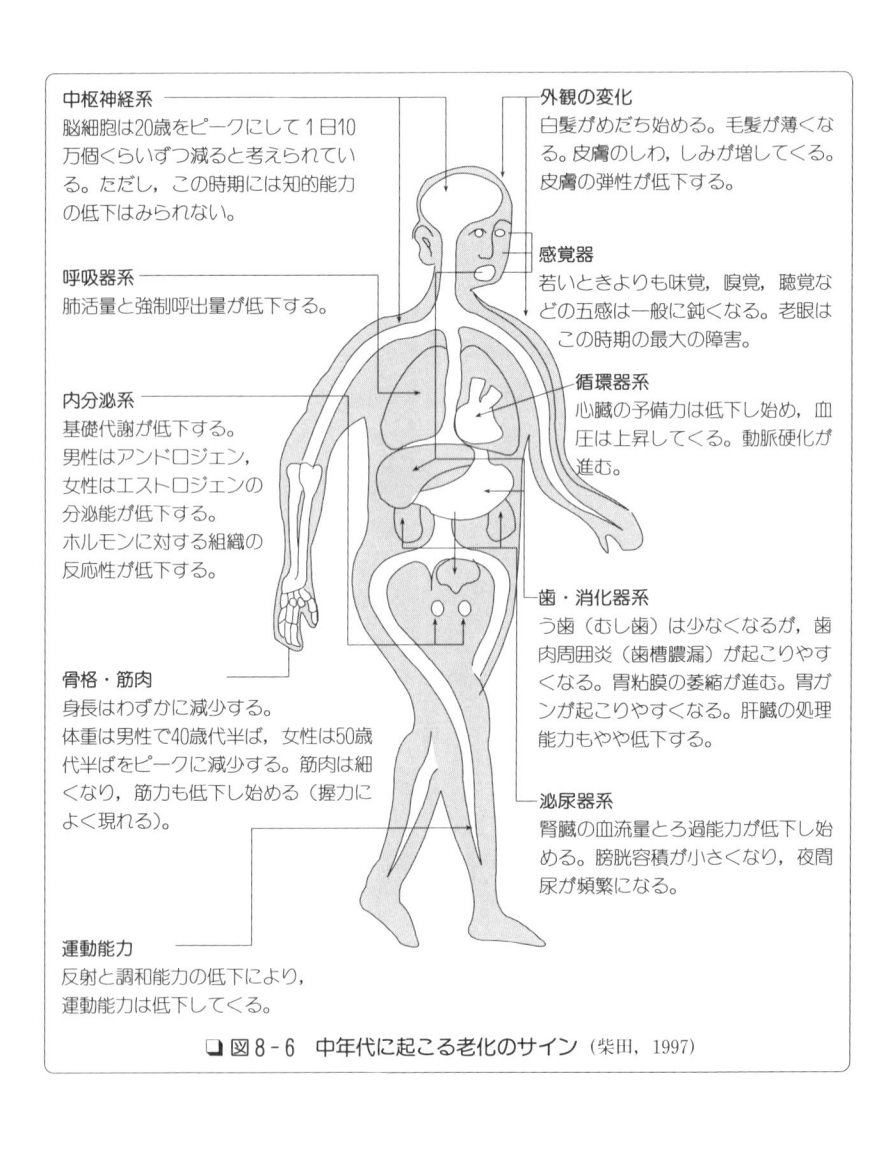

中枢神経系
脳細胞は20歳をピークにして1日10万個くらいずつ減ると考えられている。ただし，この時期には知的能力の低下はみられない。

呼吸器系
肺活量と強制呼出量が低下する。

内分泌系
基礎代謝が低下する。
男性はアンドロジェン，女性はエストロジェンの分泌能が低下する。
ホルモンに対する組織の反応性が低下する。

骨格・筋肉
身長はわずかに減少する。
体重は男性で40歳代半ば，女性は50歳代半ばをピークに減少する。筋肉は細くなり，筋力も低下し始める（握力によく現れる）。

運動能力
反射と調和能力の低下により，運動能力は低下してくる。

外観の変化
白髪がめだち始める。毛髪が薄くなる。皮膚のしわ，しみが増してくる。皮膚の弾性が低下する。

感覚器
若いときよりも味覚，嗅覚，聴覚などの五感は一般に鈍くなる。老眼はこの時期の最大の障害。

循環器系
心臓の予備力は低下し始め，血圧は上昇してくる。動脈硬化が進む。

歯・消化器系
う歯（むし歯）は少なくなるが，歯肉周囲炎（歯槽膿漏）が起こりやすくなる。胃粘膜の萎縮が進む。胃ガンが起こりやすくなる。肝臓の処理能力もやや低下する。

泌尿器系
腎臓の血流量とろ過能力が低下し始める。膀胱容積が小さくなり，夜間尿が頻繁になる。

❏ 図8-6　中年代に起こる老化のサイン（柴田，1997）

うした運動能力のバランスの取りにくさと関連している。

　外見上の変化だけではなく，臓器の機能の低下やホメオスタシスの減退が緩やかに進行していく。当然，食生活（摂取量や摂取方法など）や日常の行動全般にも変化がみられるようになる。

（2）　精神面での変化

　精神面での老いについては，痴呆の話題がしばしば取りあげられるように，知的能力への関心が深い。高齢者の知的能力の特徴としては，流動性知能因子という新しい学習や問題解決の能力が，加齢による影響を受けやすいといわれている。反対に，結晶性知能因子という蓄えられた経験に基づき判断していく能力は，加齢による影響を受けにくいとされている。

　知的能力については，これまでのようにどの年代でも同じ問題で検査するのではなく，高齢期における知能を独自に測定する方向から研究が重ねられている (Scheidt & Schaie, 1978 ; Schaie & Willis, 1986)。

　能力低下が早い時期から徐々にではなく，ずっと遅くやってくるということは，経験によって積み重ねられてきた力が個人のなかで練りあげられてくるともいえる。「年の功」とか「熟練した技がさえる」という表現のなかにも高齢者のもつ熟達性がうかがえる。まさに「老人力」だ。エリクソンは，そのような力が「知恵」としてはたらき，自我統合をなしとげ得ると述べている。

　しかし記銘力や想起力の低下が始まると，探し物が多くなったり，名称が思い出せずに「え〜と，え〜と……」とか「あの，あれが……」といった表現などもみられるようになる。思い出せないことや忘れていることに，困ったことだなどといったマイナスの評価を与えずに，手がかりを提供しつつ会話を続けることで，表現しようという意欲を増大させ得る。機能の低下自体を当然のこととして受けとめていく姿勢を周囲がもつべきだ。

　感情面では，自己中心的・頑固などが高齢期になるとめだつといわれてきたが，下仲（1997）は必ずしもそうとはいいきれないと指摘している。全員が頑固に自己主張しはじめるのではなく，もともとの人格特徴が先鋭化してきた結果であるという。

第2節　高齢者と地域

1　高齢者の生活

　平均寿命が80歳を優に超えている現在,高齢者はどのような暮らしを送っているのだろうか。

　表8-2には,全世帯に占める高齢者世帯の割合の増加が示されている。近所の町の中で,10世帯あれば1軒以上は,高齢者世帯があるということになる。しかも約5年ごとに1％強の増加がみられている。また夫婦のみの世帯と単独世帯は年を追うごとにふえている(図8-7,8-9)。とくに大都市ではこの特徴の増加傾向が著しい。地域によっては,三世代同居家族が現在もみられる。二世帯住宅などの工夫により,同居のあり方も変化してきており,近距離内に別々に住むことを歓迎する人たちも多い。

　こういう状況のなかで,高齢者の暮らしぶりやライフスタイルも以前とは変化せざるを得ない。高齢者自身が望む暮らし方について,その希望を生かし得る道すじが用意されるべきであろう。中年期から,高齢期を視野に入れて生活プランを練ることも,必要となる。

○ 表8-2　全世帯数および高齢者世帯数の年次推移 (厚生省,1998より作成)

年次	全世帯 推計数(千世帯)	全世帯 指数(昭和50年＝100)	高齢者世帯推計数 推計数(千世帯)	高齢者世帯推計数 指数(昭和50年＝100)	全世帯に占める高齢者世帯の割合(％)
昭和50年	32,877	100.0	1,089	100.0	3.3
55	35,338	107.5	1,684	154.6	4.8
60	37,226	113.2	2,192	201.3	5.9
平成元年	39,417	119.9	3,057	280.7	7.8
6	42,069	128.0	4,252	390.1	10.1
9	44,669	135.9	5,159	473.7	11.5

厚生省大臣官房統計情報部「平成9年国民生活基礎調査」

2　高齢者像

　1998年段階で，老年人口は約2000万人を超えている。これほどの集団をひとくくりに「高齢者」とし，同一の特徴でまとめてしまうことはむずかしい。子どもの発達を論じるときには，未知の部分・発達の可能性が考慮される。これから切り開いていく領域の大きさが，そこでは意識されているからである。高齢期の場合には，それまでの人生で各人が獲得してきたものが大きく，その内容も多様であり，深さ・複雑さを有している。こうした点から，高齢者像を語るためには，個人史とでもいえるような一人ひとりの人生を記述し，そこから普遍的な側面を抽出する方法も求められる。

　ところでこれまでの高齢者は，明治・大正生まれの人が大半だった。21世紀に入ると，戦後の高度経済成長を支えた人々，続いて団塊の世代が高齢期に入る。職業経験・生活体験・価値観など，従来とは異なった生活史をもった高齢者の登場となる。その人たちが，どのような生きがいをもって生きていこうとするのか。社会がどのような保証をなし得るのか，なども課題となっていくだろう。

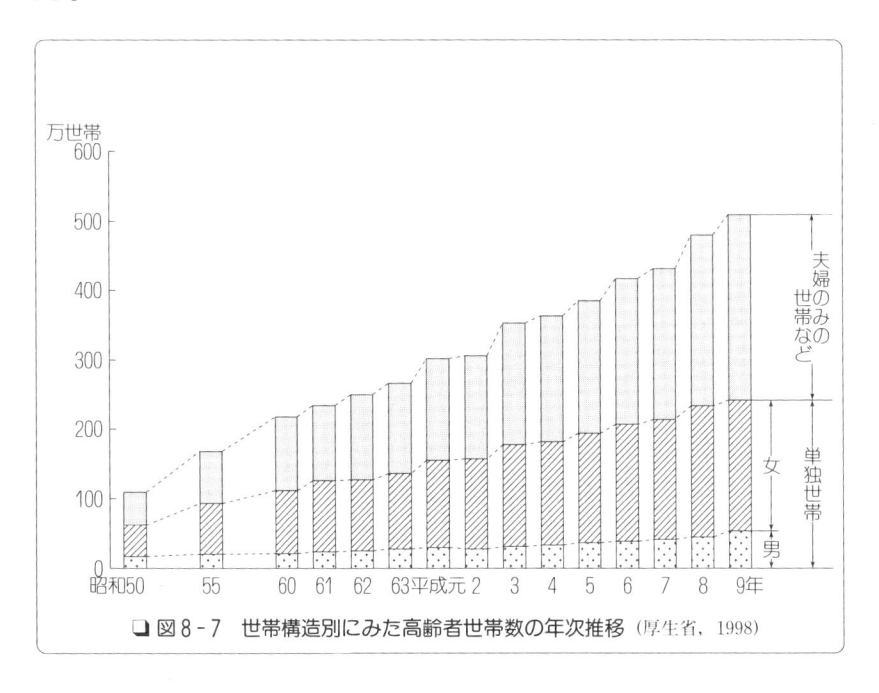

❏ 図8-7　世帯構造別にみた高齢者世帯数の年次推移（厚生省，1998）

3　高齢者と子ども：祖父母としての役割

　高齢者と孫との関係は，自身の子どもを媒介者として成立する。孫の誕生によって初めて祖父母となり，その役割(role)を担うようになる。ところで高齢者との結びつきは，孫の年齢が小さいときは密だろう。幼いころ，祖父母に語ってもらったことや，絵本を読んでもらった記憶は子どもの心にさまざまな思い出を残す（図8-8）。中学生・高校生となるにつれ，祖父母との距離は開いてしまいがちだ。親が祖父母とどうつきあっているかも，祖父母と孫との距離に関係する。

　次世代への伝達・継承の視点からも，高齢者の役割は再認識される。「次世代の人に核廃絶を託したい。そのためには，ヒロシマの被害の実態をよく話しておかなければならない」（久保浦寛人さん，73歳。1999年8月12日付朝日新聞「21世紀へ　被爆者からの伝言」）と，多くの高齢者が語り続けている姿がある。次の時代の担い手に，みずからの体験や20世紀に起こったことを風化させずに語り継ぐ存在という視点から，高齢者の役割が浮かびあがる。

❏図8-8　高齢者から語り継がれるたいせつなもの

4 地域のなかで生きる人々

　生活の場をどこに求めるかによって，高齢者の暮らしぶりも異なる。

　資料（図 8 - 7，8 - 9）にみられるように，都市部では単独で暮らす人が多い。こうした人たちのなかには，子どもや孫に頼らずに老後を送る姿勢を育ててきた人もいれば，止むを得ず独り暮らしを送る人もいるだろう。自分の生活に必要なことを，自分自身でやりとげようとしている人たちでもある。俳句や連句といった趣味を楽しんだり，水泳やボーリングなどのスポーツを通じての友人関係をもつことで，日常生活の支えとしている。この人たちにみられる**幸福感**（well being）は，人とのかかわりのなかから生じており，生きる目標ともなっている。

　また，定年や老いの自覚を契機に生きがいづくりを始めることも，幸福感や満足感（satisfaction）を育てていく。60歳代になってから，趣味の押し花制作を本格的に学び，地域の仲間に広げ，さらには日本だけではなく活躍の場を開いた女性もいる（図 8 - 10）。高齢者が何かをなしとげ得る気力・知的条件・経済力など，社会的保証が広げられることにより，さらに新しい高齢者像を生み出す契機になっていくだろう（図 8 - 11）。

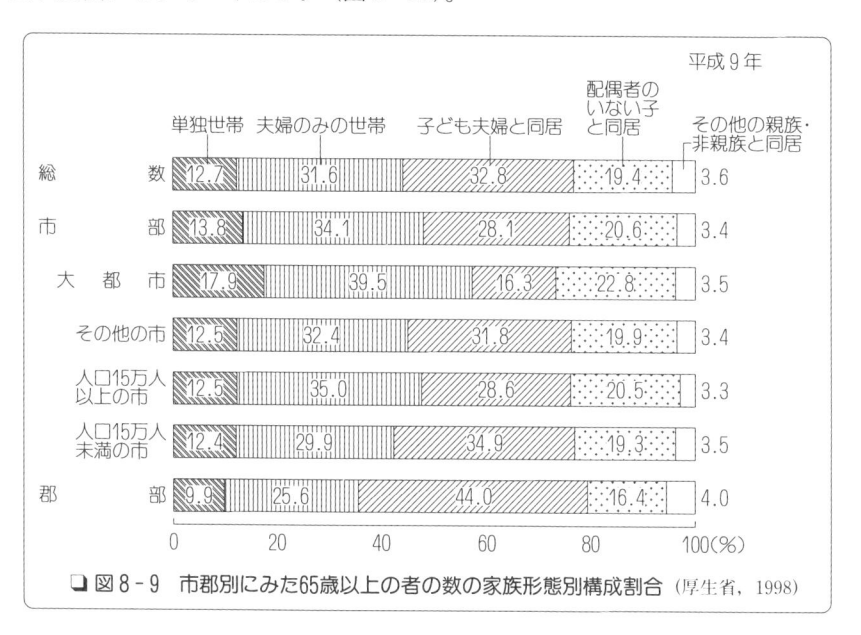

	単独世帯	夫婦のみの世帯	子ども夫婦と同居	配偶者のいない子と同居	その他の親族・非親族と同居
総　　　　数	12.7	31.6	32.8	19.4	3.6
市　　　　部	13.8	34.1	28.1	20.6	3.4
大　都　市	17.9	39.5	16.3	22.8	3.5
その他の市	12.5	32.4	31.8	19.9	3.4
人口15万人以上の市	12.5	35.0	28.6	20.5	3.3
人口15万人未満の市	12.4	29.9	34.9	19.3	3.5
郡　　　　部	9.9	25.6	44.0	16.4	4.0

平成9年

図 8 - 9　市郡別にみた65歳以上の者の数の家族形態別構成割合（厚生省，1998）

5　生きがいをもって生きる―①

　住み慣れた家を離れ，施設での暮らしを選択せざるを得ない人もいる。養護老人ホーム入居時80歳代なかばの石川信一さんは，裏山を畑に開墾することを入居の唯一の楽しみとしたという（神戸新聞学芸部，1979）。職員が提供する園芸ではなく，自分自身がこれまで生活の糧としてきた畑づくりを**生きがい**としたのである。収穫物をみんなで食べるなどの楽しみもあるのだろう。生活習慣がきちんとしていること，体を動かし続けることは，高齢者の生きがいとともに健康で過ごすために欠かせないことを石川さんは示してくれたという。

　地域ぐるみで高齢化問題に立ち向かうところもみられる（長野県老後をしあわせにする会・手塚，1988）。健康・くらし・所得・仕事・福祉・孤独など，高齢者がかかえている心配事を，地域住民の問題として取りあげ，高齢者はたんに「余生を過ごす」だけの存在ではなく，仲間をもち，生きがいをもって，人とのつきあいを楽しみながら生活する存在として，とらえていこうとしている。

　近年，高齢者自身が老いを表現したり（南，1997；沢村，1993），高齢期・老いについてさまざまに論じられるようになった（氏原・山中，1994；多田・今村，1987；河合，1991）。男性・女性，それぞれの視点から，生きがいをもって高齢期を生きる姿から学び続けることが大事となる。

❏ 図8-10　押し花制作作品

6　生きがいをもって生きる—②

　定年は高齢期を考える際に欠かせないエポックだ。

　南（1997）は，定年後の人生における「核」をもつことを提案する。40歳代，50歳代から，定年後の準備をするという視点をもち，つきあう友人が減っても，身体が思うように動かなくなっても楽しめるような知的生活を早くから心がける。そのことで，①楽しみ・表現欲の充実，②視野の広がり，人間性の深まり，③交友関係のひろがり，④脳の老化防止などが獲得できるという。生きがいをもつこと，健康であること，必要な経済的保証があること，などとともに，性の問題もたいせつである（山中，1991/1994）。**高齢者の性**の問題とは，結婚や子育てという視点ではなく，高齢者自身が孤独感にさいなまれずに充実した時間を送る視点から，異性とのかかわりを考えることである。一方で，結婚によって苦しみを経験してきた人たち，とりわけ男尊女卑の世界で生き悩み続けてきた女性たちへの，癒しの視点も必要となる（佐藤，1994）。

❏図8-11　夢はたくさん……

第3節　地域での支援システム

1　病的な老化

　高齢期にかかりやすい身体疾患・精神疾患を表8-3に示してある。

　病的な老化は，こうした病気によって起こる変化をさしている。

　精神疾患のうち，器質性精神疾患に分類される**認知症性疾患**がこの時期の病気としてよく知られている。その罹患率は，65歳以上の人口の約6～7％である。高齢者人口約2000万人中123万人～143万人ということになる。

　この疾患はアルツハイマー性認知症と脳血管性認知症とに分けられる。

　アルツハイマー性認知症（あるいはアルツハイマー病）の原因はまだ明らかとなっていない。しかし，病理的には脳の萎縮が著明であり，進行性の疾患であることが知られている。初期の症状は，もの忘れするとか何気ない行為を失敗するといった状況でゆっくり始まる。中期には，記憶力や判断力が低下し，日常の仕事や行動ができなくなり，ぼんやりとしている・感情が平板化するなどがめだち，人格の変化もみえてくる。末期になると，問題行動が多くなり，何をしてよいのかわからず無言・無動となり，寝たきりになってしまう。

　脳血管性認知症は，脳梗塞など脳血管障害の後遺症として起こる。そうした障害が起こったことに気づかれずに過ごすこともあり，徐々に，知的な障害が

○表8-3　老人の罹患しやすい疾患（丸山，1990）

身体疾患		① 循環器系（高血圧症，狭心症，心筋梗塞など）
		② 消化器系（慢性胃炎，常習便秘など）
		③ 筋肉骨格系（骨粗鬆症，リウマチ性関節炎，変形性脊椎症，骨折など）
		④ 代謝系（糖尿病，甲状腺機能低下症など）
		⑤ 泌尿器系（前立腺肥大，慢性膀胱炎など）
		⑥ その他（悪性新生物など）
精神疾患	器質性精神疾患	① 急性脳症
		② せん妄
		③ 初老期認知症（アルツハイマー病，ピック病，クロイツフェルド・ヤコブ病）
		④ 老年認知症（アルツハイマー型老年認知症，脳血管性認知症）
	機能性精神疾患	① 幻覚妄想状態（晩発性統合失調症，パラフレニー）
		② （躁）鬱病
		③ 神経症
		④ 心身症

進行していく。しかも知能全般が一気に障害されるわけではない。海に浮かぶ島のように，障害されていない細胞は機能しており，「まだら認知症」などとよばれている。

こうした認知症についてはさまざまな検査方法があるが，記憶や見当識を手軽に調べられる検査として**長谷川式簡易知能評価スケール**が知られている（表8-4）。

機能性精神疾患としては，うつ病があげられる。50歳前後から始まり70歳代前半までの発症がみられる。抑うつ気分・不安に始まり，焦燥感を訴えたり夜間せん妄などの症状を呈する。反応が鈍くなるので仮性認知症とまちがわれることもある。そのほかに心気症状や妄想も頻発しやすい（表8-3）。また身体疾患のなかには，不安や孤独感から症状を悪化させる心気症と重なるものもある。

機能性疾患を引き起こす要因のひとつに，老年期の損失体験があげられる。身体健康の損失・経済的自立の損失・社会や他者とのつながりを失う（定年退職・配偶者の死）などであり，そうした状況の変化に続いておこる異常心理反応ともみられる。頻度は高いが，早期治療によって治癒可能であることを知っておいて，早めの対応が肝要である。

表8-4 長谷川式簡易知能評価スケール

質問内容	配点
氏名　　　　　　　施行日　年　月　日　合計得点　　／32.5 生年月日 M.T.S.　年　月　日　年齢　歳 男・女 施行者名 備考	
1. 今日は何月何日ですか?(または)何曜日ですか?	0, 3
2. ここはどこですか?	0, 2.5
3. 年齢は?	0, 2
4. 最近起こった出来事（ケースによって，特別なことを周囲の人たちから予め聞いておく）からどのくらい（何か月）たちましたか? あるいはいつごろでしたか?	0, 2.5
5. 生まれたのはどこですか?（出生地）	0, 2
6. 太平洋戦争が終わったのはいつですか?	0, 3.5
7. 1年は何日ですか?（または1時間は何分ですか?）	0, 2.5
8. 日本の総理大臣は?	0, 3
9. 100から7を順に引いてください (100-7=93，93-7=86)	0, 2, 4
10. 数字の逆唱（例：6-8-2，8-5-2-9を逆に言ってください）	0, 2, 4
11. 五つの物品テスト（例：タバコ，マッチ，鍵，時計，ペン：老人に物品の名前を一つずつ言いながら並べて見せ，それらを隠して何があったかをたずねる）	0, 0.5, 1.5, 2.5, 3.5
合計得点　（　　　）	

（注）
- 31.0以上　　　　正常
- 30.5〜22.0　　　知能低下＋（境界〜軽度異常）
- 21.5〜10.5　　　知能低下＋＋（中等度異常）
- 10.0以下　　　　知能低下＋＋＋（高度異常）

2 ソーシャル・サポート

役割や配偶者の喪失などにより，自立生活が困難となるときには，個人を支える**ソーシャル・サポート**が求められる。わが国ではサポート・システムの社会化がまだ不十分であり，北欧など福祉先進国に学んだ取り組みが模索されている。

サポートには，孤独感を受け止めるなどの「心理的なサポート」と経済的な支えや日常生活への援助といった「道具的・手段的サポート」とがある（奥山，1990）。具体的なサポートの提供者は，家族・友人のようなインフォーマルな関係者と，ワーカーや医師・看護師など職業としてのフォーマルな関係者（専門家）とに分けられる。

在宅介護の場合のサポートとしては，ホームヘルプ制度やデイケアセンターの活用などがあげられる。門野（1995）の指摘するように，家族負担が大きい

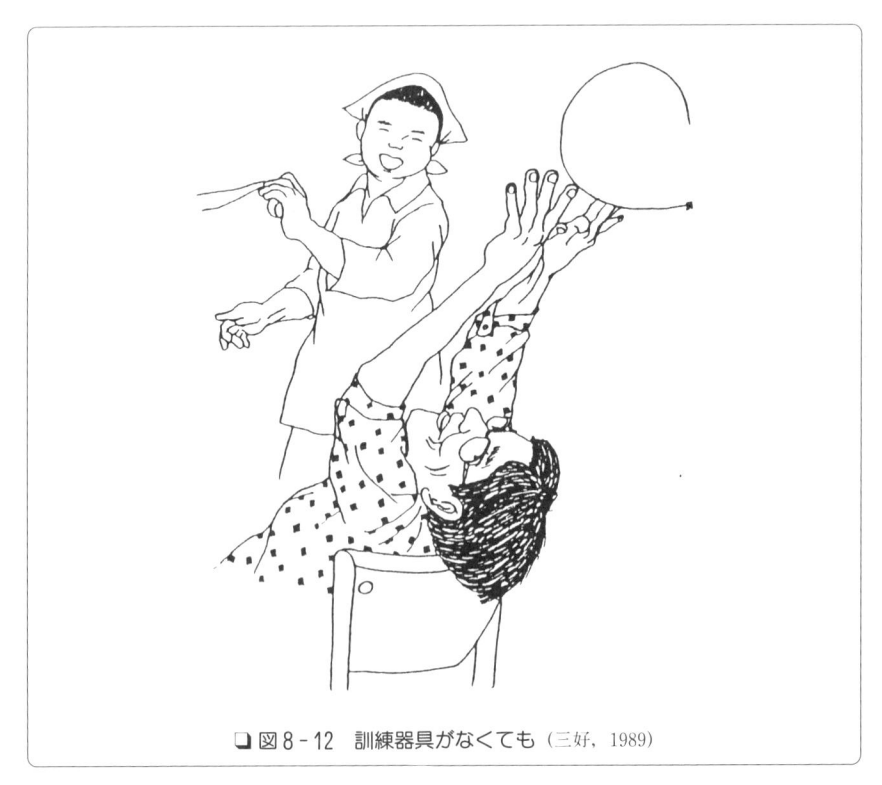

❑ 図 8-12 訓練器具がなくても（三好，1989）

■ソーシャル・サポート　援助を必要とする人に対しての，情緒的サポートあるいは実践的援助を提供する対人的相互作用。

第3節 地域での支援システム

在宅介護から行政介護へと役割の変換が今後の課題である。

施設介護の場として特別養護老人ホームや老人保健施設などがある。施設入所後の生活には問題点が指摘されている。しかし三好（1988）は，施設内で痴呆と診断された人が「家に帰りたい」と訴えたとき，茶の間の雰囲気で看護者が話し相手になったところ，安心して眠りについたと紹介している。

また，特別な訓練システムを取り入れなくとも，楽しい日常行動が機能回復となるともいう（図8-12）。

デンマークの高齢者サービスの三原則（表8-5）を生かしながら介護が進められることで，その人らしい暮らし・生き方を提供することも可能である。

ソーシャル・サポートは，その個人のもつ対人関係の相互性によって成立する。カーンとアントヌッチ（Kahn & Antonucci, 1980）はその人のもつ親密さの視点からネットワークを**コンボイ**（convoy：護衛船）という三重の円で構造化して示した（図8-13）。個人に最も近い円は，役割に依拠しない安定したコンボイの成員であり，配偶者や子ども・孫などの家族，同じ高齢期にある同胞，長年の親友などがあげられる。この層の厚みは老人の日常生活を豊かにし，生きる支えともなる。2番目の円は，役割に依拠するが，ここから友人関係へと広がり得る成員である。3番目の円には，直接役割に依拠した関係が位置する。この層は高齢期では最も変化が大きい。それまでの役割によるつきあいが極端に減少してしまうからだ。問題をかかえる個人にかかわる家族，友人，専門家などの重要な他者が集まって，個人への対応を相談できるシステムをつくり，明日，1週間後，1か月後を高齢者に約束しながら，その個人自身が生きる希望をもてる関係をつくる取り組みが必要である。

表8-5 デンマークの高齢者サービスの三原則

1. 自己決定の尊重
2. 継続性の尊重
3. 残存能力の活用

■**コンボイ**　護衛艦に守られるように，個人が生活上で直接・間接に支えられている人々の集団を記述したもの。
■**友人関係**　高齢期の友人には喜びも苦しみもともにしてきた深いつながりがあり，死を迎える時まで互いに生命をいとおしみ合う関係が生まれる。

3 ターミナルケア

　ターミナルとは「不治の状態,生に返すことはありえない状態」(日野原, 1988)である。この世との別れであり,新しい死後の世界への出発だともいえる。**ターミナルケア**は,死が確実になりつつある末期患者に対して行うケアであり,死にさかのぼること3～6か月と限定されていることが多い。死に至る病であるという宣告は,強い絶望感を引き起こす。宣告を受けた末期患者は不安と孤独にさいなまれる。それゆえ宣告と同時に,「その時」まで「生きるための水」(日野原, 1988)も同時に手渡さなければならない。絶望から自殺の道が選ばれないためにも。死への不安はだれの胸にもある。キューブラー・ロスは死を受容することで新しい死後の世界への旅立ちが可能になることを示した(川口訳, 1971)。

　家族に囲まれて死を迎えたい(図8-14)。死ぬ権利をもっているはずなのに,現在では病院から自由に退院することもできず,さまざまな医療器具につながれて,望まない死を迎えることも多い。informed consent(インフォームド・

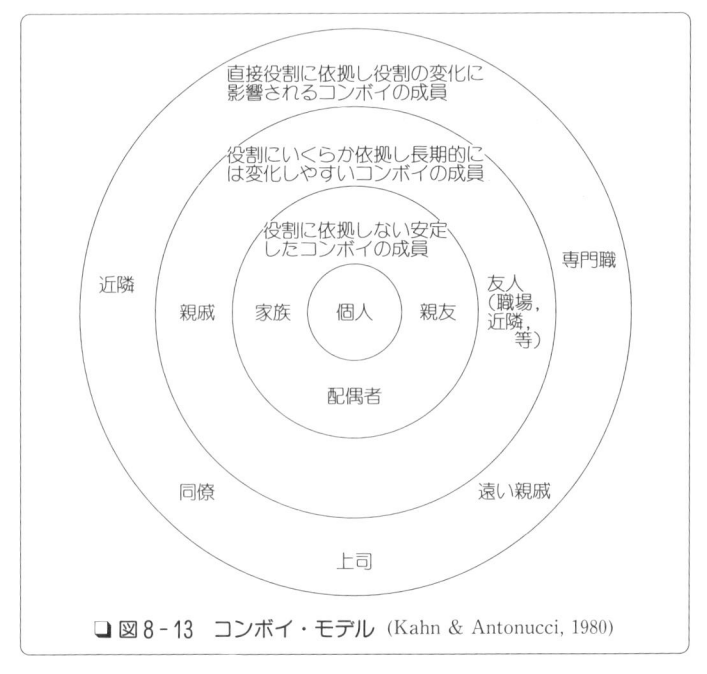

□ 図8-13　コンボイ・モデル (Kahn & Antonucci, 1980)

■**ターミナルケア**　ガンの末期(3～6か月)の「死に向かう」患者に対する自然な安心したケアをさす。患者の精神的な治療をめざす。

コンセント）は「説明と同意」と訳されている。しかし一方的な治療方法の提示となりがちで，患者の側から方法を希望することはむずかしい。もしその方法を「否」といえば，即すべての治療から見放されてしまう。患者の意思を尊重する提示のしかたを医師がもたなければ，それは真の consent とはいえないだろう。7回に及ぶ大手術を受けながら仕事をし続けた長尾（1997）はガンと闘う権利を主張した。患者のもつ決定権について考えさせる壮絶な闘いの記録が残されている。

　ホスピスとは，ガンで死んで行く人たちのためのケアの哲学もしくは理念である（川越，1992）。そのケアが行われる場所を意味したことばともなっている。**ホスピス**についての理解が浸透するにつれ，末期患者に対する治療は，**キュア**（cure：肉体的に救おう）から**ケア**（care：精神的に救おう）へと発想が転換しつつある。同時にホスピスも，在宅か病院かを選択し，人間としての個人の尊厳を尊重しながら，その人らしい最後を選ぶことができるような取り組みがなされつつある。

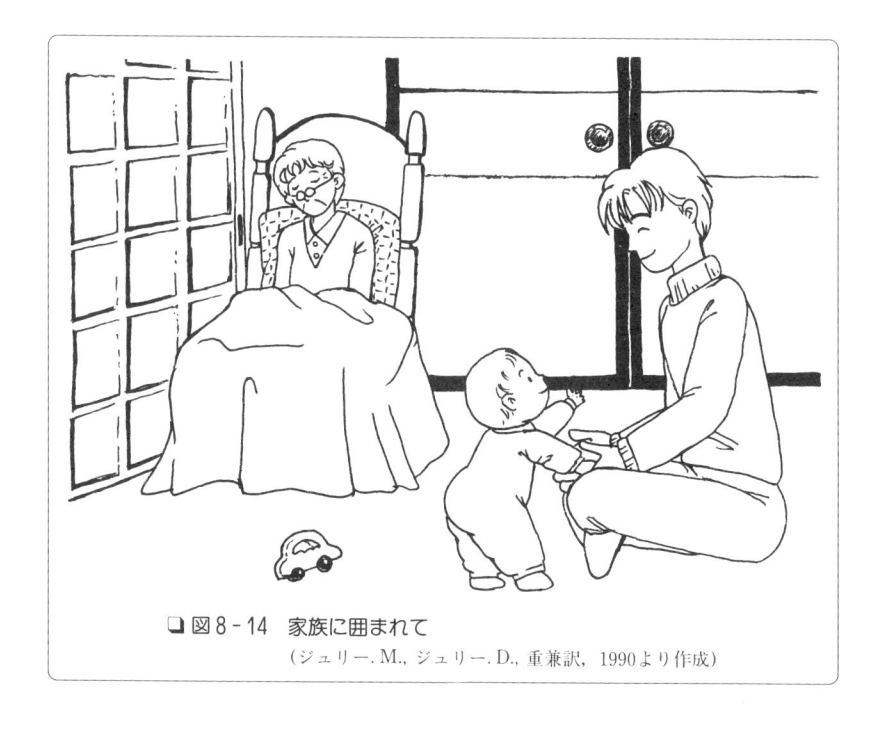

❏ 図8-14　家族に囲まれて
（ジュリー.M., ジュリー.D., 重兼訳，1990より作成）

コラム　介護の問題

　65歳以上人口の割合が7％から14％に達した所要年数は，フランスが116年，スウェーデンが85年，イギリスが46年である。わが国では，1970年の7.1％から1994年の14.4％と，わずか24年間で急速に高齢化をみた。

　「老い」を家族がどこまで支えきれるのか。寝たきりになった場合，認知症が進行して徘徊などの症状がでている場合，どういう制度を利用しながら家族は介護できるのか。子どもとの同居もできず施設入居もむずかしい場合，老人世帯の2人は何をなし得るのか。在宅介護の場合，ほとんどが女性の肩に重荷がかかってきた。夫婦がいっしょに介護する姿もみられるようになってきたとはいえ，問題は山積している。加えて，高齢化問題が社会全体のコンセンサスとなっておらず，個別に対応せざるを得ない状況が続いている。

　ここでは，アメリカの一炭鉱夫の最終章を描いた作品を通して介護の問題を考える。

　マーク・ジュリー／ダン・ジュリー・写真，マーク・ジュリー・文，GRAMP : A Man Ages and Dies（重兼裕子訳『おじいちゃん』春秋社，1990年）には，いわゆる「恍惚の人」となった祖父フランクの最後の3年間が写真と物語とによって紹介されている。マークとダンは兄弟。ほかに，祖母アンナ，フランクとアンナの娘と孫，ひ孫，そして彼らの友人たちとホームドクターなどが登場する。祖父フランクの若いころの写真から始まり，彼の人柄や，子どもたち・孫たちとともに過ごした年月が，家の中やあたりの風景のなかに描かれていく。徐々に老いを，そして「認知症」を見せはじめる祖父。その喜びの表情も悲しみの表情もジュリー兄弟はカメラを通して，克明に記録していく。徘徊や昼夜逆転に伴う混乱した行動，排せつの失敗など，祖父の認知症に振り回され苦悩する家族の姿と内心の吐露。どのようにして祖父をみていくのか話し合う家族。ホームドクターとのかかわり。北欧の福祉医療が紹介する介護のあり方とは異なる家族の対応に目が向いていく。祖父が望んだ唯一のこと――絶えずだれかがそばにいることを家族は守り通す。

　そして祖父が「もうこんなものはいらない」といって入れ歯をはずし，死を迎えるまでの3週間の姿。そのときの家族の心境とともに，介護とは何か，家族とは何かが問いかけられる。祖父が自分だけの想像の世界でみつけた生き物たちを，ひ孫のヒラリーは死後も覚えていて，「チリースミスたちね，あたしのうちにひっこしてきたんだよ」「あたしね，チリースミスたちをみると，おじいちゃんのことをおもいだすの」とこっそり父マークに教える。一人の人間が生きていた証は，介護の過程を通して次代をになう子どもの心に受け継がれていた。

第9章 かけがえのない生涯

真のバリアフリーをめざして

　生まれてすぐに障害をうけても，人生の途中で障害をうけても，高齢となり不自由な生活を送っていても，その人にとって，かけがえのない人生であることに変わりない。
　この章では，まず，障害をもつ人が地域参加を進め，前向きに生活していくための理念や社会のあり方について概説する。次に，障害をもつ人が生活する力を増す（エンパワーメント）ための諸点について，援助者のかかわりや援助手段を含めて紹介する。バリアフリーな社会の実現，オーダーメイドな援助手段・ツールの開発と普及についても論じる。
　障害をもつ人を中心とするグループ活動は全国各地で，さまざまな取り組みがなされつつある。グループ活動のガイドラインを示すことにより，援護的社会環境のあり方を考える。

第9章 かけがえのない生涯

第1節 共生社会のQOL

1 少子高齢社会の到来

　日本は1950年代に，世界に例をみないほど出生率が低下し，その後も予想を超えて少子化が進展した。人口の年齢構成は，従来，若い世代ほど多かったが，21世紀初頭には男女とも60歳以上の高年世代が20歳未満の若年世代より多くなる。そして2015年には，総人口のほぼ3分の1が高年世代という超高齢社会を迎えることになる（図9-1）。

　年齢構成比の大きな変化は，社会・経済・教育・医療・福祉の各分野に影響を与えることになる。これまでの若年・青年世代に支えられた高度成長・自由競争社会から，高年世代を含めた安定成長・**共生社会**への転換である。中年世代以降には，社会生活や雇用，健康などに不安や悩みが高まっている。それを解消するための具体的な施策と心のケアが今後ますます必要となる。若年世代は，高年世代と共存していくことが求められる。高齢者や障害者といっしょに生活する体験をもち，理解を深め，支援することを学んでいかなくてはならない。子どものうちに，地域や学校で，支援が必要な人たちについて学ぶことが，今後の日本の社会のあり方を左右するといっても過言ではない。

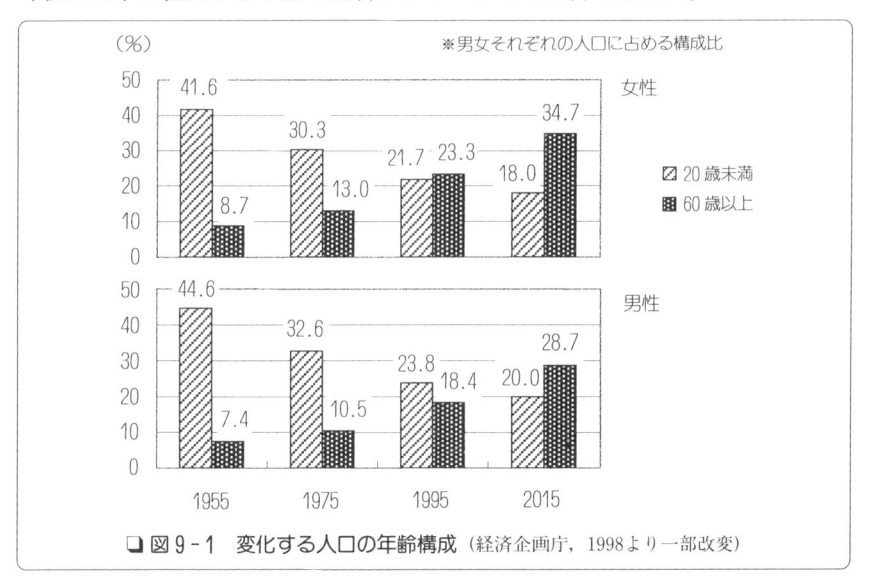

図9-1　変化する人口の年齢構成（経済企画庁，1998より一部改変）

女性（20歳未満／60歳以上）
- 1955：41.6／8.7
- 1975：30.3／13.0
- 1995：21.7／23.3
- 2015：18.0／34.7

男性（20歳未満／60歳以上）
- 1955：44.6／7.4
- 1975：32.6／10.5
- 1995：23.8／18.4
- 2015：20.0／28.7

※男女それぞれの人口に占める構成比

■**共生社会**　貧富・人種・性別・宗教・文化的相違にかかわらずすべての人が，それぞれのニーズ・願いにより，地域の中で生活していける社会づくりをめざすこと。

● 2　障害をもつということ：障害状態の発現

　障害とは，疾病や傷害などの結果として，健康状態に変調をきたし，生活上に困難・不自由・不利益をきたした状態をいう。障害状態は，あとに述べるように多様な側面をもっており，そのとらえ方のちがいにより区別しつつ，互いに関連づけて考えられている（図9-2）。

　疾病などにより，精神機能を含む身体器官の機能や構造に欠陥・喪失が生じた状態を，「**機能・形態障害（インペアメント）**」という。たとえば，視力・聴力の障害や内部臓器の障害，身体まひである。こうした機能・形態障害に環境的な要因が加わって，人々が通常行っている活動をうまく行えない状態が生じたとき，「**活動性（アクティビティ）の制約**」という。たとえば，文字を読む，話をする，日常の生活行為，歩行による移動がスムーズに行えないことである。そのため，地域社会で通常の生活を行う機会が妨げられるという，「**社会参加（パティシペイション）の制限**」をうけることになる（佐藤，1998）。

　加齢による体力・身体機能の低下は，障害状態には含まれない。しかし，加齢・老化とともに，白内障，関節炎，高血圧症，糖尿病などの疾病にかかることが多くなり，それにともなう障害状態が現れる。高齢社会とは，障害とどのように共存していくかを真剣に考えなくてはならない社会である。

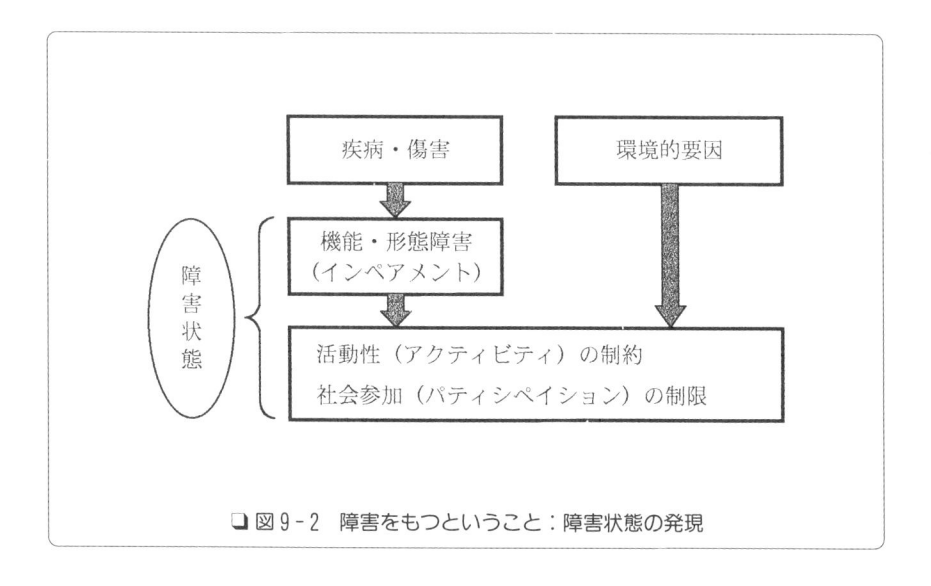

❏ 図9-2　障害をもつということ：障害状態の発現

3 自立生活理念とノーマライゼーション

1970年代以降，福祉の基本理念として，**自立生活理念，ノーマライゼーション**が波及してきた(定藤，1996)。これからの高齢社会を支える理念として，広く定着していくであろう。

自立生活理念は，たとえ日常生活で介助を必要としても，みずからの人生や生活のあり方をみずからの責任において決定し，みずからが望む生活を選択して生きることによって，自立生活は成り立つと考える。つまり，援助を活かして，その人が選んだ生活をすることにより，生活内容の充実を図ることができれば，人格的に自立しているととらえている。ノーマライゼーションは，高齢者，障害者，子どもに至るまで，すべての個人が，人間として対等，平等に共存していく社会がノーマル（あたり前）であると考える。そのためには，不自由な生活を強いられてきた個人や家族を擁護して，ノーマルな生活水準を維持し得るような地域社会を実現することを目標とする。

この2つの理念は，自立生活理念が「自分の選んだ生活」に，ノーマライゼーションが「人としてあたり前の生活」に，それぞれ強調点をおいていると考えるとわかりやすい（図9-3）。

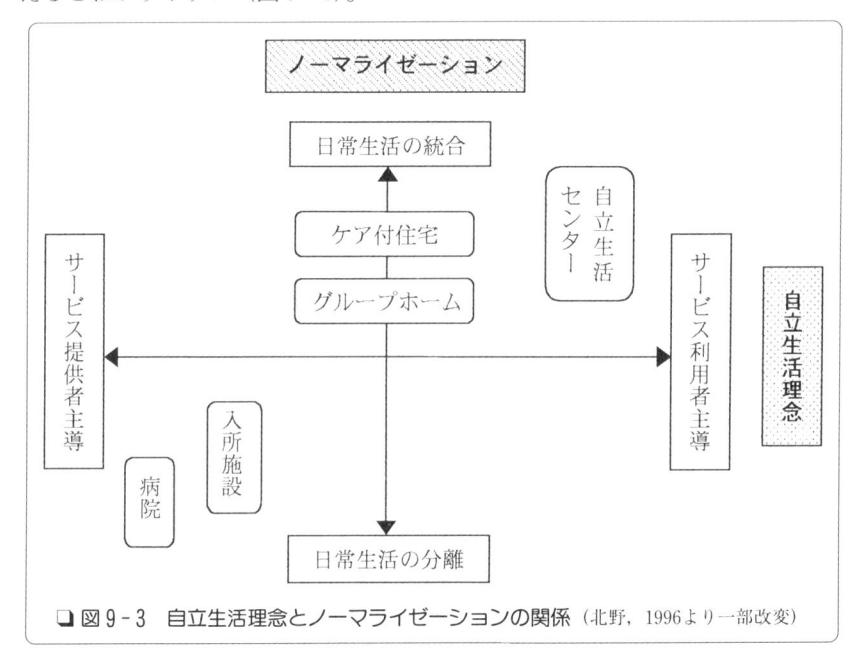

❏ 図9-3　自立生活理念とノーマライゼーションの関係　（北野，1996より一部改変）

■ノーマライゼーション　障害者・高齢者が社会で生活するときに，可能なかぎり制約の少ない生活状況を実現しようとする理念・運動。

4 インフォームド・コンセント

「医療でのインフォームド・コンセント」は，医師が患者にその病状をよく説明して情報を提供したうえで，患者が納得・同意して検査や治療を受けるという原則をいい，「説明を受けたうえでの同意」と訳される。わが国でも1980年代からガンや臓器移植の医療の分野で取り入れられ，いまではほとんどの医療行為で，患者の立場に立ったサービス指向として広がっている（柳田，1996）。

インフォームド・コンセントは，形ばかりの説明をして，承諾書などにサインをもらえばよいというのではない。とくに近年は，検査や治療も多様化しており，複数の検査・治療法のなかから選択することを迫られる場合が生じる（図9-4）。

こうしたときに，医師は，患者が受ける心理的な負担に配慮しつつ，最善の医療を提供する裁量をもっている。それに加えて，より対等な関係を患者と築くように心がけ，患者の意思をくみ取り，患者自身の選択・決定を支えていくことが求められる。患者が自分の生き方をどのように考えるかが関係してくる。このように医療でのインフォームド・コンセントにおいて，患者の**自己選択・決定**と**生活の質**の問題はたいせつな視点となっている。

医師：
・あなたの乳房にはやや大きいしこりがあります。
・私なら，乳房を切除する手術をすすめます（切除手術は身体的負担も高く，乳房がなくなることへの抵抗が強い）。
・その後に，乳房を形成する手術もできます。
・あなたが望むなら，乳腺の一部だけを取り温存する手術をしてもよいです（温存手術はガンの遺残する率が高くなる）。

患者

・患者の受ける心理的状況へ配慮する。
・予想される検査や治療の目的と内容を説明する。
・予想される結果と伴う危険性を説明する。
・患者の求める生活の質，人生観へ配慮する。

❏図9-4　医療現場で乳ガンの告知を考える（森岡，1994より作成）

5 利用者主体の援助

「福祉現場での**利用者主体の援助**」は，高齢者・障害者がみずから自分の生活を高めていけるように，**専門的援助者**が最善の努力を重ねながら援助を提供することをいう（久田，1996）。すでに述べた福祉の基本理念の波及とともに，高齢者・障害者を「サービスの主体者」として，本人の意思・主体性を尊重して対等な関係で接することをめざしている（図9-5）。

そのためにまず，意思疎通の方法を確保することが必要である。話すことを苦手としたり，十分に自分の意思を表現できない人は多い。かかわりを密にしながら，表情や身ぶりなども含めて，その人に合ったコミュニケーション方法を工夫して，意思や希望をくみ取り確認することである。

次に，選択機会と選択肢をふやすことである。食事や**余暇活動**など日常生活のいたるところで，選択する機会をつくり出す努力がたいせつとなる。選択肢を実際に経験させて，本人が自分で選べることをふやしていくのである。

さらに，自分の生活スタイルを自分で決めるように支援することである。起床・食事・入浴・就寝などの生活にかかわる日課を自分から決め，生活するうえで困ったとき・わからないときに，本人が自分から助けを求めるように支援することである。

- 何かに誘うと「イヤじゃ」と答えるけど，間をおいてもう一度誘うと，いっしょにやってくれるわ。
- すぐに返事はかえってこないけど，時間をかけて待っていると，自分の意見を言ってくれるわ。
- これまで「おじいちゃん」って声かけしてたけど，「○○さん」って名前で呼んだら，うれしそうね。
- お茶好きだと思ってたけど，家では紅茶を飲んでたんですって。

専門的援助者　　　　　　　　利用者

- コミュニケーション力，個性に応じて引き出すための工夫をする。
- 本人の意思を探りながら自己決定を支援する。
- 利用者と援助者がより対等な人間関係となる。
- 利用者に合わせた選択肢や活動機会を工夫する。

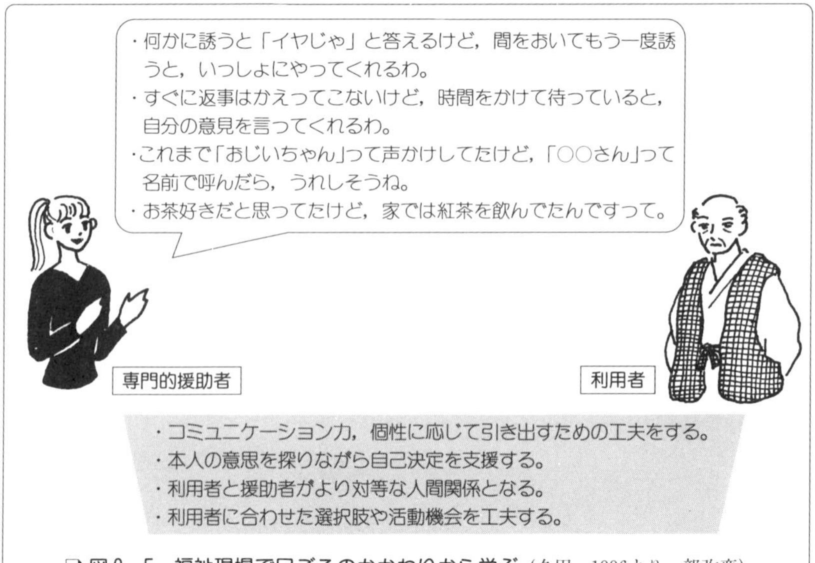

□ 図9-5　福祉現場で日ごろのかかわりから学ぶ （久田，1996より一部改変）

6 QOLを高める社会の実現をめざして

　この節では，医療・福祉の現場で，**生活の質（QOL）**を向上させていくための理念や援助のあり方について述べてきた。それでは高齢者・障害者が社会参加を進め，地域のなかで前向きに生活していくために，社会の側にどのようなことが求められるのであろうか（図9-6）。

　第1に，生活の質の向上を助け，個人的関心や人間関係を広げてくれる**個別的援助者**を広く確保することである。保護者や医療・福祉の専門的援助者以外に，ボランティアとして相談相手や生活の手助けをしてくれる人，また，自分に合った援助サービスを提供してくれる人などである。

　第2に，世の中のできごと・情報をわかりやすく伝えて，本人が自分で生活するときに助けとなる**社会的援助手段**を充実することである。やさしいことば，見やすく書かれた文字，サインや絵，写真，動画などをうまく利用した機器やビデオ，本，新聞，標識・標示などである。

　第3に，地域のなかで暮らし続けるために，援助者を募り，援助手段を社会に広めていく**援護的社会環境**をつくることである。地域のなかの社会資源を活用した，本人中心のグループ活動のような人的ネットワークである。

　❏図9-6　QOLを高める社会の実現をめざして

■ QOL（Quality of Life）　生活の質と訳される。社会で生活する人の満足感，安心感，幸福感をいう。福祉・医療サービスを提供するときの重要な視点。

第9章　かけがえのない生涯

第2節　生活するパワーを増す：エンパワーメント

♥1　個性に応じたコミュニケーション

コミュニケーションというと，話し合って意思の疎通を図ることと思われがちだが，話をしたり，聞いたりすることが苦手な人も多くいる。その人がよくわかり使える手段により，コミュニケーションすることの楽しさや便利さを知り，伝え合いたいという心を育てていくことが優先されるべきである。

服巻（1998）は，かんしゃくばかり起こす自閉症のT君に，**コミュニケーションサンプル**による評価を行い，表現性コミュニケーション能力を高める指導を行った。観察してみると，かんしゃくを起こすときに，本人の意図を推測できる行動がみられた。たとえば，「ほしい物のところまで大人の手を引いていく」「いやな献立のときは，箸ではなくスプーンを持つ」である。

そこで，具体物を使って要求を伝える，苦手な食物をていねいに拒否することから指導を開始した。さらに，表現形態を具体物から絵と文字の書かれた「コミュニケーションカード」に，表現内容を要求と拒否ばかりでなくあいさつや注意喚起に広げていった（図9-7）。家庭や地域のレストランでも使うように援助した。T君は，伝えることが得することだと気づき，大人に向かって発信しはじめた。生活全般が穏やかになり，活動の範囲が広がる結果となった。

❏ 図9-7　「コミュニケーションカード」による意思表示（服巻，1998より）

「てつだってください」というカードを示して頼んでいるT君

- ■**エンパワーメント**　社会的弱者が否定的な評価や無力感を克服し，みずから必要な援助を得て，社会で生活する力を増していくこと。
- ■**コミュニケーション・サンプル**　コミュニケーション行動を観察し，どんな状況（文脈），どんなやり方（形態），どんな意味（機能）でなされているかを評価すること。

第2節　生活するパワーを増やす：エンパワーメント

● 2　自己選択・自己決定

　障害をもつ人が自分の意思を表明し，自分の望む活動や事物を選ぶためには，どこで，いつ選ぶことができるかという選択機会を設定し，どのように選ぶのかという選択決定行動を援助していくことが重要となる。

　箱崎ら（1996）は，就学前の**発達障害**をもつN君に選択スキルを高めることを試みた。自由遊び時間に指導室の出入口に，遊具とその設置場所を示した「自由遊びメニューボード」を掲示し，好みの活動を指さすか，あるいは遊びや遊具の名称を発語して選んで遊ぶように指導した（図9-8）。「No！カード」を選んだときは，ボードに用意されていない他の活動を「カードファイル」から選べるようにした。ボードとファイルにより選択機会を設定し，N君の実施可能な選択行動を保障することによって，何もしないでふらふらすることが減り，職員に向かってみずから要求・選択して遊ぶようになった。それまで行わなかった遊びも選んで取り組むようになった。

　選択機会を設けるときは，選択肢の交換を要求したり，選択肢そのものを否定する行動を保障することも必要である。また，選択決定行動だけでなく，選択した活動の実行を援助することもたいせつである。

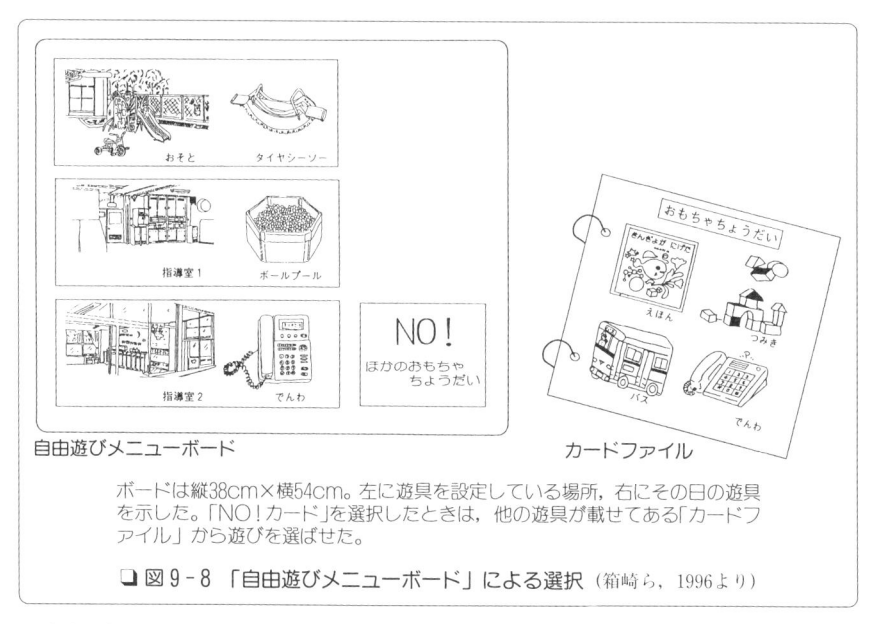

自由遊びメニューボード　　　　　　　　　　**カードファイル**

　ボードは縦38cm×横54cm。左に遊具を設定している場所，右にその日の遊具を示した。「NO！カード」を選択したときは，他の遊具が載せてある「カードファイル」から遊びを選ばせた。

❏ 図9-8　「自由遊びメニューボード」による選択（箱崎ら，1996より）

■**発達障害**　　さまざまな原因により，受胎・出生から青年期までに生じる発達の遅れやひずみ。知的障害，学習障害，自閉症，ことばの遅れなどをいう。
■**自己選択・自己決定**　　自己の意見や考えを適切に表明すること。ノーマライゼーションの理念を個人に適用するときの具体的な方法論のひとつ。

●3　個人の生活時間・生活空間

　障害をもつ人が自分の生活を楽しみ，自分でつくり出した生活を送るためには，生活する人に合わせた緩やかな時間帯への移行，心の通う共用空間，プライバシーを守る個室空間を確保することが最低限必要となる。

　高橋（1997）は，利用者の生活を重視する日常生活モデルに基づくN知的障害者施設での実践を報告した。生活日課を一斉処遇から改めて，夕食は午後6時から7時までの好きな時間にとればよいし，入浴も午後6時から9時まで浴場を開放し，入浴介護の必要な利用者には個別に援助した。居住空間は，一般家庭のような小規模な生活棟で，縁側や居間をとり入れ，利用者どうしの心の通う空間をつくりだした。利用者の居室には，テレビやラジカセなどの私物を持ち込むこともできた（図9-9）。

　食事を早めてコーヒーや紅茶を楽しんだり，洗濯をすませてのんびり食事をとったりするといった個人の生活が生まれ，共同して生活する場と，自分で安定して過ごせる場の区切りをはっきりすることにより，生活行動が多様化していった。与えられた生活ではなく，自分たちが選んだあたり前の生活への変革である。

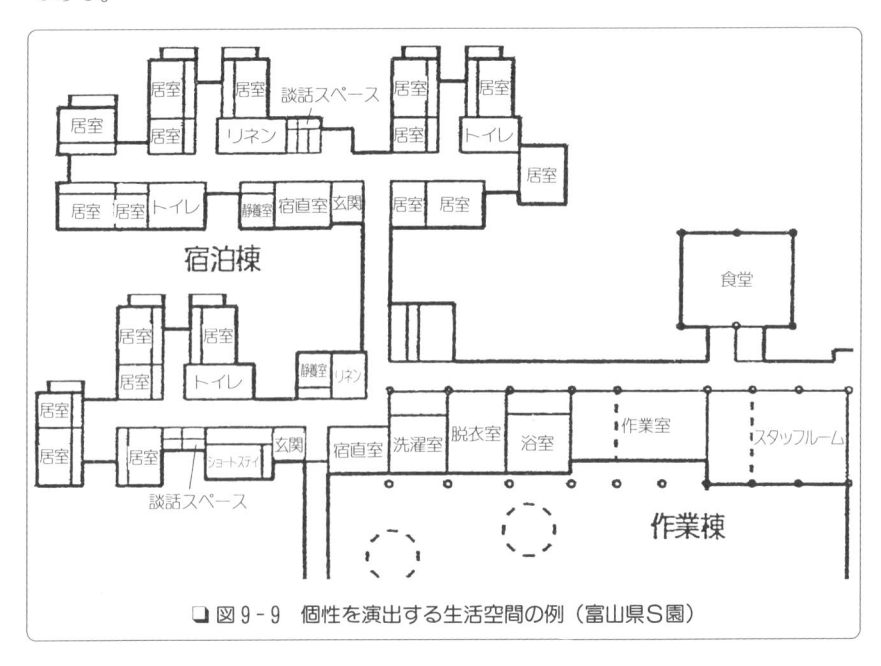

❏ 図9-9　個性を演出する生活空間の例（富山県S園）

4 サービス消費者への転換

　障害をもつ人が地域参加を進めるためには，保護される者から，サービスを利用し消費する者へとその立場を転換していくことが必要である。

　赤根（1995）は知的障害をもつ児童に買い物指導を行った。支払いの補助具として計数板，「買い物学習を行っています。お急ぎの方は他のレジへお回りください。お願いします」と書いたプラカードを持つことにより，買い物客や店員とのかかわりが好転した（図9-10）。

　高畑・武蔵（2000）は知的障害養護学校生徒にボウリング場利用を支援した。対象生徒はポケットノート大の「ボウリングお助けブック」を手がかりとして参照しながら，受付をしてシューズを借り，ボウリングを楽しんだ。ボウリング場スタッフにとっても，対象生徒の携帯している手がかりにより，過剰にならない援助と適切なサービスを提供することができた。

　サービスの利用を可能にするためには，まず実際の利用のしかたやその場の状況を実地で調査することである。こうした環境調査をもとに，サービスを利用するための技能，サービスを提供するための技能のそれぞれを向上させる支援を開発していくことがたいせつである。

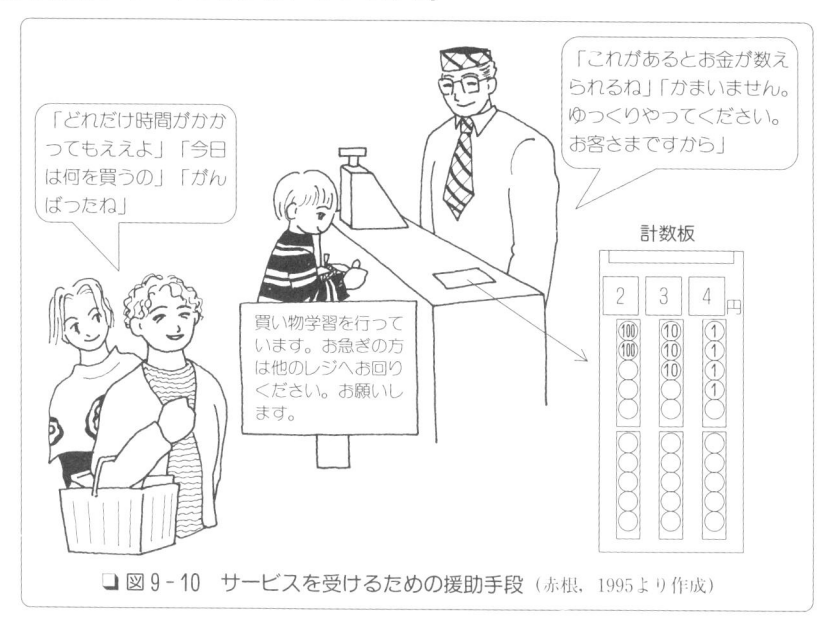

❏ 図9-10　サービスを受けるための援助手段（赤根，1995より作成）

第9章 かけがえのない生涯

5　余暇を含めたライフスタイルの確立

　自立した生活というと，生活能力や就労ばかりに目がいくが，生活を充実させるには，障害の程度に関係なく，余暇を自分なりにうまく使いこなすことがたいせつである。

　西尾（1998）は，Y福祉法人で行っている障害者への余暇活動の支援として「レククラブ」の実践を紹介した。参加者は自分の好きな活動を選択して，平日の夜や休日に，ボランティアを含めて10人程度の小集団で活動している（表9-1）。たとえば，「トラベルクラブ」は電車マニアの集まりである。日帰りで電車に乗って出かけ各地の名物を食べに行く。「ヨコハマ・エンジョイ」は楽しめるスポットにくり出してエンジョイする。花火大会でバーベキュー，ライブハウスで踊り，遊園地のアトラクションに挑戦する。

　障害をもつ人たちの余暇活動を支援するときは，次の点に配慮したい。

①親しい友人どうしの小グループで活動する。
②普通のセンスで，年齢相応の余暇活動を，一般の人の余暇時間に行う工夫をする。
③参加者が自分で移動可能な範囲を活動範囲のめやすとする。
④集合場所→活動→食事→解散場所というように一定の流れで毎回の活動を計画する。

○表9-1　余暇活動支援「レククラブ」の活動内容 (西尾，1998より)

レククラブ名	簡単な活動内容
ジョイフル	小グループでの二泊三日の旅行（4グループ）
プールレク	近隣のプールでの活動
木曜クラブ	木曜日定期のプール ボウリングの活動（2グループ）
買い物クラブ	横浜近辺でのショッピングと昼食
小さな旅	電車やバスで横浜近辺の日帰り旅行（3グループ）
トラベルクラブ	電車での日帰り旅行
歩こう会	川辺や公園でのハイキング
ボウリングレク	近隣のボウリング場でボウリングのあと夕食
ヨコハマ・エンジョイ	ドライブ・競馬・ナイター・遊園地等で楽しんで夕食（3グループ）
カラオケクラブ	近隣のカラオケボックスで歌い，夕食
アクアブルー	プールに入り，夕食
お料理クラブ	自分たちで料理を食べます
YOKORA	カラオケ・ボウリング・スケート等の活動と夕食

■ライフスタイル　一人ひとりの生活様式・生きがいは一様でなく，いっしょに生活する家族の期待も多様である。個々のちがいを認められることがゆたかな社会といえる。

第2節 生活するパワーを増す：エンパワーメント

♥6　自己権利の主張・擁護

　社会的な困難や試練に出会ったときに、障害をもつ人が自分の権利や利益を適切に主張して、それを守ることが求められる。加えて、より自立した生活が送れるように、自分の主張を地域社会に反映していくことが必要となる。これを自己権利擁護（**アドボカシー**）という。

　アドボカシーは、自己の権利を適切に主張できない高齢者・障害者に代わり、ソーシャルワーカーらが弁護・代弁することにより、当事者平等の原則を確保しようとしたことが始まりである。援助者は障害をもつ人に情報を提供して、自己主張を励ますのである。本人の能力が制限されていたり、大きな機関や行政組織を相手にするときは、本人に代わって権利や主張を弁護・代弁することもある。

　宮川（1999）は、障害をもつ人に期待されるアドボカシーとして、必要な援助やサービスを得るための活動に進んで参画すること、援助者と共同して実際に自己主張を行うことであると述べている。求められることは、アドボカシーへのかかわりをとおして、障害をもつ人が自己の利益や権利を適切に主張することの意義と方法を学ぶことである。すなわち、「セルフ・アドボカシー」の力を高めることである（図9-11）。

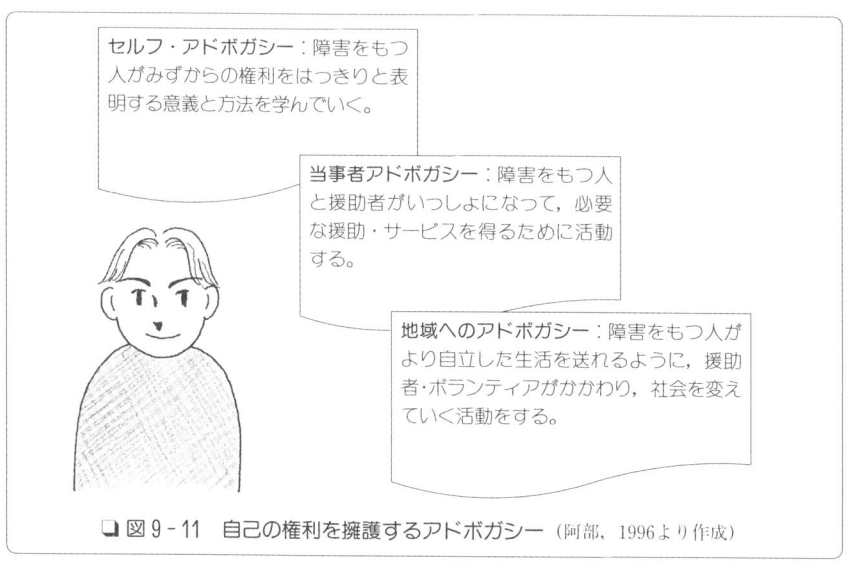

セルフ・アドボカシー：障害をもつ人がみずからの権利をはっきりと表明する意義と方法を学んでいく。

当事者アドボカシー：障害をもつ人と援助者がいっしょになって、必要な援助・サービスを得るために活動する。

地域へのアドボカシー：障害をもつ人がより自立した生活を送れるように、援助者・ボランティアがかかわり、社会を変えていく活動をする。

❏ 図9-11　自己の権利を擁護するアドボカシー（阿部, 1996より作成）

■**自己権利擁護・アドボカシー**　　自己の権利を適切に主張すること。ノーマライゼーションの理念を個人に適用するときの具体的な方法論のひとつ。

第9章 かけがえのない生涯

第3節　バリアフリー環境の構築

♥1　バリアフリーなまちづくり

　高齢者や障害者が地域社会のなかで円滑に生活できるように、暮らしやすく環境を整備することが進められている。たとえば、都市の基盤整備として、道路や歩道橋などの誘導ブロック、歩道の段差や建物の出入口のスロープ、車いす対応のトイレ、乗りやすい低床バスなどがある。住宅や公共施設の改修として、階段やトイレ・お風呂の手すり、階段の滑りどめ、ドアの取っ手や廊下の幅の改善などがある（図9-12）。

　カラフルなパステルカラーを床のじゅうたんやソファ、クッションなどの小物に使い、植木や植栽を配置して、室内の色彩を演出する工夫も試みられている。自然と色で区別することで、わかりやすく気持ちの安らぐ環境をつくろうというのである。

　たいせつなことは、たんに物理的な改修を行うだけではなく、どのように使われるのかを常に検証することである。それには障害をもつ人がみずから判断し、安心して利用できることが必要な条件となる。こうした検証を重ねることが、地域に生活する多くの人にとっての豊かさにもつながるのである。

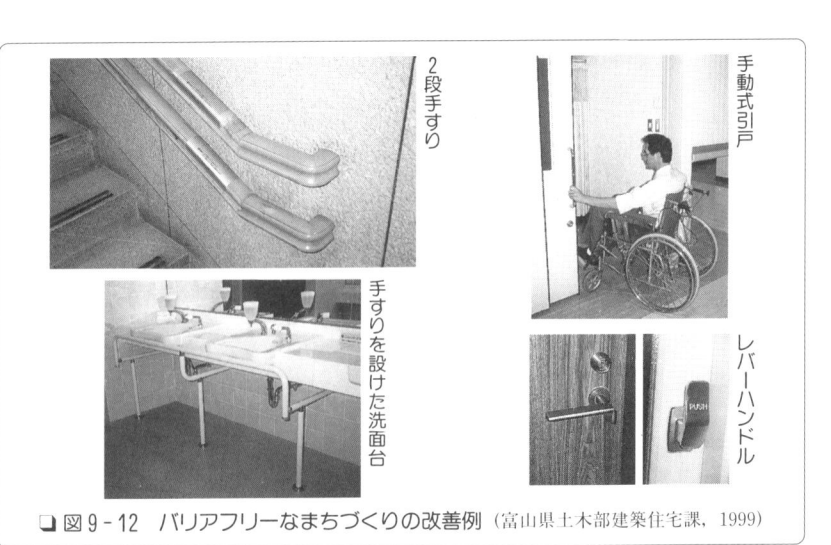

❏ 図9-12　バリアフリーなまちづくりの改善例（富山県土木部建築住宅課, 1999）

（2段手すり／手動式引戸／手すりを設けた洗面台／レバーハンドル）

■バリアフリー　「私も外に出たい」という重度障害者の切実な要求に基づいて発展した。高齢社会の進行により政策的国民的な課題となった。

● 2　街のサイン計画

　日常の生活範囲が拡大した今日では，「移動＝**モビリティ**」という行為は衣食住と同様に基本的な生活権のひとつと考えられる。医療サービスを利用するためには病院まで行かなくてはならないし，買い物をするためにショッピングセンターやスーパーマーケットまで出かけて行くわけである。制約なく移動できることがさまざまな社会的経済的活動を支えているのである。

　都市の基盤整備も，住宅や公共施設の改修も，ある部分だけを**バリアフリー**で整備しても，利用度が向上するわけではない。そこで，地域の社会資源へのアクセスを助ける案内表示を街全体に体系的に整備して，点在しているバリアフリー施設をネットワーク化し，移動のバリアフリーを実現しようという「**街のサイン計画**」がある（井上，1998，図 9 - 13）。

　人の移動を助ける「街のサイン」には，次の利点が考えられる（宮沢，1987）。①街の構造をわかりやすく伝え，秩序ある情報を提供する。②形状，大きさ，色，配置によって単純明快な表現をし，住民の行動能率を高める。③景観と調和した都市環境，愛着を感じる街らしさをつくり出す。

❏ 図 9 - 13　街のサインのデザイン例（富山県厚生部社会福祉課，1997）

3　情報バリアフリー

　インターネットやパソコン通信，携帯情報端末といった情報ネットワークを一般の人たちが活用できるようになり，その普及にはめざましいものがある。居ながらにして世界中のさまざまな情報・サービスを入手し利用して，みずから情報を発信することが可能となった。障害をもつ人にとって，QOL の向上や社会参加の機会を飛躍的に高める可能性が期待される。その一方で，現実には情報機器の普及・利用が十分に進んでおらず，「情報弱者」として取り残されかねないという指摘がある（図9－14）。

　障害をもつ人に**情報バリアフリー**を実現するためにさまざまな施策が講じられつつある（総理府，1998）。①障害の特性に応じた使いやすい出入力装置（インターフェイス）の開発・普及を図る。たとえば，まったく目が見えない人と弱視，視野が狭い，色弱などの障害の程度で異なってくる。②障害の特性に応じたインターフェイスを活用した教育，ホームページなどの情報ネットワークやマルチメディアを活用した教育を実施する。③情報機器を使ったサービスを拡大する。在宅勤務のためのテレワーク，FAX 119 番や緊急通報システム，高齢者・障害者向け放送配信サービスなどである。

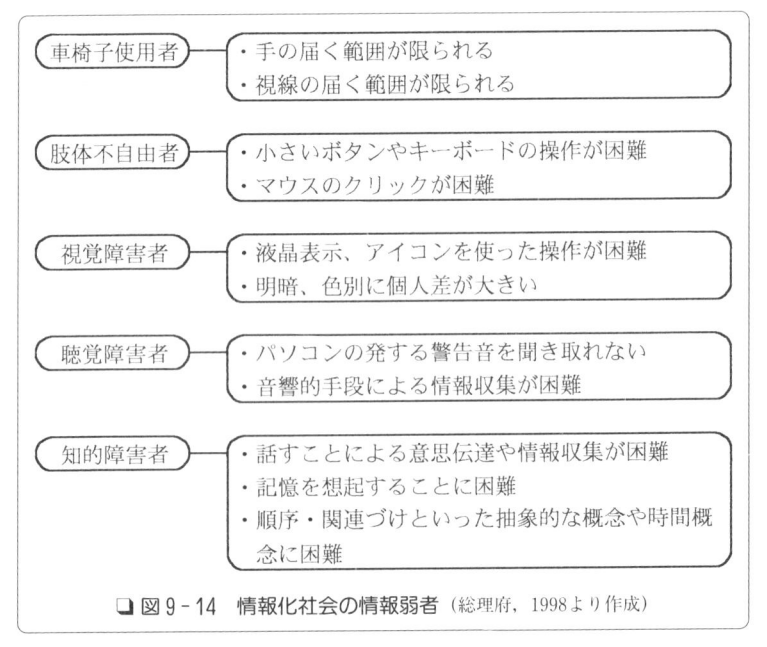

車椅子使用者	・手の届く範囲が限られる ・視線の届く範囲が限られる
肢体不自由者	・小さいボタンやキーボードの操作が困難 ・マウスのクリックが困難
視覚障害者	・液晶表示、アイコンを使った操作が困難 ・明暗、色別に個人差が大きい
聴覚障害者	・パソコンの発する警告音を聞き取れない ・音響的手段による情報収集が困難
知的障害者	・話すことによる意思伝達や情報収集が困難 ・記憶を想起することに困難 ・順序・関連づけといった抽象的な概念や時間概念に困難

❏ **図9－14　情報化社会の情報弱者**（総理府，1998より作成）

■**情報バリアフリー**　　高齢者や障害者が情報ネットワークを活用できる環境を整備することにより，情報サービスの入手・発信の利便と安全性を確保すること。

4 ユニバーサル・デザイン

　年齢や障害にかかわりなく，どんな人にも使いやすい製品を開発しようという考え方も登場してきた。ちょっとした配慮をすることで，障害をもつ人に使いやすくなる一般の日用品・サービスがたくさんある（Ｅ＆Ｃプロジェクト，1994）。たとえば，シャンプー容器の識別マーク，温水洗浄便座の操作ボタン，公衆電話器の触覚的配慮，大活字本などである（図9-15）。

　外形が似ていて種類や中身の判別しにくい商品，スイッチ操作や扱い方そのものがわかりにくい機器に困った経験はだれにもあることだろう。近年，さまざまなハイテク家電製品がつくり出されてきた。機能が多すぎる，液晶表示が見づらい，タッチ操作では現在の状態がわからないなどの不便が生じている。

　使いやすさに配慮した製品を開発していくためには，きちんとした標準をつくっていかないとかえって混乱をきたすことになる。安全性や操作の一定性，操作に対する応答性，人や環境への優しさなどに関して，利用する人の共通点に着目し，そのうえでちがいを尊重して配慮することがたいせつとなる。視覚や聴覚だけでなく，触覚や体性感覚(体感)，臭覚などの多感覚を活用できる複数の属性をもったデザインを開発していくことが必要である。

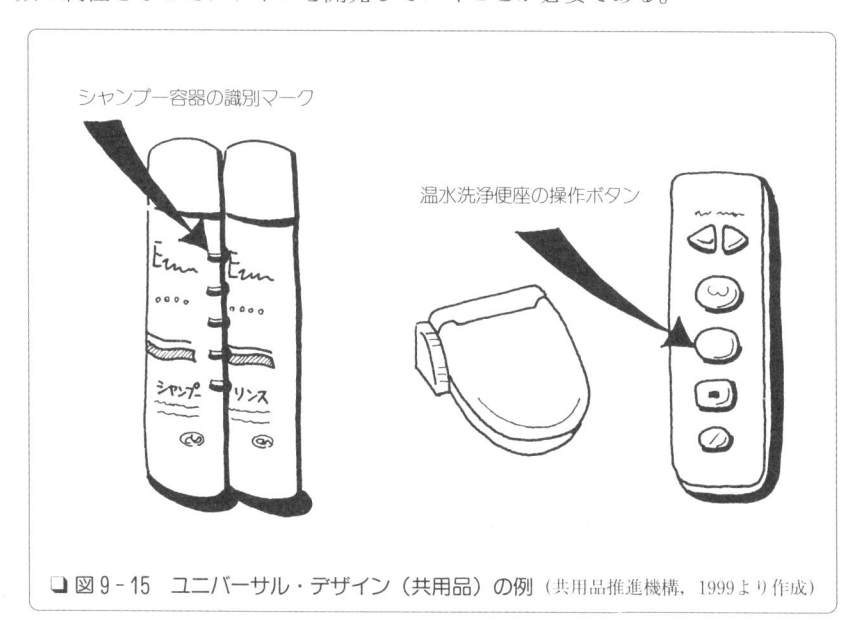

❏ 図9-15　ユニバーサル・デザイン（共用品）の例（共用品推進機構，1999より作成）

5 自立生活支援ツール

障害をもつ人の能力や特性に応じ，加えて本人のニーズや生活スタイルを考慮して，地域での自立的な生活を支援する援助手段の工夫が考えられている（武蔵・高畑，1997）。たとえば，料理の手順を1枚1工程ずつ示した「めくり式料理レシピ」，その家庭の洗たく物の干し方に応じた「手がかりハンガー」，杖のT字形グリップに磁石とアタッチメントを接着した「転ばぬ杖」などである（図9-16）。

それぞれの家庭での生活のしかた，地域の実情はさまざまであり，本人や家庭が望むこと・希望することにもちがいがある。実際の生活の場で必要とされていることは何か，そうした日常の生活行動がその家庭や地域ではどんな手順でなされているかを聞き取り・調査して，それを成しとげるためのわかりやすい方法や手段を工夫する。混乱することなく，自立をうながすためには，手順をはっきりとして，指示や手がかりを整理し，必要最小限の援助を考えることである。通常のやり方で実行がむずかしいときには，本人にだけ努力を強いるのではなく，本人が実行できる手順に組み替えたり，手順や必要事項をわかりやすく示した補助具を用意する。このようにしてオーダーメイドの援助手段を提供するのである。

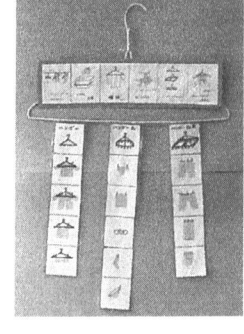

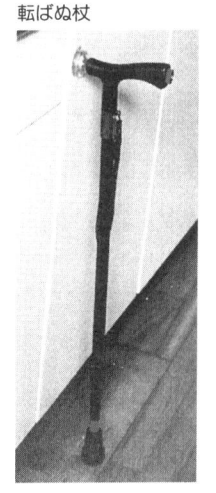

❏図9-16　自立生活支援ツール
（武蔵，1998，古川，1994ほかより）

6　セルフマネージメント・ツール

　自分で自分の行動を律して，見通しをもって生活していくことを支援するための援助手段がある。たとえば，時間経過を教える「残り時間表示付きタイマー」，家庭で行う手伝いや運動を記録する「チャレンジ日記」，仕事の実施状況を記録する「業務遂行チェックリスト」などである（図9-17）。

　自己の生活行動の管理（**セルフマネージメント**）を行うには，まず，何をどれくらい行うのか，終えたら次に何をするのかというスケジュールをはっきりさせる。最初は自分で行うことのできる範囲から始めて，徐々に目標を高めていくとよい。次に，自分の行ったことを記録につける。タイマーやチェックリストを利用して自己記録の練習をする。そして，つけた記録に基づいて自分の行動を自己評価し，家族や職場の指導者，援助者に報告する。

　高畑・武蔵（1998）は，自己記録による支援ツールを使うことにより，本人，家族，援助者が互いの考えや目的を一致させ，認め合う関係をつくることができると報告した。記録を蓄えていくことにより，毎日の行動の実行が目に見えてわかる形となり，家族や援助者からの積極的な評価を引き出した。こうした関係の形成が，本人が張り合いをもって生活することにつながるのである。

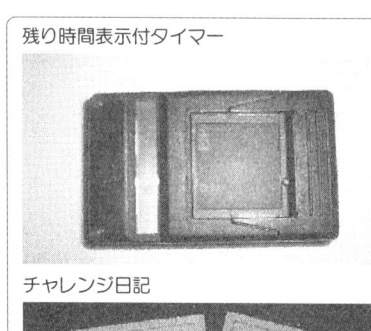

❏ 図9-17　セルフマネージメント・ツール（武蔵，1998ほかより）

■セルフマネージメント　　自己の生活行動の管理。障害をもつ人が地域のなかでみずから生活していくための基本的な力。障害教育の目標のひとつ。

第4節　利用者中心のグループ活動のすすめ

　この節では，障害をもつ人たちがグループ活動をするためのガイドラインを示すことにより，障害をもつ人たちと共生する援護的社会環境のあり方を考える。

1　お互いをよく知ろう

・みんなで自己紹介をする
・思ったことは話そう
・グループのきまりを決める

（図：ソーシャルワーカー、コーディネーター、リーダー、援助者、わたし、家族・親戚、ボランティア、グループのなかま、グループのなかま）

　グループ活動を進めるには，知り合うための時間を十分にとることがまず必要である。自己紹介ゲームなどをしながら，グループメンバーが親近感を増して，いっしょに活動を始められるように心がける。メンバーそれぞれの好きなこと・得意なこと，いやなこと・苦手なことを知り合っていく。

　グループのなかでの役割を少しずつ決めていく。グループリーダーは，メンバーが何を言っても安心だと感じる雰囲気づくりをする。リーダーは自信をもってグループを運営するとともに，メンバーの意見に耳を傾けて，取りあげるようにし，常に話し合っていく姿勢でいる。

　活動するための基本的なルールを確認しておく。たとえば，次のようにである。思ったことはみんなの前で言う。人の話はみんなで注意深く聞く。勝手な行動をしない。活動の記録を取って残す。集まりの始めに今日することを確認する。

2 話し合って意見をまとめよう

・したいことは何かな？
・なぜ，それをしたいのかな？
・まず，何をするか選ぼう

　お互いによく知り合えたら，グループメンバーみんなで，行いたいことを出し合って，そのなかからまず何をするかを決めていく。話し合いが具体的でわかりやすくなるように，リーダーや援助者はパンフレットや雑誌などを示したり，絵に描く，黒板に書き出すなどの工夫をする。最初から絞りすぎないようにし，見方を変えて他のサービスがないかを検討する。

　このとき，「なぜそれをしたいのか」という理由を考えることがたいせつである。それがサービスの質に焦点を当てることになるからである。質が高いとは「正しいと思う」「役に立つ」「ためになる」「安全に安心して行える」「みんなが楽しい」などと言い表すことができる。

　次に，出された希望から「まず何を行うか」「どんな順に行っていくか」を話し合う。メンバーがそれぞれの主張をすると，話し合いが混乱したり対立してしまうことがある。こうしたときは，行いたいことのうちいくつかを取り上げて，択一形式で，どちらをより先にしたいか比較する。こうした比較をくり返して，グループの目標や優先順位を決めていく。このとき，援助者は，メンバーが本当の選択をしているかに注意を払う。選択の方法を変えたり，選択肢の順を入れ変える工夫をするとよい。

3 調べて，計画を立てよう

・どうなっているか調べてみる
・うまくいく方法を考える
・みんなができるように考える

（図：「映画やショッピングへいきたい」を中心に、妨げとなる要素（窓口やレジの利用の仕方がわからない／財布などの持ち物を置き忘れる／人混みで並ぶのが苦手／自分勝手に行動してしまう）と、改善・援助（利用の仕方を絵にした手がかりを使う／必要なお金を小分けにしておく／店員の方に援助を頼む／窓口やレジの利用を練習する）が矢印で結ばれている）

　意見がまとまったら，次に，利用したいサービスがいまどのように行われているのか正確で十分な情報を集めることが必要である。リーダーや援助者は実際の場面を下見して，一般の人が利用しているのを観察したり，実際にサービスを利用してみるとよい。全体的な流れを把握するとともに，どのような改善や援助が必要であるのかを検討する。

　得られた情報は，グループメンバーにわかりやすく説明する。それぞれが自分の考えを出し合ったり，「～なときはどうするか」という具合に実際の場面や状況を想定しながら，具体的な方法・計画を煮詰めていく。よい方法が見つからないときは，コーディネーターなどに相談することもたいせつである。

　中野（1999）は，「重量挙げ練習」による計画立案法を提案した。紙の中央に行いたいこと，変えたいことを書く。その上に「行ううえで妨げや負担になっていること」を書いて下向きの矢印で結ぶ。下には「どんな改善や援助があれば行うことができるか」を書いて上向きの矢印で結ぶ。下向きの矢印である障壁・圧力を軽くするための方法，上向きの矢印である持ち上げる力を強くする方法をそれぞれ考える。

4 試して，練習しよう

・うまくいくか試してみる
・わからないことは教えてもらう
・手がかりを使う練習をする

　だいたいの計画を立てたら，それがうまくいくか試してみることである。実際と似たような状況をつくって試行する方法がある。たとえば，リーダーが店員の役を演じて，机や電卓をレジに見立てて，買い物の練習をするようにである。メンバーの何人かで計画どおりに実際のサービスを利用してみるのもよい。試すことにより，メンバーが自分で行えることと，困ったりわからなくなることがはっきりとしてくる。

　試した結果に基づいて，方法・計画をより現実に見合ったものに改善する。改善するポイントとして，次のようなことが考えられる。①メンバーが自分で使える援助手段を工夫する。②必要なところだけ周囲から援助を得ることにして，援助の得方を練習する。③コーディネーターが実際の場面へ出かけていき，メンバーのようすを理解してもらい，メンバーが利用できる方法や配慮を取ってくれるように交渉する。

　手がかりとなる援助手段を参照したり，使用する練習も必要である。最初は援助者が補助をして，指さしして確認したり，声に出して読むなどをしながら，いつ，どんなふうに援助手段を使っていくのか学習する。参照しながら行えば，自信をもって楽しみながら実行できることを学ぶのである。

5．約束して，チャレンジしよう

- いつ，どこで，だれと，なにをするかを約束する
- 約束がOKか確認しよう
- できるだけ役割を分担する

　立てた活動計画は，はっきりとした約束にし，メンバーにわかる形にして，全員に行きわたるように心がける。活動のたよりや案内状を発行したり，約束カードをつくって配布するとよい。

　約束には，何をするのか，いつ，どこでするのか，参加するメンバーはだれか，どんな援助や支援を利用するのかを明示する。援助手段をもっていくのか，グループ以外の人から援助を受けるのかもわかるとよい。活動の進行表や時程表も加えると，計画の進み具合を知って，見通しをもって行動する助けとなる。

　こうした約束には，メンバーが参加することを意思表示する方法を含めておく。たとえば，案内状に参加申込書をつけておいて送り返してもらう，約束カードに確認欄をつくりサインをするなどのようにである。互いの意思疎通が取れているか，参加メンバーが行うことや役割を正確に知っているかを確認することができる。

　計画の実行にあたって，リーダーなどの一部の人がすべての責任を負うことは避けて，準備などはできるだけメンバー全員で分担する。それが参加意欲を高めることにつながっていく。

6．記録して，発表しよう

・チャレンジしたことを記録しよう
・何ができたか確かめる
・発表会を開こう

　計画を実行し終えたら，記録によって実施状況を評価し，今後の活動について話し合う。活動は1回で終える場合や何回かにわたる場合などさまざまだが，その都度記録に残すようにする。計画どおりに実行したこと，実行できなかったことをはっきりさせ，そのときの前後の状況や参加したメンバーの感想も記録する。

　活動の記録方法は，簡単でだれでもわかり，参加メンバーが自分で行えるように工夫する。たとえば，実行したことや感想を箇条書きにする。活動の予定をチェックシートにして，実行したものに日付や印をつける。活動のようすを写真に撮りアルバムにする。話して意思表示するのが苦手な人には，「◎　とてもよい」「○　よい」「△　すこしつまらない」「×　つまらない」のような段階評定をしてもらうとはっきりする。

　グループみんなで実行したことを確認しあい，家族や地域の人たちに伝えることもたいせつである。活動のようすをニュースにしたり，自分たちの記録をもとに発表会を開くとよい。メンバーそれぞれが，ポスターや小物を準備し趣向をこらして発表する。こうしたことにより，次にしたいこと，援助してほしいことがはっきりとし，グループ活動の新しいアイデアが浮かんでくる。

コラム　現在もっているさまざまな活動能力を社会的に認められるものへ

　福岡県大野城市にある大野城すばる園は，発達障害をもつ人たちの療育活動・家族支援を行う療育機関である。ここで生活するAさんへの支援活動をすばる園の会誌から抜粋して紹介しよう。

　Aさんは，発音が少なく出ることばも制限があって不明瞭なために，自分の意思をうまく伝えることができません。私は療育体験のなかで，コミュニケーションの手段がことばだけではないこと，ことば以外でも十分コミュニケーションをとれること，伝わり合うことのたいせつさを学んできました。

　Aさんの行動特性として，先の行動が気になって次から次へと何でもやってしまう傾向があり，そんな彼女の行動は，まわりから勝手な行動としてとらえられてしまいます。また彼女自身も，ただ仕事をこなせばいいと思っているところがあり，ていねいさに欠けるところがあります。そこで，Aさんの今後の社会生活をうまくやりくりしていくために，コミュニケーションおよび社会的相互作用の領域に療育の目標を定めました。

　具体的には，Aさんの好きな調理場面から支援を始めました。最初は，調味料の計り方が雑で，すべてが多めになって濃い味になりがちでした。揚げ物をしている最中に，先に洗い物をしてしまおうとして，危険な状況をつくったこともありました。

　そこで，①彼女の雑になる部分をあらかじめ正しい絵によって表して伝える，②絵による調理の手順表をより細かくする，③調理に必要な調味料だけを調理する前に計るようにする，④調理の工程を細かく区切り，確認しながら進める，⑤計りやすい道具やわかりやすい補助具を使うように工夫するなどの配慮をしました。

　そのことで，「勝手な行動」がぐーんと減りました。こんなに彼女が落ち着いて料理をつくれるようになるとは私自身驚きました。私が彼女の特性を知ってかかわれば，「わかってくれるし，やれるんだ」と感じることができました。私の考えで彼女に教えようとしていたから，彼女の行動を「いい加減」で「勝手な」行動にさせてしまっていたのです。彼女が落ち着くようになってくると，困ったときに絵カードを使って表現してきたり，私たちにもそのことが伝わり相互交渉できる場面がふえていきました。

　現在では，さまざまな場面での社会ルールを学ぶために，絵によるソーシャルストーリーを使って，彼女と交流しています。たとえば，配達業務のしかたやコンビニの利用のしかたなどを学んでいます。地域社会のなかで，新たな行動に挑戦してはうまくいったりいかなかったりのくり返しですが，そのたびに，「社会で私たちが生きていくためには」ということを私たちスタッフに投げかけてきてくれます。具体的な生活や仕事のなかで，彼女との相互交渉を積み重ねることによって，着実に落ち着いてきているAさんがいます。

（西川玲子　コミュニケーション・ネットワーク誌すばる／こすも　1999年8月号より一部改変）

引用文献

■第1章

A. J. プレマック・D. プレマック 1972 チンパンジーに言葉を教える サイエンス 第2巻 12号 日本経済新聞

Campos, J., Langer, A. & Krowitz, A. 1970 Cardiac responses on the visual cliff in prelocomotor infants. Science, 170, 196-197.

Cioni, G. & Prechtl, H. F. R. 1990 Preterm and early postterm motor behavior in low-risk premture infants. Early human Development, 23, 159-191.

Condon, W. S., Sander, L. W. 1974 Neonate movement is synchronized with adult speech: Interactional participation and language a cquisition. Science, 183, 99-101.

Fantz, R. L. 1961 The origin of form perception. Science American, 204, 66-72.

Fantz, J. F. 1963 Pattern vision on newborn infants. Science, 140, 296-297.

Field, T. M., Woodson, R., Greengerg, R. & Cohen, D. 1982 Discrimination and imitation of facial expressions by neonates. Science, 218, 179-181.

Gibson, E. J. & Walk, R. D. 1960 The visual cliff. Scientific American, 202, 64-71.

Harlow, H. F. & Mears, C. 1979 The human model : primate perspective. Washington : Winston & Sons. 梶田正巳ほか（訳） 1985 ヒューマンモデル サルの学習と愛情 黎明書房

池田清彦 1997 さよならダーウィニズム 構造主義進化論講義 講談社選書メチエ 120

Klaus, M. H. & Kennell, J. H. 1976 Maternal-infant bonding. St. Louis : C. V. Mosvy.

Klaus, M. H. & Kennell. J. H. 1982 Parent-Infant bonding. St. Louis : C. V. Mosvy. 竹内 徹・柏木哲夫・横尾京子（訳） 1985 親と子のきずな 医学書院

小林 登 1999 子ども学 日本評論社

小林 登 1983a 母子相互作用の意義 周産期医学, 13, 1823-1826.

小林 登 1983b 周生期の母子間コミュニケーションにおけるエントレインメントとその母子相互作用としての意義 周産期医学, 13, 1883-1896.

小嵐恵子・東 達郎 1996 キヨ君の外出 平成7年度福井東養護学校重複障害児学級実践報告集

小西行郎・松木健一・斉藤正一・山崎京子・星山伸夫 1997 障害幼児の言語を支える療育方法の開発 記憶とコミュニケーションの関係からのアプローチ 認知・言語の成立 文部省科学研究費補助金 論文集

小西行郎・松木健一・竹下亜里香 1997 母子相互作用発達の観点からみた療育指導（発達の順序と特異性について）平成8年度厚生省心身障害研究

小西行郎 1999 胎児・乳児の運動能力 正高信男（編）赤ちゃんの認識世界 ミネルヴァ書房

Meltzoff, A. N. & Moore, M. K. 1977 Imitation of facial and manual gestures by

human neonates. *Science,* **198**, 75-78.
Meltzoff, A. N. & Moore, M. K. 1989 Imitation in newborn infants : exploring the range of gestures imitated and theunderlying mechanisms. *Developmental Psychology,* **25**, 954-962.
松木健一 1996 知的障害を持つ子どもの療育方法の検討 発達的観点からみた療育指導の在り方に関する研究 平成7年度厚生省心身障害研究
岡堂哲雄（監修） 1983 小児ケアのための発達臨床心理 へるす出版
岡本夏木 1999 言語発達研究を問いなおす 中島誠・岡本夏木・村井潤一 ことばと認知の発達 シリーズ人間の発達7 東京大学出版
Piaget, J. 1948 La naissance de l'intelligence chez l'infant : Delachax et Niestle. 谷村覚・浜田寿美男（訳） 1978 知能の誕生 ミネルヴァ書房
Prechtl, H. F. R. 1988 Assessment of fetal neurological function and development. In Levene, M. I., Bennett, M. J. & Punt, J. (Eds.) 1988 *Fetal and Neonatal Neurology and Neurosurgery.* Edinburgh, London : Churchill Livingstone Pp. 33-40.
Prechtl, H. F. R. 1988 Developmental neurology of the fetus. Bailliere's Clinical. *Obstetrics and Gynaecolotogy,* **2**, 21-35.
Salapatek, P. 1975 Pattern perception in early infancy. In L. B. Cohen & P. Salapatek (Eds.) 1975 *Infant perception from sensation to cognition.* Academic Press. Vol. 1, Pp. 133-248.
下條信輔 1983 乳児の視力発達 基礎心理学研究, **2**, 56-67.
下條信輔 1988 まなざしの誕生 新曜社
Towen, B. C. L. 1984 Primitie Reflex-conceptional or sematic problem ? In Prechtl, H. F. R. (Ed.) *Clinics in Developmental Medicine.* 94. Oxford : Blackwell Pp. 115-125.
高橋 寛 1997 反射の発達と診かた 小児科診療, 60巻5号, 793-799.
梅津八三 1976 心理学的行動図 重複障害研究所研究紀要創刊号
Wertheimer, M. 1961 Psycomotor coordination of auditory and visual space at birth. *Science,* **134**, 1692.

■第2章
Ainsworth, M. D. S., Blelar, M., Waters, E. & Wall, E. 1978 *Patterns of attachment.* Erbaum.
朝日新聞 1999 幼児に学級崩壊の芽 子育ての基盤揺らぐ 保母456人アンケート 朝日新聞1999年2月11日付朝刊
麻生 武 1992 身ぶりからことばへ 新曜社
Bower, T. G. R. 1975 *Human development.* San Francisco : W. H. Freeman & Company.
Caillois, R. 1958 *Les jeux les hommes.* Paris : Gallimard. 清水幾太郎・霧生和夫（訳） 1970 遊びと人間 岩波書店

引用文献

Chomsky, N. 1957 Syntactic structures. 勇　康雄（訳）　1963　文法の構造　研究社
Eckerman, C. O., Whatley, J. L. & Kutz, S. L. 1975 Growth of social play with peers during seconf year of life. *Developmental Pshychology*, **11**, 42-49.
江尻桂子　1996　ことばを話し始めるとき　正高信男（編）　赤ちゃんウォッチングのすすめ―乳幼児研究の現在と未来―　別冊発達，**19**，95-101．
遠藤利彦　1998　乳幼児期の発達　下山晴彦（編）　1998　教育心理学II　東京大学出版会
波多野誼余夫・稲垣佳世子　1981　無気力の心理学―やりがいの条件―　中公新書
Heuzinga, J. 1938 *Homo ludens : prove eener bepaling van het spel-element der cultur*. 里見元一郎（訳）　1989　ホイジンガ選集1　ホモ・ルーデンス―文化のもつ遊びの要素についてのある定義づけの試み―　河出書房新社
岩立志津夫　1997　遊びの発達　桜井茂男・岩立京子（編著）　たのしく学べる乳幼児の心理　福村出版　Pp. 113-124.
小林　真　1998　幼児を持つ父親と母親の子どもへの関わり方の違い　日本教育心理学会第40回総会発表論文集，30．
小林　真　2000　遊戯行動（遊び）の発達　堀野緑・濱口佳和・宮下一博（編著）　子どものパーソナリティと社会性の発達　北大路書房　Pp. 130-145.
小林　真・四宮卓子・辻　朋子　1999　孤立しがちな男児に対する幼稚園での指導事例　富山大学教育実践研究指導センター紀要，16，23-32．
小山高正　1989　サルの遊び・人間の遊び　糸魚川直祐・日高敏隆（編）　ヒューマン・エソロジー　福村出版　Pp. 132-146.
小山高正　1992　遊ぶ―遊びと環境―　心理学評論，**35**，455-473．
Leontiev, A. N.　1944　幼稚園期の遊びの心理学的基礎　ソビエト教育学，8・9．神谷栄司（訳）　1989　ごっこ遊びの世界―虚構場面の創造と乳幼児の発達―　法政出版　Pp. 35-73.
MacDonald, K. & Parke, R. D. 1984 Bridging the gap : Parent-child play interaction and peer interactive behavior. *Child Development*, **55**, 1265-1277.
正高信男　1993　0歳児がことばを獲得するとき―行動学からのアプローチ―　中公新書
正高信男　1995　ヒトはなぜ子育てに悩むのか　講談社現代新書
宮本美沙子　1991　情緒と動機づけの発達〈新・児童心理学講座7〉　金子書房
Moore, N. V., Evertson, C. M. & Brophy, J. E. 1974 Solitary play : Some functional reconsiderations. *Developmental Psychology*, **10**, 830-834.
無藤　隆・久保ゆかり・遠藤利彦　1999　発達心理学〈現代心理学入門2〉　岩波書店
中澤　潤　1992　新入幼稚園児の友人形成―初期相互作用行動・社会的認知能力と任期―，保育学研究・1992年，98-106．
Newson, J. & Newson, E. 1979 *Toy and playthings*. London : Penguin Books. 三輪弘道・後藤宗理・三神広子・堀真一郎・大家さつき（訳）　1981　おもちゃと遊具の心理学　黎明書房
荻野美佐子・小林晴美　1999　語彙獲得の初期発達　桐谷　滋（編）　ことばの獲得　ミネ

ルヴァ書房　Pp. 71-116.
岡本夏木・清水御代明・村井潤一（監修）　1995　発達心理学辞典　ミネルヴァ書房
Parten, M. B. 1932 Social participation among pre-school children. *Journal of Abnormal and Social Psychology,* **27**, 243-269.
Roper, R. & Hinde, R. A. 1978 Social behavior in a play group : Consistency and complexity. *Child Development,* **49**, 570-579.
Rubin, K. H. 1982 Nonsocial play : Necessarily evil ? *Child Development,* **53**, 651-657.
Rubin, K. H. 1986 Play, peer interaction, and social development. In Gottfried, A. W. & Brown, C. C. (Eds.) *Play interacrions : The contribution of play materials and parental involvement to children's development.* Lexington : Lexington Books. Pp. 163-174.
佐藤正二・佐藤容子・岡安孝弘・立元　真　1999　保育所における幼児の対人行動訓練の実践的研究―集団社会的スキル指導マニュアルの開発―　平成10年度産学連携等研究（宮崎県児童家庭課）報告書
志村洋子・斎藤こずる　1994　乳幼児の音声コミュニケーションにおけるプロソディとジェスチャーの機能に関する研究―周産期の音声特徴変化について―　認知・言語の成立（文部省科学研究費補助金重点領域研究報告書）　179-180.
新・保母養成講座編集委員会（編）　1991　児童心理学　全国社会福祉協議会
高野清純　1995　感情の発達と障害　福村出版
Trevarthen, C. 1975 *Ealy attempts at speech.* In Lewin, R. (Ed.) Child alive. London : Temple Smith.
土谷みち子・飯長喜一郎・加藤邦子・数井みゆき　1996　父親の養育行動の柔軟性と子どもの発達　牧野カツコ・中野由美子・柏木恵子（編）　1996　子どもの発達と父親の役割　ミネルヴァ書房　Pp. 159-171.
内田伸子　1989　幼児心理学への招待―子どもの世界づくり―　サイエンス社
Waters, E., Wippman, J. & Sroufe, L. A. 1979 Attachment, positive affect, and competence in the peer group : Two studies in construct validation. *Child Development,* **50**, 821-829.
矢野喜夫・落合正行　1991　発達心理学への招待〈新心理学ライブラリ5〉　サイエンス社
やまだようこ　1987　ことばの前のことば―ことばが生まれるみちすじ1―　新曜社
横山正幸　1990　幼児の連体修飾発話における助詞「ノ」の誤用　発達心理学研究，1，2-9.
読売新聞　1999　学級崩壊は幼児期に芽「基本的しつけ欠く」保母さん回答　読売新聞1999年2月11日付朝刊

■第3章

American Psychiatric Association 1994 *Diagnostic and statistical mannual of mental*

disorders : DSM-IV, 4th edition. Washington : American Psychiatric Association.
Ayllon, T., Layman, D. & Kandel, H. J. 1975 A behavioral-educational altherative to drug use control of hyperactive children. *Journal of Applied Behavior Analysis,* 8, 137-146.
Ayllon, T. & Roberts, M. D. 1974 Eliminating discipline problems by strenghtening academic performance. *Journal of Applied Behavi or Analysis,* 7, 71-76.
安住ゆう子　1992　コミュニケーションと読み書きに問題を持っている非言語性学習障害児　藤田和弘・上野一彦・前川久男・大六一志(編著)　新・WISC-R知能診断事例集　日本文化科学社　Pp.176-185.
東　正　1987　新版子どもの行動変容―行動分析の方法とオペラント入門―　川島書店
Baltes, P. B., Reese, H. W. & Lipsit, L. P. 1980 Life-span developmental psychology. *Annual Review of Psychology,* 31, 65-110.
Bandura, A. Ross, D. & Ross, S. 1963 Imitation of film-mediated aggerssivemodels. *Journal of Abnormal and Social Psychology,* 67, 601-607.
Brunswik, E, Goldcheider, L. & Pilek, E. 1932 Zur systematiken Gredachtnisses. In Bruswik, E. (Ed.) *Beihefte zur Zeitchrift fur ange wandte Psychologie.* Vol. 64, Pp. 1-158.
藤永　保・斎賀久敬・春日　喬・内田伸子　1987　人間発達と初期環境―初期環境の貧困に基づく発達遅滞児の長期追跡研究　有斐閣
福島脩美・松村茂治　1982　子どもの臨床指導―教育臨床心理学序説―　金子書房
学習障害及びこれに類似する学習上の困難を有する児童生徒の指導方法に関する調査研究協力者会議　1999　学習障害児に対する指導について（報告）　文部省
Horn, J. L. & Cattel, R. B. 1966 Age differences in fluid and crystallized intelligence. *Acta Psychologia,* 26, 107-129.
細村迪夫・山下皓三　1996　知覚学習活動ハンドブック　コレール社
Inhedler, B. & Piaget, J. 1958 *The growth of logical thinking from childhood to adlescence.* New York : Basic Books.
Kail, R. 1990 *The development of memory in children.* San Francisco : Freeman.
金子龍太郎　1993　乳児院・養護施設の養育環境改善に伴う発達指数の推移―ホスピタリズム　解消を目指した実践的研究―　発達心理学研究, 4, 145-153.
小林　真　1998　学習障害　福島脩美(編著)　スクールカウンセラー事例ファイル5　学習　福村出版　Pp.214-220.
小嶋玲子　1999　学校で不適応行動を示す児童への認知特性を考慮した指導・援助　日本教育心理学会第41回総会発表論文集, 380.
Lepper, M. R., Greene, D. & Nisbett, R. E. 1973 Understanding children's intrinsic interest with extrinsic reward : A test of the "overjustification" hypothesis. *Journal of Personality and Social Psychology,* 38, 129-137.
Moore, O. K. 1966 Autotelic responseive environment and exeptional children. In

Harvey, O. J. (Ed.) *Experience and adaptability.*
森永良子　1988　LD児の臨床像　発達による臨床像の変化　上村菊朗・森永良子・隠岐忠彦・服部照子　学習障害―LDの理解と取り組み―　医歯薬出版　Pp. 48-57.
森永良子・隠岐忠彦　1992　PRS-LD児診断のためのスクリーニング・テスト―　文教資料協会
中西時子　1996　乳児の運動機能の発達　荻原はるみ（編）　乳・幼児の発達心理　保育出版社　Pp. 63-65.
野呂　正　1983　思考の発達　野呂　正（編著）　1983　幼児心理学　朝倉書店
大石敬子　1994　構成行為，読み書き，算数に学習困難を持つ症例　LD（学習障害）研究と実践, 3, 22-33.
岡田哲夫　1992　集団行動がとれず運動の苦手な言語性学習障害児　藤田和弘・上野一彦・前川久男・大六一志（編著）　新・WISC-R 知能診断事例集　日本文化科学社　Pp. 186-192.
Piaget, J. 1947 *La psychologie de l'intelligence.* 波多野完治・滝沢武久（訳）　1982　知能の心理学　みすず書房
Schaie, K. W. 1990 Intellectual development in adulthood. In Birren, J. E. & Schaie, K. W. (Eds.) *Handbook of the psychology of aging.* New York : Academic Press.
Seligman, M. E. P. 1975 *Helplessness : On depression, development and death.* San Francisco : W. H. Freeman & Company. 平井　久・木村　駿（監訳）　1985　うつ病の行動学―学習性絶望感とは何か―　誠信書房
田中教育研究所　1987　1987年全訂版田中ビネー知能検査法　田研出版株式会社
田中美郷（編）　1980　小児のことばの障害　医歯薬出版
谷　俊治　1985　言語障害　高木俊一郎（編著）　目で見る障害児医学　学苑社　Pp. 179-201.
時実利彦　1962　脳の話　岩波書店
時実利彦　1969　目で見る脳―その構造と機能―　東京大学出版会
富山大学教育学部附属小学校　2000　追求を楽しむ子供が育つ学校の創造―「各教科・道徳・特別活動」と「総合」が調和する教育課程―　富山大学教育学部附属小学校研究紀要, 77.
内田伸子　1989　幼児心理学への招待―子どもの世界づくり―　サイエンス社
Weiner, B. 1972 *Theories of motivation : From mechanism to cognition.* Chicago : Rand McNally College Publishing.
Weiner, B. 1979 A theory of motivation on some classroom experiencies. *Journal of Educational Psychology,* **71**, 3-25.

■第4章

Ainsworth, M. D. S., Blehar, M., Waters, E. & Wall, E. 1978 *Patterns of attachment.* Erlbaum.

Astington, J. W. 1993 *The child's discovery of the mind*. Harvard University Press. 松村暢隆（訳）　子供はどのように心を発見するか　新曜社
Bower, T. G. R. 1982 *Development in infancy*. W. H. Freeman & Company.
Bowlby, J. 1951 *Maternal care and mental health*. Monograph series, 2. WHO. 黒田実郎（訳）　1967　乳幼児の精神衛生　岩崎学術出版社
Bowlby, J. 1969 *Attachment and loss, vol. 1, Attachment*. Basic. (revised ed., 1982).
Bremner, J. G. 1994 *Infancy* (2nd ed.). Blackwell Publishers. 渡部雅之（訳）　1999　乳児の発達　ミネルヴァ書房
遠藤純代　1990　友だち関係　無藤隆・高橋惠子・田島信元（編）　発達心理学入門I　東京大学出版会
遠藤利彦　1997　愛着と発達　井上健治・久保ゆかり（編）　子どもの社会的発達　東京大学出版会　Pp. 8-31.
Epstein, J. L. 1989 The selection of friends. In T. J. Berndt & G. W. Ladd (Eds.) *Peer relationships in child development*. Wiley.
Erikson, 1982 The life cycle completed. W. W. Norton. 村瀬孝雄・近藤邦夫（訳）　1989　ライフサイクル―その完結―　みすず書房
Flavell, J. H. 1985 *Cognitive development* (2nd ed.). Printice-Hall.
Furman, L. N. & Buhrmester, D. 1992 Age and sex differences in perceptions of networks of personal relationships. *Child Development,* **63**, 103-115.
Gallup, G. G. Jr. & McClure, M. K. 1971 Preference for mirror-image stimulation in differentially reared rhesus monkeys. *Journal of Comparative and Physiological Psychology,* **75**, 403-407.
浜田寿美男（訳編）　1983　ワロン／身体・自我・社会　ミネルヴァ書房
井森澄江　1997　仲間関係と発達　井上健治・久保ゆかり（編）　子どもの社会的発達　東京大学出版会
板倉昭二　1999　自己の起源　金子書房
Kail, R. V. & Wicks-Nelson, R. 1993 *Developmental Psychology* (5th ed.) Prentice Hall.
Kohlberg, L. 1969 Stage and sequence : The cognitive-developmental approach to socialization. In D. A. Goslin (Ed.) *Hand-book of socialization theory and research*. Rand McNaly. 永野重史（監訳）　1987　道徳性の形成：認知発達的アプローチ　新曜社
熊倉徹雄　1983　鏡の中の自己　海鳴社
Meltzoff, A. N. & Moore, M. K. 1977 Imitation of facial and manual gestures by human neonates. *Science,* **198**, 75-78.
森田洋司　1998　いじめの集団力学　佐伯胖ほか（編）　岩波講座4現代の教育：いじめと不登校　岩波書店　Pp. 115-134.
日本子ども家庭総合研究所（編）　1998　日本子ども資料年鑑6　KTC中央出版
野村庄吾　1980　乳幼児の世界　岩波新書

落合良行 1974 現代青年における孤独感の構造(1) 教育心理学研究，第22巻，第3号，162-169.

落合良行・佐藤有耕 1996 青年期における友達とのつきあい方の発達的変化 教育心理学研究，第44巻，第1号，55-65.

Piaget, J. 1932 Le jugement moral chez l'enfant. Alcan.

Piaget, J. & Inhelder, B. 1947 *La representation entation de l'espace chez l'enfant.* Presses Universitaires de France.

Luria, A. R. 松野 豊（訳） 1976 人間の脳と心理過程 明治図書

斎藤 孝 1999 子どもたちはなぜキレるのか ちくま新書

仙田 満 1995 あそびの行動と空間 空間認知の発達研究会(編) 空間に生きる 北大路書房

清水賢二 1998 いじめの現代的諸相 佐伯 胖ほか(編) 岩波講座4 現代の教育：いじめと不登校 岩波書店 Pp. 93-114.

Sorce, J. F., Emde, R. N., Campos, J. & Klinnert, M. D. 1985 Maternal emotional signaling: Its effect on the visual cliff behavior of 1-year-olds. *Developmental Psychology,* **21**, 195-200.

Sullivan, H. S. 1953 *The interpersonal theory of psychiatry.* W. W. Norton.

Super, D. E. 1980 A life-span, life-space approach to career development. *Journal of Vocational Behavior,* **16**, 282-298.

滝川一廣 1998 不登校はどう理解されてきたか 佐伯 胖ほか(編) 岩波講座4 現代の教育：いじめと不登校 岩波書店 Pp. 163-186.

植村美民 1979 乳幼児におけるエゴ（ego）の発達について 心理学評論，**22**，1，28-44.

Wimmer, H. & Perner, J. 1983 Beliefs about beliefs: Representation and constraining function of wrong beliefs in young children's understanding of deception. *Cognition,* **13**, 103-128.

山田洋子 1982 0〜2歳における要求—拒否と自己の発達 教育心理学研究，**30**，2，38-47.

矢野喜夫 1995 発達概念の再検討 無藤 隆・やまだようこ（編） 生涯発達心理学とは何か—理論と方法— 〈講座生涯発達心理学1〉 金子書房

Zazzo, R. 1993 *Reflets de miroir et autres doubies.* Presses Universitaires de France. 加藤義信（訳） 1999 鏡の心理学 ミネルヴァ書房

■第5章

朝日新聞アエラ編集部 1999 50代こそ資格にチャレンジ 定年であわてない老後の準備 アエラ1999年3月8日号

榎本博明 1998 「自己」の心理学 自分探しへの誘い サイエンス社 p.41

イミダス編集部 1999 イミダス'99 集英社

岩田純一・佐々木正人・落合幸子　1995　児童の心理学〈ベーシック現代心理学3〉　有斐閣
Jeffrey S. H. Spencer A. Rathus Beverly G. 1994 *Abnormal Psychology*. p. 67.
金子　勇　1995　高齢社会・何がどう変わるか　Pp. 51-53.　講談社現代新書〈1236〉
柏木惠子　1983　子どもの「自己」の発達　東京大学出版会　p. 87.
南　博　1973　体系社会心理学　p. 139
日本子ども家庭総合研究所（編）　1998　日本子ども資料年鑑6　KTC中央出版
Suls, J. & Mullen, B. 1982 *Psychological Perspectiv on The Self*. vol. 1, Pp. 97-105.
高野清純（監修）　1994　事例　発達臨床心理学辞典　福村出版
高野清純（監修）　1993　図でよむ心理学　生徒指導・教育相談　福村出版
塚田　毅　1980　人格心理学概説　共立出版（現代心理学叢書）
心理科学研究会（編）　1990　かたりあう青年心理学　青木書店
内山喜久雄　1991　セルフコントロール　講座サイコセラピー　日本文化科学社
山田ゆかり　1981　日本教育心理学会第23回総会発表論文集，423.

■第6章

Adams 1979 *Contemporary Theories about the Family, Vol. 1*.
古畑和孝・小嶋秀夫　1979　家族心理〈心理学7〉有斐閣双書
Harris 1969 *The Family*.
堀野　緑・川瀬良美ほか　1997　よくわかる心理学28講　福村出版
伊藤隆二・橋口英俊・春日　喬（編）　1994　生涯発達と臨床心理学　駿河台出版社
神川康子・松田信子ほか　1991　三世代同居家族の家庭生活と住まい方　富山大学教育実践研究指導センター紀要，第7号，85.
神川康子・渡辺彩子・荒井紀子　1994　北陸3県の調査による父母・祖父母の生活活動が児童・生徒の福祉観・高齢者観に与える影響　日本家政学会誌，Vol. 47 (7) 646.
金城辰夫　1999　図説現代心理学入門　培風館
神原文子　1991　現代の結婚と夫婦関係〈現代家族問題シリーズ1〉　培風館
文部省　1997　父親を考える　第一法規
森岡清美・望月　嵩　1999　新しい家族社会学　培風館
村田孝次　1997　生涯発達　培風館
日本子どもを守る会（編）　1999　子ども白書　草土文化
斎藤誠一（編）　1996　青年期の人間関係〈人間関係の心理学4〉　培風館
生命保険文化センター　1997　生き生きTOMORROW
清水一彦・赤尾勝己ほか　1998　教育データランド'98-99　時事通信社
総理府広報室（編）　1998　月刊世論調査　平成10年3月号
総理府広報室（編）　1998　月刊世論調査　平成10年4月号
詫摩武俊・瀧本孝雄ほか　1990　性格心理学への招待　サイエンス社
詫摩武俊　1967　性格はいかにつくられるか　岩波書店

富山県教育委員会　1991　生涯学習時代の家庭教育のあり方を求めて―男女共同参加社会の家庭教育を考える―
矢野恒太記念会（編）　1999　データでみる県勢2000年版　国勢社
湯沢雍彦　1995　図説家族問題の現在　日本放送出版協会

■第7章

東　洋　1993　生涯発達の心理学2巻　新曜社
Friedman, M. & Rosenman, R. 1974 *Type A behavior and your heart.* Alfred A. Knopf.
Kahn, R. L. & Antonucci, T. C. 1980 Convoys over the life course : Attachment roles and social support. In P. B. Baltes & O. Brim (Eds.) *Life-span development and behavior, Vol. 3.* Academic Press. Pp. 253-286.
笠原　嘉　1996　軽症うつ病　講談社現代新書
Marcia, J. E. 1976 Identity Six Years After : Fellow up Study. *Journal of Youth & Adolescence,* **5**, 145-150.
無藤　隆・高橋恵子・田島信元（編）　1990　発達心理学入門Ⅱ　青年・成人・老人　東京大学出版会
成田善弘　1993　心身症　講談社現代新書
NIP研究会　1999　21世紀の産業心理学　福村出版
Orlofsky, J. L., Marcia, J. E. & Lesser, I. M. 1973 Ego Identity Status and the Intimacy versus Isolation Crisis of Young Adulthood. *Journal of Personality & Social Psychology,* **27**, 211-219.
心理科学研究会（編）　1990　かたりあう青年心理学　青木書店
イミダス編集部　1999　イミダス'99　集英社
イミダス編集部　2000　イミダス2000　集英社
総務庁統計局　1998　平成9年就業構造基本調査報告全国編
高野清純（監修）　1993　図でよむ心理学　生徒指導・教育相談　福村出版
竹内　宏（編）　1999　アンケート調査年鑑'99（上・下）　並木書房
内山喜久雄　1991　セルフコントロール　講座サイコセラピー　日本文化科学社

■第8章

赤瀬川原平　1998　老人力　筑摩書房
Erikson, E. H. 1959 *Identity and the Life Cycle : Selected Papers.* In Psychological Issues. Vol.Ⅰ. New York, Intern ational Universities Press. 小此木　啓吾（訳）　1973　自我同一性　誠信書房
日野原重明（編集）　1988　末期患者のクオリティ・オブ・ライフ　中央法規
マーク・ジュリー／ダン・ジュリー　重兼裕子（訳）　1990　おじいちゃん　春秋社
門野晴子　1995　老親の介護で力尽きるまえに　学陽書房
Kahn, R. L. & Antonucci, T. C. 1980 Convoys over the life course : Attachment roles

and social support. In P. B. Baltes & O. Brim (Eds.) *Life-span development and behavior, Vol. 3*. Avademie Press. Pp. 253-286.

川越　厚　1992　家で死にたい　保健同人社

河合隼雄　1991　老いのみち　読売新聞社

神戸新聞学芸部（編）　1979　生きがいをつくる　全国社会福祉協議会

厚生省大臣官房統計情報部（編）　1998　平成9年国民生活基礎調査　平成10年11月10日

キューブラ・ロス　川口正吉（訳）　1971　死ぬ瞬間　読売新聞社

前田重治　1994　続図説臨床精神分析学　誠信書房

丸山　晋　1990　老人の臨床　無藤　隆・高橋惠子・田島信元（編）　発達心理学入門II／青年・成人・老人　東京大学出版会　Pp. 162-174.

南　博　1997　老いに打ち克つ50章　講談社

三好春樹　1988　イラストエッセイ・老人の生活リハビリ　医学書院

三好春樹　1989　生活リハビリとは何か　筒井書房

長野県老後をしあわせにする会・手塚英男（編）　1988　65歳からのいきいきにんげん宣言─わたしたちの老人白書─　銀河書房

長尾宜子　1997　燃えるがごとく癌細胞を焼きつくす　三五館

奥山正司　1990　老年期のソーシャル・サポート　無藤　隆・高橋惠子・田島信元（編）　発達心理学入門II／青年・成人・老人　東京大学出版会　Pp. 162-174.

佐藤紀子　1994　老人の愛と恋と性─女の場合　氏原　寛・山中康裕（編）　老年期のこころ　ミネルヴァ書房　Pp. 247-265.

沢村貞子　1993　老いの楽しみ　岩波書店

Schaie, K. W. & Willis, S. L. 1986 Can decline in adult intellectual functioning be reversed? *Developmental Psychology,* **22**, 223-232.

Scheidt, R. J. & Schaie, K. W. 1978 A situational taxonomy for the elderly. *Journal of Gerontology,* **33**, 648-657.

柴田　博　1997　老年期の疾患と身体・生理機能の老化　下仲順子（編）　老年心理学　培風館　Pp. 20-29.

柴田　博　1999　老いを解く─高齢者追跡調査から　1999年8月3日付朝日新聞

下仲順子（編）　1997　老年心理学　培風館

多田富雄・今村仁司　1987　老いの様式─その現代的省察─　誠信書房

氏原　寛・山中康裕　1994　老年期のこころ　ミネルヴァ書房

山中康裕　1991　老いのソウロロギー《魂学》　有斐閣

山中康裕　1994　老いの愛と性　氏原　寛・山中康裕（編）　老年期のこころ　ミネルヴァ書房

■第9章

阿部祥子　1996　自立生活の展開　小川信子・野村みどり・阿部祥子・川内美彦（編著）　先

端のバリアフリー環境—カリフォルニアにみるまちづくり　中央法規　Pp. 11-30.
赤根昭英　1995　知的障害を持つ児童の支払い行動の形成と地域との関わり　行動分析学研究　Vol. 8 No. 1, 49-60.
E ＆ C プロジェクト（編）　1994　「バリアフリー」の商品開発—ヒトに優しいモノ作り　日本経済新聞社
古川政明　1994　転ばぬ杖—94 年家族を支援する生活具アイデア・家族支援賞受賞　横浜市リハビリテーションセンター
箱崎孝二・山根正夫・徳永数正・和田恵子・岡村清美・古賀えり子・松山良子・有延利恵　1996　子どもの選択スキルを高めるための試みⅡ：「自由遊び場面」での選択スキルの使用　行動分析学研究, Vol. 9, No. 2, 113-120.
服巻智子　1998　コミュニケーションプログラム　藤村　出・服巻智子・諏訪利明・内山登紀夫・安倍陽子・鈴木伸五　自閉症のひとたちへの援助システム—TEACCH を日本でいかすには　朝日新聞厚生文化事業団　Pp. 73-76.
久田則夫　1996　施設職員実践マニュアル—インフォームド・コンセントにもとづいた利用者主体の援助プログラムの勧め　学苑社
井上由美子　1998　サイン計画とまちづくり—バリアフリー　中央法規
経済企画庁（編）　1998　平成 10 年度版国民生活白書—「中年」その不安と希望　大蔵省印刷局
北野誠一　1996　障害者の自立生活と自立生活支援　定藤丈弘・佐藤久夫・北野誠一（編著）　現代の障害者福祉　有斐閣　Pp. 49-73.
共用品推進機構　1999　「共用品推進特別賞」と「共用品が開く未来展」　インクル, 3 号, 1-6.
宮川数君　1999　ソーシャルワークにおけるエンパワメントの実践技法　小田兼三・杉本敏夫・久田則夫（編著）　エンパワメント—実践の理論と技法—これからの福祉サービスの具体的指針　中央法規　Pp. 80-97.
宮沢　功　1987　街のサイン計画—屋外公共サインの考え方と設計　鹿島出版会
森岡恭彦　1994　インフォームド・コンセント　NHK ブックス　NHK 出版
武蔵博文・高畑庄蔵　1997　知的障害者の地域生活の組織的支援をめざして—「生活技能支援ツール」を活用した「地域生活支援教室」のあり方　富山大学教育学部紀要A（文科系）　No. 50, 33-45.
武蔵博文　1998　応用行動分析基礎講座：チャレンジャーのための応用行動分析—学校・家庭で役立つ指導・支援のために　平成 9 年度富山大学教育学部附属養護学校現職教育講義集
中野敏子(編著)　1999　知的障害者をもつ人のサービス支援をよくするハンドブック　大揚社
西川玲子　1999　現在持っている様々な活動能力を社会的に認められるものへ　コミュニケーション・ネットワーク誌すばる／こすも　1999 年 8 月号
西尾保暢　1998　発達障害児（者）の地域生活—地域生活とレジャー　mindix ぷらざ

Vol. 4, No. 3, 10-13.

定藤丈弘　1996　障害者福祉の基本的思想　定藤丈弘・佐藤久夫・北野誠一（編著）　1996　現代の障害者福祉　有斐閣　Pp. 1-27.

佐藤久夫　1998　WHO国際障害分類の改正動向と1998年東京会議　障害者問題研究，Vol. 26, No. 1, 67-76.

総理府（編）　1998　平成10年度障害者白書―「情報バリアフリー」社会の構築に向けて　大蔵省印刷局

高橋憲二　1997　障害者福祉の新しい展開―自立と共生への視座―　島根女子短期大学紀要，Vol. 35, 25-36.

高畑庄蔵・武蔵博文　1998　家庭への支援と"生活技能支援ツール"の未来：井上氏のコメント論文へのリプライ　行動分析学研究，Vol. 13, No. 1, 21-26.

高畑庄蔵・武蔵博文　2000　「ボウリングお助けブック」を活用した養護学校での余暇指導　特殊教育学研究，Vol. 37, No. 5, 129-140.

富山県土木部建築住宅課　1999　ひとにやさしいまちづくり―富山県民福祉条例バリアフリー事例集

富山県厚生部社会福祉課　1997　ひとにやさしいまちづくり―富山県民福祉条例施設設備マニュアル

柳田邦男（編）　1996　元気が出るインフォームド・コンセント　中央法規

参考図書

▽**第1章**▲

● 下條信輔 『**まなざしの誕生**』 新曜社 1988年
　　近年，赤ちゃんの能力に関する研究がさかんになってきているが，「専門外の人におもしろがってもらえないようなら，本当の学問ではない」と著者自身述べているとおり，本書では新生児から乳児にかけての心理学のレビューをわかりやすく説明している。

● ダフニ・マウラ，チャールズ・マウラ　吉田利子（訳）『**赤ちゃんには世界がどう見えるか**』 草思社 1992年
　　赤ちゃんはどのように見て，聞いて，感じているのか。この本では胎児期から生後1歳ごろまでの赤ちゃんの感覚・運動・情緒などについて多くの実験をわかりやすく解説し，大人とはちがう独特な「赤ちゃんの世界」をわれわれに教えてくれる。

● 小林春美・佐々木正人 『**子どもたちの言語獲得**』 大修館書店 1997年
　　子どもの認識の発達は，言語の発達と深くかかわっている。しかも，その言語発達は，音声による言語が単独で発達するのではない。発達が複雑にからまった言語の世界を知ることができる。

● やまだようこ 『**ことばの前のことば**』 新曜社 1987年
　　まず最初に，著者のするどい観察眼に驚かされるであろう。他者との関係のなかで，乳幼児が発達していくことをことばの発達をとおして教えてくれる。

● 桐谷　滋 『**ことばの獲得**』〈ことばと心の発達2〉 ミネルヴァ書房 1999年
　　近年の赤ちゃん研究の成果がさまざまな角度から紹介されている。乳幼児に関心をもつ人は，まず読んでみることをおすすめしたい。

▽**第2章**▲

● 子安増生 『**生涯発達心理学のすすめ**』 有斐閣選書 1996年
　　生涯発達を手短にエッセイ風にまとめたもの。胎児，乳児，幼児の項は，隣接学問の知見を盛り込んだ広い視野から執筆されている。

● 無藤　隆・高橋惠子・田島信元 『**乳児・幼児・児童**』〈発達心理学入門1〉東京大学出版会 1990年
　　『入門1，2』のうちの1冊。生涯を通じて各発達段階をみていくのに便利である。

● 高橋道子・藤崎眞知代・仲　真紀子・野田幸江 『**子どもの発達心理学**』 新曜社 1993年
　　乳児期から学童期までをあつかった記述で，それぞれが新しい人間関係論を視点にしながら，丹念に述べられている。

▽第3章▲

● 波多野誼余夫・稲垣佳世子　『無気力の心理学－やりがいの条件－』　中公新書　1981 年

　　内発的動機づけや学習性無力感についての基本的な研究をわかりやすく紹介している。自己意識や有能感が動機づけにどのように影響しているのかを学ぶ入門書。

● 福島脩美・松村茂治　『子どもの臨床指導－教育臨床心理学序説－』　金子書房　1982 年

　　行動の学習理論について，基礎てきな理論の紹介と臨床心理学への適用のしかたを紹介している。実際の指導事例も紹介されており，臨床家として役に立つ解説書。

● 鈴村健治・佐々木徳子　『LD児の指導法入門－その心理とはたらきかけの実際－』　川島書店　1992 年

　　LD児の認知の特徴とそれに合わせた指導法や教材のつくり方をわかりやすく紹介している。教師や教育相談の入門者向けの解説書。

▽第4章▲

● ブレムナー，J.G.，渡部雅之（訳）『乳児の発達』　ミネルヴァ書房　1999 年

　　乳児期の認知発達や情動発達に関する英語圏の最新の研究成果を要領よくまとめてあって，参考になる。

● 浜田寿美男（訳編）『ワロン/身体・自我・社会』　ミネルヴァ書房　1983 年

　　ワロンの論文の翻訳と解説からなる本だが，解説部分はワロンの発達理論を深く理解して著者独自の考えも展開したすぐれた内容となっている。論文の訳も比較的読みやすい。

● 井上健治・久保ゆかり（編）『子どもの社会的発達』　東京大学出版会

　　子どもの社会性の発達に関する問題を，若手の心理学者たちが懇切ていねいにまとめていて，読みやすい。

● ザゾ，R.，加藤義信（訳）『鏡の心理学』　ミネルヴァ書房　1999 年

　　著者の自己鏡像認知に関する一連の実験的研究をまとめた本だが，たんに実験結果の報告にとどまらずに，著者の学識豊かな「自己意識」論が展開されていて，たいへん刺激的な読み物である。

▽第5章▲

● 岩田純一・佐々木正人・落合幸子『児童の心理学』〈ベーシック現代心理学3〉　有斐閣　1995 年

　　子どもの心理的な発達を，児童心理学の成果を紹介し，その成果を，現実の子どもの問題行動の解明，解決に生かそうという試みが成功している。

● 無藤　隆・久保ゆかり・遠藤利彦『発達心理学』〈現代心理学入門〉　岩波書店　1999 年

　　人の心の発達を，発達段階と発達課題をうまく調和させながら，生涯にわたって，新しい研究資料に基づきながら描写している。

参考図書

- 倉戸ツギオ（編著）　『育て，はぐくむ，かかわる』　北大路書房　1997年
　　生涯発達の諸相を，各発達段階における生活課題でまとめながら詳細に記述している。自己評定できる質問項目なども取り入れ，読者へのサービスも行き届いている。

▽第6章▲

- 森岡清美・望月 嵩　『新しい家族社会学』　培風館　1999年
　　現代の家族生活やその問題点について，社会学的に解説している。図表が多く，わかりやすい内容となっている。一般書としても，テキストとしても読みやすい。
- 金城辰夫（編）　『図説現代心理学入門』　培風館　1999年
　　今，非常に関心が高まっている心理学について，その基礎を多くの図表や写真を用いて，わかりやすく解説している。
- 日本子ども社会学会（編）『いま，子ども社会に何がおこっているか』　北大路書房　1999年
　　近年，大きな問題としてたびたび取り上げられる子どもたちの「姿」を具体的に取りあげ，今，大人たちが早急に何をしなければならないかについて考えさせられる。
- 齊藤 勇（編）『人間関係の心理学』　誠信書房　1996年
　　人間関係について悩み，興味をもって多くの指南書を求める現代人は多いが，心理学的に勉強しようと思うと，かなり難解である。本書は，多くの図表やトピックスが掲載されており，わかりやすく読み進むことができる。

▽第7章▲

- 高橋惠子・波多野誼余夫　『生涯発達の心理学』　岩波新書　1990年
　　わが国で，最も早い時期に生涯発達について書かれた本。加齢と知的能力との関係を明らかにし，従来の老化の見方に批判を加えている。
- 無藤 隆・久保ゆかり・遠藤利彦『発達心理学』〈現代心理学入門2〉　岩波書店　1995年
　　生涯発達を発達過程と発達課題で整理し解説した。ベースとなる観点と資料は斬新さがあり，説得的である。
- 日野原重明　『人生の四季に生きる』　岩波書店　1987年
　　人生の各時期を春，夏，秋，冬になぞらえて充実した人生を生き抜くための指針を，筆者の体験にもとづいて叙述した好著。

▽第8章▲

- 河合隼雄　『老いのみち』　読売新聞社　1991年
　　高齢期を気楽に，生きやすいように生きようというよびかけともいえる随筆集。老いが単純に衰退に向かうのではなく，「老いの入舞」（世阿弥）とでもよべる味わいに満ちた「時」であることを平易な文章で語っている。
- 日野原重明　『末期患者のクオリティ・オブ・ライフ』　中央法規　1988年

ターミナルにある患者とその家族が，患者の死を受け入れ，真に生きたといえる最後の時間を共に過ごすための知識と癒しとが得られる。ナースと医師とが病人にとっての「最後の生き方の質の充実」のために取り組んだ実践は，医療について再考する糸口ともなる。
- 三好春樹　『イラストエッセイ　老人の生活リハビリ』　医学書院　1988年
- 三好春樹　『生活リハビリとは何か』　筒井書房　1989年
  老人介護の現場で，老いる人々に寄り添いながら，同じ高さで，同じ速さでものを見，喜びや悲しみを味わった体験を語り，老いについて固定した観念を持ち続けることを問いかける。

▽第9章▲

- 河合伊六　『子どもを伸ばす行動マネジメント』　北大路書房　1987年
  子どもがみずから進んで望ましい行動を実行できるように，環境を整え，タイミングよく励まし，わずかな進歩も見逃さず称賛することのたいせつさを説いている。子どもの行動を「よくマネージメント」する理論と技法について提言する。
- 杉山尚子・島宗　理・佐藤方哉・マロット, R.W.・マロット, M.E.　『行動分析学入門』　産業図書　1998年
  行動分析学の体系を，随所に臨床や心理学の実験的研究を引用して網羅的に解説したわが国最初の専門書である。心理学のみならず，教育，福祉，臨床，ビジネスの各分野に応用できる。
- 島宗　理　『パフォーマンス・マネジメント－問題解決のための行動分析学』米田出版　2000年
  資質や能力に頼ることなく，自分の行動を科学的にマネジメントする，社会や組織や個人のさまざまな問題を解決していく，そんな問題解決のための実践的な考え方を提案する。
- 久田則夫　『施設職員実践マニュアル－インフォームド・コンセントにもとづいた利用者主体の援助プログラムの勧め』　学苑社　1996年
  障害の状況に応じたコミュニケーション方法を工夫し，利用者の自己決定の機会を広げ，QOL向上のために福祉サービスを改善する方略を具体的に述べている。利用者主体の援助テクニックや実践のためのヒントを追求する。
- 中野敏子（編著）『知的障害者をもつ人のサービス支援をよくするハンドブック』　大揚社　1999年
  ノーマライゼーションの理念を具体化する活動について述べている。活動の実際，グループメンバーとしての活動，活動を推進するリーダーとしての役割，活動をサポートするコーディネーターの役割についてまとめている。

索　引

人名索引（50音順）

あ　行
イネルデ（Inhelder, B.）　*91*
井森澄江　*96*
ヴィゴツキー（Vygotsky, L. S.）　*93*
ヴィマー（Wimmer, H.）　*92*
ウェルトハイマー（Wertheimer, M.）　*9*
植村美民　*90*
エプスタイン（Epstein, J. L.）　*96*
エリクソン（Erikson, E. H.）　*86, 105, 165, 189*
遠藤純代　*96*
落合良行　*98, 103, 104*

か　行
カンポス（Campos, J.）　*9*
ギブソン（Gibson, E. J.）　*9*
クラウス（Klaus, M. H.）　*12*
ケネル（Kennell, J. H.）　*12*
コールバーグ（Kohlberg, L.）　*94*
小林　登　*9, 13*
コンドン（Condon, W. S.）　*9*

さ　行
斎藤　孝　*100*
ザゾ（Zazzo, R.）　*89*
佐藤有耕　*98*
サラパテク（Salapatek, P.）　*9*
サリバン（Sullivan, H. S.）　*95*
サンダー（Sander, L. W.）　*9*
柴田　博　*190*
清水賢二　*101*
下條信輔　*9*
下仲順子　*191*
ジョーンズ（Johns, M. H.）　*46*

ソース（Sorce, J. F.）　*88*

た　行
高田敏子　*140*
チョムスキー（Chomsky, N.）　*43*

は　行
パーナー（Perner, J.）　*92*
ハーロウ（Harlow, H. F.）　*12*
バウアー（Bower, T. G. R.）　*38*
バルテス（Baltes, P. B.）　*67*
バンデューラ（Bandura, A.）　*73*
ピアジェ（Piaget, J.）　*45, 58, 91, 94*
ファンツ（Fantz, R. L.）　*8*
フィールド（Field, T. M.）　*13*
藤永　保　*66*
フラベル（Flavell, J. H.）　*91, 93*
フリードマン（Friedman, M.）　*162*
ヘッブ（Hebb, D. O.）　*46*
ボウルビー（Bowlby, J.）　*32, 86*
ポルトマン（Portmann, A.）　*142*

ま　行
正高信男　*39, 40*
マズロー（Maslow, A. H.）　*121, 144*
南　博　*198*
ムーア（Moore, M. K.）　*13, 83*
メルツォフ（Meltzoff, A. N.）　*13, 83*
森田洋司　*101*

ら　行
ルリア（Ruria, A. R.）　*93*

わ　行
ワイナー（Weiner, B.）　*71*
ワトソン（Watson, J. B.）　*46*
ワロン（Wallon, H.）　*84, 85, 100*

事項索引（50音順）

あ　行
愛着　32, 51, 86, 87, 95
愛着行動　33
愛着スタイル　33
アイデンティティ　165
アクティビティ　209
遊び　50
アドボガシー　219
アンダーアチーバー　74
生きがい　113, 126, 198
育児休業制度　149
育児語　40
いじめ　101, 102
一語文　41
異類婚　131
インフォームドコンセント (informed consent)　205, 211
インペアメント　209
運動機能　35
運命共同体　145
援護的社会環境　213, 226
エントレインメント　9, 38
エンパワーメント　214
老い　190
応答的な環境　69
思いやり　111
親子関係　98
親離れ　154

か　行
外界作用的活動　84, 85
介護保険法　155
外言　93
外婚　131
外受容感覚　84

下位中枢　10
概念　65
外発的動機づけ　68
過干渉　143
可逆的思考　61
学業不振　74, 102
学習障害　75
学習の転移　72
学習の般化　72
家事分担　146
家族の機能　132
価値観　112
学級　99, 100
学級集団　101
学級崩壊　79, 100
過保護　143
空の巣症候群　154
観察学習（モデリング）　73
完全週休2日制　149
記憶　64
基本的生活習慣　34, 110, 142
基本的道徳意識　142
キャノン・バード　46
ギャングエイジ　97
ギャング集団　97
キュア　205
協応動作　35
共生社会　208
共同注意　92
共鳴動作　83
近親婚の禁止　131
具体的操作期　61
グループホーム　157
ケア　205
形式的操作期　61
結晶性知能　67
原因帰属　71
言語性学習障害　76

索　引

原始反射　10
行動の統制主体としての自己（Ⅰ）　82,87,93
幸福感　197
高齢社会　188, 208
高齢期　180
高齢者の性　199
五感　141
心の理論　92
誤信課題　92
個性化　34, 111
古典的条件づけ　21
孤独　103, 104, 105
ことばかけ　39
ことばの自己調整機能　93
子離れ　154
個別的援助者　213
コミュニケーション　41, 214
コミュニケーションサンプル　214
コミュニケーション能力　38, 83
コントロール機能　36
コンボイ　185, 203

●さ　行

サービス消費者　217
ジェームス・ランゲ　46
シェマ（認識）　59
自我　112, 117
視覚的走査　8
視覚的断崖　9, 88
自己　117
自己意識　89, 116
自己概念　36
自己規範　94
自己鏡像認知　89, 90
自己決定　215
自己効力感　48, 126
自己コントロール　126

自己実現　120, 162
自己実現欲求　144
自己受容感覚　84
自己選択・決定　211, 215
自己塑型的活動　84
自己中心性　60
自己認識　90, 91
自殺　125
思春期　96, 98, 105
姿勢的活動　84
姿勢的緊張　84
姿勢反射　10
しつけ　87, 117, 142
児童期　91, 92, 96, 97
自発運動　10
社会化　34, 136, 142
社会性　111
社会性の発達　97
社会の援助手段　213
社会的参照　88
社会的ネットワーク　185
循環反応　59
上位中枢　10
生涯学習時代　154
象徴的思考段階　60
情動　44, 83, 84, 85, 86, 87, 88
情報バリアフリー　222
職業アイデンティティ　164, 168
職業選択　165, 166
職場集団　171
職場不適応　172
職場不適応的症状　175
初語　42
自立　34, 113
自立性　37
自立生活支援ツール　224
自立生活理念　210
人格　110

人格形成　113
神経細胞　63
信号としての意味　18
心身症　177
身体文化　100
親友関係　95
信頼　86
心理社会的発達　105
随意運動　10
ステップファミリー　157
ストレス　123, 174
生活科　70
生活の質（QOL）　211, 213
生殖家族　130
精神的虐待　137
青年期　98, 103, 104, 105
性別役割　147
性別役割的行動　167
生理的早産　142
接触行動　32
セルフマネージメント　225
選好注視法　8
前頭連合野　62
専門の援助者　212
相互信頼　33
相互同調性　38
相互の距離　188
ソーシャル・サポート　202

● た　行

ターミナルケア　204
対人恐怖　124
タイプA　176
代名詞の使用　90
代理強化　73
他者認識　90, 91
他者の視点の理解　91
短期記憶　64

単身世帯　157
父親不在　143
知的好奇心　69
注意欠陥／多動性障害（AD/HD）　79
中枢起源説　46
中年期　105, 180
長期記憶　64
調節　58
直観的思考段階　60
つもり（意志）　87
定位家族　130
定位行動　32
定年退職　180
適応障害　122
テクノ依存症　177
テクノ不安症　177
同化　58
動機づけ　68
道具的条件づけ　21
統語　43
動作語　42
洞察　59
道徳性　94, 112
同類婚　131
独立性　37
徒党時代　97
友だち関係　95, 96, 96, 98

● な　行

内言　93
内婚　131
内発的動機づけ　68
仲間関係　52, 54, 100
仲間集団　97
名前の理解　90
喃語　39
乳児期　83, 84, 86, 95
人気者　99

索　引

認識対象としての自己（Me）　*82*
認知症性疾患　*200*
脳の機能局在　*62*
ノーマライゼーション　*210*

● は　行
長谷川式簡易知能評価スケール　*201*
発達課題　*34, 189*
発達障害　*215*
パティシペイション　*209*
パラサイトシングル　*154*
バリアフリー　*220, 221*
PRS　*78*
非言語性学習障害　*76*
被排斥児　*99*
父性原理　*148*
不登校　*102, 124*
母子結合　*13*
母子相互作用　*13*
ホスピス　*205*
ホスピタリズム　*66*

● ま　行
Maternal-Infant Bonding　*12*
マーク・テスト　*89*
マザーコンプレックス　*154*
街のサイン　*221*
抹梢起源説　*46*

三つ山課題　*91*
身振り　*41*
モビリティ　*221*
物語的な意味　*18*
モラトリアム　*163*

● や　行
友人選択　*96*
ユニバーサル・デザイン　*223*
指さし　*41*
養育環境　*33*
幼児期　*91, 95, 96*
幼児虐待　*136, 137*
余暇　*182*
余暇活動　*212, 218*
欲求の階層　*121*
欲求不満　*125*

● ら　行
ライフスタイル　*218*
流動性知能　*67*
利用者主体　*212*
リラクセーション　*179*
劣等感　*49*
老化　*191*
老化のサイン　*192*
老年期　*105*

執筆者(執筆順)

編　者　　塚野　州一

塚野　州一	序，第2章第1・3節，第5章，第7章1・4節
竹内　恵子（福井大学教育地域科学部）	第1章第1節
松木　健一（福井大学大学院教育学研究科）	第1章第2・3節
小林　　真（富山大学人間発達科学部）	第2章第2・4節，第3章
加藤　義信（愛知県立大学教育福祉学部）	第4章
神川　康子（富山大学人間発達科学部）	第6章
石浦美輝子（愛知県立大学）	第7章第2・3節
荒川由美子（尚絅学院大学総合人間科学部）	第8章
武蔵　博文（香川大学教育学部）	第9章

編者紹介

塚野州一（つかの　しゅういち）

1939 年　新潟県生まれ。
1970 年　東北大学大学院教育学研究科博士課程退学。
富山大学教授を経て，
現在，立正大学非常勤講師，富山大学名誉教授。博士（心理学）。

著書に
『学童の生長と発達』（共訳）明治図書　1974 年
『過去，現在，未来における自己の価値づけの変容過程とその規定要因の検討』風間書房　1996 年
『みるよむ生涯臨床心理学』（編著）北大路書房　2004 年
『新しい学習心理学』（共訳）北大路書房　2005 年
『自己調整学習の理論』（編訳）北大路書房　2006 年
『自己調整学習の実践』（編訳）北大路書房　2007 年
『自己調整学習の指導』（共訳）北大路書房　2008 年

みるよむ　生涯発達心理学
－バリアフリー時代の課題と援助－

2000 年 7 月 15 日　初版第 1 刷発行
2012 年 4 月 10 日　初版第10刷発行

定価はカバーに表示してあります。

編　者　塚　野　州　一
発　行　所　　㈱北大路書房
〒 603-8303　京都市北区紫野十二坊町 12-8
電　話　(075) 431-0361(代)
FAX　(075) 431-9393
振　替　01050-4-2083

© 2000　印刷／製本　㈱太洋社
検印省略　落丁・乱丁本はお取り替えいたします
ISBN978-4-7628-2189-9　　Printed in Japan